Phillippus Jaffè

Ecclesiae metropolitanae coloniensis codices manuscripti

Phillippus Jaffè

Ecclesiae metropolitanae coloniensis codices manuscripti

ISBN/EAN: 9783744686471

Hergestellt in Europa, USA, Kanada, Australien, Japan

Cover: Foto ©ninafisch / pixelio.de

Weitere Bücher finden Sie auf **www.hansebooks.com**

ECCLESIAE METROPOLITANAE COLONIENSIS

CODICES MANUSCRIPTI

DESCRIPSERUNT

PHILIPPUS JAFFÉ ET GUILELMUS WATTENBACH.

BEROLINI
APUD WEIDMANNOS
MDCCCLXXIV.

Ecclesiae Coloniensis bibliotheca urgente invasionis Gallicae metu a. 1794 in Westphaliae urbem Arnsberg et postea, ubi Magno Duci Hassiae evenerat provinciae illius dominium, in urbem Darmstadt translata fuerat. Inde cum rex Borussiae, archiepiscopatus Coloniensis novus dominus, plus semel, sed frustra, eam repetiisset, tandem a. 1866 in pace componenda hoc obtinuit, ut libri manuscripti, qui olim ecclesiae Coloniensis fuerant, ei redderentur. Magnopere etiam pro ea re laboraverat Capitulum ecclesiae Metropolitanae, quod libros olim sibi ereptos vindicabat. Negotio ipsi exequendo praecipuam operam navavit vir admodum reverendus Dr. FRENKEN, Capituli Metropolitani Canonicus, qui die 17. Maii a. 1867 codices, quotquot reperiri poterant omnes, Darmstadii sibi traditos recepit. Accurata sane, ut feliciter id exequi posset, veteris illius bibliothecae et casuum, quos passa fuerat, cognitione indigebat; quam cum magna usus diligentia et eruditione sibi comparasset, librum bonae frugis plenum publici iuris fecit, qui inscribitur: Das Schicksal der im Jahre 1794 über den Rhein geflüchteten Werthgegenstände des Cölner Domes, insbesondere die Zurückführung der Manuscripten-Bibliothek. Aktenmässige Denkschrift. Cöln und Neuss, L. Schwann'sche Verlagshandlung. 1868.

Codices Capitulo Metropolitano Coloniensi redditos describendi cura b. m. Philippo Jaffeo demandata fuit. Qui cum opere nondum finito a. 1869 infelici morte abreptus esset, absolvendi negotii munus a Regis Borussiae eo Ministro, cui litterarum cura commissa est, mihi impositum est. Descripserat autem Jaffeus codices I—LXIV et CVI—CIX, appendices exscripserat I—VII; quamquam nec haec ad unguem usque exacta erant.

Ecclesiae Coloniensis a primis inde temporibus librorum aliquam copiam fuisse certum est, et exstant summae antiquitatis codices CLXV, CLXVI, CCX, CCXII, CCXIII; sed ii utrum iam tunc, cum scriberentur, ad ecclesiam Coloniensem pertinuerint an postea in eius bibliothecam sint illati, dubium est. Unus autem, quem Eccardus in Commentariis de rebus Franciae orientalis a. 1729 editis II, 917 commemoravit, »manuscriptus conciliorum codex vetustissimus, qui in Bibliotheca Metropolitana Coloniae asservatur«, neque Hartzheimio notus fuit, neque his nostris temporibus inventus est. Annales Colonienses saeculo nono scriptos, quos ex eo codice Eccardus protulerat, repetiti sunt in Monumentorum Germaniae Vol. I pag. 97.

Primus deinde, quantum scimus, solito maiorem librorum numerum ecclesiae Coloniensi comparavit HILDEBALDUS archiepiscopus, Caroli Magni aequalis fidusque eius minister. Aegidius Gelenius a. 1633 in libro nunc rarissimo qui inscribitur »Pretiosa Hierotheca« p. 42 locum protulit, ut ipse ait, e Metropolitanae Coloniensis bibliothecae vetustissimo codice sed vitiose descripto, in quo contexitur Catalogus »librorum, qui (ut loquitur codex) anno Incarnationis Dominicae DCCLXXXIII in inscr. est tertium C pro L) Wenilone Episcopo Laudunensi iubente ad opus Domini Hildebaldi archiepiscopi et sacri palatii capellani descripti sunt ex illis quos Roma Apostolicus Dominus Leo misit Carolo Imperatori.« Codex ipse iam Hartzhemii tempore interciderat; ea vero, quae ibi legebantur, errore non vacant. Nam a. 833 Hildebaldus dudum obierat, quod recte Gelenius animadvertit; anno vero 783, quem ille substituit, Leo III papa, qui ab a. 795 ad a. 816 sedit, pontificatu nondum fungebatur. Quod si minus accurate illa scripta esse concedimus, errorem videlicet in anni numero commissum et fortasse Leonis papae nomen, ut saepe factum est, Adriani praedecessoris eius loco positum esse, cetera quominus vera esse putemus, nihil impedit. Et Wenilonis quidem episcopi Laudunensis nomen aliunde non notum est; videtur autem is palatii curam gessisse. Ipse Hildebaldus quando episcopus factus sit, ignoratur; a. 794 post Angilramni mortem rege iubente et Adriano papa permittente archicapellani munus suscepit. Mortuus est a. 819.

In eius igitur usum codices Roma missos Wenilo describendos curavit, cuius rei fidem faciunt codices plurimi splendidissime scripti, qui Hildebaldi nomen praeferunt, nunc numeris insigniti LI. LIV. LV. LXIII. LXVII. LXXIV. LXXXIII[II]. XCII. CXV. CLXXI. Agnoscimus autem in eis et in aliis nonnullis, quos eiusdem generis esse apparet, librarios veteri disciplina imbutos, ex Italia procul dubio arcessitos illos, qui notarum Tironianarum plenam adhuc notitiam habebant et in emendandis codicibus, qui diligenter a correctoribus relegebantur, eis usi sunt. Quas quidem notas adhibitas videmus in codicibus XIII. LII. LXXV. LXXVI. XCIII. XCVIII. CIII. CXXII. CLXIV. CLXXXIV. CC. CCXII. Codices autem LXIII. LXV. LXVII. Augustini enarrationes in psalmos continentes, Hildebaldo iubente novem sanctimoniales feminae scripserunt; in cod. XCII Gunthel scriptoris nomen esse videtur.

Gelenius autem, ut verba eius supra allata testantur, bibliothecae illius catalogum se invenisse putavit, sequiturque l. c. »Pars catalogi Bibliothecae S. Hildebaldi.« Sed minime catalogus fuit, verum librorum aliis pro tempore commodatorum index, quem ex Gelenii libro hic repetimus.

Habet Ermbaldus ad suum ministerium Evangelium cum argento scriptum, auro et lapidibus paratum.

Alium similiter plane scriptum, et auro et lapidibus ornatum.

Sacramentorum Gregorii cum auro scriptum. Lectionarium I.

Librum S. Augustini in quo iacebant petulae petalae?, aureae.

De libris Samuelis: Psalterium I. Antiphonarium I. Homiliam unam. De libris Langolfi Librum Comiti I. Sacramentorum volumen I.

Dominus Episcopus in sua capella: Evangelium I. Lectionarium I. . . . parabolas Salomonis.

Hilduin Abba Lectionarium I.

Item Ermbaldus Evangelium I. Lectionarium I.

Dedit Episcopus sorori suae Librum Sacramentorum cum Lectionario. Antiphonarium I.

Filio sororis suae Psalterium I.

Habet Engilolphus Comes Lectionarium I. Omilias Gregorii 7.[1]

Habet ipse Sacramentorum cum Lectionario I. qui fuit Emundi.

Voso Lectionarium I.

Baldericus Episcopus Missale cum Lectionario. Volumen I.

Hildiswint Parabolam Salomonis.

Baldrih librum Prosperi de activa et contemplativa.

---

[1] Numerum hunc a recentioris aevi homine indocto additum esse, ipsa eius numeri forma, quae a prisca illa aetate aliena est, proditur.

Osmau Missale cum Lectionario et Vita Patrum.
Snebrat Lectionarium cum Evangeliis.
Rathlei librum Pompeii.
Waldolf Apologeticum Gregorii Nazianzeni.
Thitmar Expositionem Gregorii in Iob primam partem.
Helmbald frater Episcopi Lectionarium I. Antiphonarium I.
Folcari Missalem cum Lectionario I.
Rodolff Missalem I.
Engilhelm Regum.
Uxor Werinbaldi Lectionarium.
Gundolf Homil.
Hartger Sacramentorum.

Hunc igitur indicem ad ecclesiam Coloniensem pertinere, colligitur ex verbis, quae in codice inscriptionis loco posita fuisse Gelenius retulit. Neque impedit, quod episcopus commemoratur, non archiepiscopus, quoniam archiepiscopi tunc temporis saepe episcopi vocabantur. Et Hildibaldus quidem ubique fere episcopi nomine appellatur, haec autem aliquanto recentiora esse videntur. Nam Baldericus quidem episcopus nobis ignotus est; Hilduinum autem abbatem vel celebrem illum monasterii S. Dionysii, vel S. Audomari abbatem esse arbitror, quem a. 869 Carolus Calvus Gunthario archiepiscopo sede sua detruso subrogare voluit. Guntharii uterque consanguineus fuit, ideoque Guntharii temporibus indicem illum adscribendum esse existimo, qui consanguineis suis res pretiosas ex ecclesiae thesauro multas largitus esse fertur. Accedit quod Ermbaldi nomen in Guntharii epistola occurrit, quam p. 48 commemoravimus.

Sub HADEBALDO Hildebaldi successore 819—842 scriptus est codex XCIII, qui tunc »sancto Victori« traditus fuisse dicitur, quo modo monasterium Xantense indicari videtur. Alius praeterea codex »sub Hadeboldo episcopo scriptus«, Bedae presbyteri librum de aedificatione templi Salomonis continens, in coenobii Sancti Petri Erfordiensis bibliothecam venit et nunc in Pommersfelden, quae arx est comitum de Schönborn, servatur, ut refert W. Schum in Annalibus Societatis Erfordiensis a. 1873 Vol. VI p. 258.

HILDUINI episcopus (842—849) commemoratur in codice CLXV, qui ejus aetate multo antiquior est.

GUNTHARII, qui illi successit, sed a. 863 dignitate sua Romani pontificis sententia privatus est, fuisse legitur codex XXXIX.

Ad WILLIBERTUM (874—890) pertinuit codex XXIX; alius qui eius nomen praefert, codex scilicet Carolinus, nunc Vindobonae in bibliotheca palatina servatur. HERIMANNUS I (890—925) codicem I dedit.

BRUNONIS (953—965) celeberrimi illius archiepiscopi, qui litteris egregie favebat, nullam hic memoriam esse, iure mireris, etsi Boetii aliorumque libri, qui nullo vel datoris vel possessoris nomine insigniti sunt, ejus dona esse possint. Sed cum vel vita eius a Ruotgero scripta hic non compareat, pauculas tantummodo thesauri olim ditissimi reliquias nobis servatas esse patet.

EVERGERO archiepiscopo (985—999) debentur codices LIII et CXLIII; HERIBERTO (999—1021) codex CXIII: FRIDERICO (1100—1131) codex LIX. Reliquorum archiepiscoporum nulla hic est memoria.

Praeterea in duobus codicibus XVI et XX leguntur verba »LIBER ATHILISI«, et legebantur in codice LXVIII, qui perditus est. Codicem XII HILLINUS quidam canonicus ad altare sancti Petri obtulit. Codicem CLXXX dedit JOHANNES PASTOR IN ELSICH. Codicem CLXXXII, qui a. 1347 scriptus est, legavit WILHELMUS DE DUREN. rector capellae beatae Margaretae Coloniensis.

Codicem CXLIX CONRADUS DE RENNENBERG. decanus ecclesiae Coloniensis, qui a. 1357 obiit, testamento legavit; is liber, cum ab ecclesia abalienatus fuisset, per Goswinum Gymnenich, ecclesiae metropolitanae vicarium, a. 1583 recuperatus est. Librum statutorum CXXXII legavit FRIDERICUS DE SCHEYTTERHUSEN canonicus.

Librum chartaceum CLXXV, qui nunc perditus est, vicarius quidam dedit a. 1437; CLXXVI item perditum JOANNES WEIDENFELDT Coloniensis Basileae durante concilio a. 1438 scribendum curavit.

Codices II et CLXVIII MAURICIUS COMES DE SPEIGELBERGH canonicus Coloniensis et praepositus Embricensis, vir de litteris optime meritus, Coloniae c. a. 1453 pecunia sua comparavit: eiusdem etiam pretiosus Prisciani codex CC fuit.

Librum chartaceum CLIV, qui nunc desideratur, vicarius quidam Jo. SCHALTHORN inter annos 1488 et 1493 composuit et scripsit.

Codex XI, qui olim ANDREAE DE WERDENA canonici ecclesiae sancti Cuniberti fuit, ex legato JOANNIS DE MACH, sacrosanctae Theologiae professoris, bibliothecae accessit.

WICBERTUS abbas, a quo codex LXI oblatus est, qui fuerit, nescio. Codex XLVII olim ecclesiae sancti Martini fuit, XLIX ad sanctum Maximinum pertinuit. XCIII ad sanctum Victorem, CCXVI ad ecclesiam sancti Laurentii Coloniensem; CLXXXI ad ecclesiam in Pleyse; LXXVII ad facultatem artium.

Postremo codicem CCXVIII, qui olim coenobii Limburgensis fuit, b. m. Joh. Guil. Knott, parochus Heimerzheimensis, testamento a. 1869 facto bibliothecae Capituli Coloniensis legavit.

Prima bibliothecae Coloniensis mentio est in tabula quadam a. 1261 Lacomblet, Urkundenbuch für die Geschichte des Niederrheins II, 283), ubi domus commemorantur adiacentes »antiquae turri ecclesiae Coloniensis, ubi poni libri ipsius ecclesiae consueverunt, ex opposito contra domum quae vocatur Wolkinburg in Drankgazze«. Saeculo XV codex CLXXXII ecclesiae legatus est »ut ad novam librariam ipsius ecclesiae ponatur, et ibidem catenatus perpetuo remaneat«. Plurimos codices saeculo nono diversis hominibus commodatos fuisse, iam supra vidimus. Codex I a. 1241, cum iam multis foliis truncatus esset, conventui de Prato sanctae Mariae per manum Alberti subdecani concessus est. Eodem saeculo Fratres minores acceperunt codices XXX, XCV et CLXXIX, pro quibus vadii loco dederunt primum et secundum Sententiarum.

Codicem CXCII Kal. Oct. a. 1510 Hieronymus Unicornius subcustos ecclesiae bibliothecae cathedrali restituit.

Saeculo XVI viri docti Pamelius, Hittorpius, Carrio codicibus eius usi sunt. Hittorpius cum librum, quem de divinis officiis scripserat, a. 1568 ipsi archiepiscopo Coloniensi dedicaret, multas de codicibus Isidori, Amalarii, Hrabani Mauri, ex illius bibliotheca liberaliter sibi transmissis gratias egit. Sed Amalarii operum nullum postea in bibliotheca Coloniensi vestigium mansit, unde ea aut a M. Hittorpio retenta, aut postea perdita esse apparet. Eiusdem Hittorpii ope Pamelius etiam Tertulliani Apologeticum e codice Ms. Coloniensi emendavit, qui ab illo inde tempore desideratur.

Anno 1628 Johannes Gelenius, vicarius in spiritualibus, bibliothecam visitavit, teste codice CLXXXVII. Ex amplissimis ejus collectaneis Aegidius frater cum alia quaedam, tum quae supra p. IV dedimus, protulit. Alienis vero aditus clausus erat, cum neque Nic. Heinsius neque Graevius codices ibi reconditos adire possent, prout epistolae a Frenkenio allatae testantur. Sed Graevio postea feliciori eventu accessus ad codicem CLXVI patuit, cui nomen eius inscriptum legitur. Eccardum vero paulo ante a. 1729 codice usum esse, quem iam Hartzhemius frustra quaesivit, supra p. IV commemoravimus.

Demum a. 1751 JOSEPHVS HARTZHEIM e Societate Jesu ad conficiendum librorum manuscriptorum catalogum operam suam obtulit: qua a Capitulo Coloniensi accepta a. 1752 prodiit »Catalogus Historicus Criticus Codicum MSS. Bibliothecae Ecclesiae Metropolitanae Coloniensis.« Magnam ibi ostentavit eruditionem; plus tamen de ipsis auctoribus et eorum operibus egit, quam de codicibus manuscriptis. Accedit quod veteres libros legendi minus peritus fuit, et in aestimanda eorum aetate errores commisit vix credibiles. Omisit praeterea codices canonum antiquissimos, qui nunc postremum locum occupant; quos eo tempore alicui commodatos, et cum iam in manus alienas pervenissent, recuperatos fuisse, V. C. Freuken l. c. p. 91 indagavit. Idem etiam tam quae a. 1774 Björnstahl Suecus et a. 1785 V. D. Gercken de bibliotheca illa retulerunt, quam quae a. 1779 de petito ad denuo edenda »Capitularia regum Francorum« bibliothecae Coloniensis usu cum Francogallis acta sunt, enarravit. Hartzhemius autem in adornanda Conciliorum Germanicorum collectione cum aliis codicibus Coloniensibus usus est, tum Vol. I p. 131 sqq. codicem CXV fere integrum edidit.

Cum codices, quos fere omnes novis tegumentis illigandos Hartzhemius curaverat, a. 1794 asportarentur, pauci aliqui, qui minoris pretii esse videbantur, iique fere omnes chartacei, domi relicti sunt; quorum iactura facile tolerari potest. Ceteri Darmstadii publico usui propositi erant, usique sunt eis VV.DD. G. H. Pertz et J. F. Boehmer, qui in libro »Archiv der Gesellschaft für ältere deutsche Geschichte« VI, 423 codicem CLXIV descripsit; H. F. Knust, qui primus accuratiorem aliquot codicum descriptionem dedit l. c. VIII, 617—622; H. Wasserschleben et Fr. Maassen, qui iuris canonici libros excusserunt, aliique quos suis locis indicavi.

Numeros Hartzhemianos retinendos putavimus, etsi ordo passim turbatus est et perditis nonnullis libris lacunae aliquot hiant. Indices in tam exiguo codicum numero addere, superfluum visum est. Tabulam autem subiecimus, quae numeros Darmstadianos, passim a viris doctis adhibitos, cum antiquis illis et cum recentibus componit, quos in fine catalogi Hartzhemiani addidimus.

Darmst.	Col.	Darmst.	Col.	Darmst.	Col.	Darmst.	Col.
98	19	2022	25	2044	49	2075	73
728	133	2023	26	2045	50	2076	74
1951	12	2024	28	2046	51	2077	75
2003	1	2025	29	2047	52	2078	77
2004	3	2026	30	2048	53	2079	78
2005	4	2027	31	2049	54	2080	79
2006	6	2028	32	2050	55	2081	80
2007	5	2029	33	2051	56	2082	81
2008	7	2030	34	2052	58	2083	82
2009	8	2031	35	2053	60	2084	83^{II}
2010	9	2032	36	2053^a	59	2085	84
2011	11	2033	37	2054	61	2086	85
2012	2	2034	38	2055	62	2087	86
2013	13	2035	39	2056	63	2088	87
2014	14	2036	40	2057	64	2089	88
2015	15	2037	41	2058	65	2090	89
2016	16	2038	43	2059	66	2091	90
2017	17	2039	44	2060	67	2092	92
2018	20	2040	45	2061	69	2093	93
2019	21	2041	46	2062	70	2094	94
2020	22	2042	47	2063	71	2095	95
2021	24	2043	48	2064	72	2096	96
2097	97	2124	125	2151	168	2179	91
2098	98	2125	126	2152	169	2180	App.III.
2099	99	2126	129	2153	171	2181	170
2100	100	2127	130	2154	172	2182	204
2101	101	2128	132	2155	173	2183	83
2102	102	2129	134	2156	174	2184	57
2103	103	2130	135	2157	179	2185	10
2104	104	2131	137	2158	180	2186	131
2105	105	2132	138	2159	182	2187	109
2106	106	2133	139	2160	184	2188	76
2107	107	2135	149	2161	186	2189	181
2108	108	2136	141	2162	188	2190	200
2109	110	2137	142	2163	189	2191	166
2110	111	2138	143	2164	190	2192	App.VII.
2111	112	2139	{ 23	2165	191	2206	157
2112	113		\144	2166	187	2253	App.VI.
2113	114	2140	App. I.	2167	192	2326	App.IV.
2114	115	2141	150	2168	193	2336	App.V.
2115	116	2142	151	2169	194	2440	196
2116	117	2143	152	2170	197	2441	140
2117	118	2144	153	2171	198	2513	127
2118	119	2145	183	2172	202	2521	128
2119	120	2146	162	2173	203	2623	199
2120	121	2147	163	2175	204	559½	217
2121	122	2148	164	2176	{78^{II}		
2122	123	2149	165		\185		
2123	124	2150	167	2178	App.II.		

CODICES COLONIENSES.

I. Darmst. 2003, membranaceus saeculi IX, forma maxima, foliorum 382.
HIERONYMI **bibliotheca divina** biblia in Latinum conversa, propter deperditam novissimam codicis partem finem habens in Apocal. 22. 11. Praemissa est: Fol. 1v.—4v. Hieronymi epistola ad Paulinum presbyterum de omnibus divinis historiae libris. Hier. ep. 53, Opp. ed. Vallarsius T. I, 268.

Folio primo manu saeculi decimi inscriptum est: LIBER SCI PETRI A PIO PATRE HERIMANNO DATUS. Scilicet a Herimanno I archiepiscopo, qui sedit ab a. 890 ad a. 925. Deinde manu aliquantum recentiore scriptum est: Liber sci Petri in Colonia. Manu autem saeculi XIII scripta haec ibi leguntur:

> Magistri Ruegheri. Hic liber est sancti Petri in Colonia concessus conventui de Prato sancte Marie per manum domni Alberti subdecani. Quem idem conventus reddet sine contradictione, cum repetitus fuerit a capitulo sancti Petri, sicut continetur in litteris, quibus se predictus sanctimonialium conventus obligavit. Et in eo sunt multa folia truncata. Anno M. CC. XLI.

—

II. Darmst. 2012 membranaceus saeculi XIII, forma maxima, foliorum 339.
HIERONYMI **bibliotheca divina**, cum epistola ad Paulinum. Cf. cod. 1.
Fol. 329—339 v. Nominum Hebraicorum interpretationes ordine litterarum dispositae. Cf. Hieronymi Opp. ed. Vallarsius, T. III, 537 sqq.

Folio primo manu saeculi XV versus incompti de ordine librorum inscripti sunt, qui sequuntur:

> Versus bis bini sequentes bis quoque trini
> Quinque libri Moysi, Genesis Exo Levi Nume
> Die quintum Deutro: post hos Iosue Iudicum Ruth
> Libri regum quatuor, duo sunt Paralipomenon:

Est Esdras primus, Neomi Esdrasque secundus
Post lege Tobiam, Iudith, Hester, Iob quoque, Psalmos
Tunc Parabo simul Ecclesias, Canti, Sapi, Eccles
Hinc Ysai, Ieremi, Baruch, Esechi Danielque
Bis sex prophete Osee, Iohel, Amos, Abdi
Iona, Michee, Naun, Abacuc, iunge Sophon Agee
Et Zachari Malachi; numerantur post Machabei.

Sunt ewangelia quatuor: Math, Mar, Lu, Iohannes.
Quibus finitis, recitantur epistola Pauli
Prima canit ad Rom sequitur Corinth Galath Ephe
Tum Philipe, Colosen, Tessolo, Tymo, Tit, Philem, Hebre
Postremo notes hic scriptos actus apostol
Canonicam Iacobi, Peter, Io, Iud, Apochalipsim.

Praeterea in eodem folio haec leguntur, alia eiusdem sacculi manu scripta:

Hunc librum emit venerabilis ac nobilis dominus Mauricius comes de Speigelbergh, canonicus maioris ecclesie Coloniensis ac prepositus Embricensis Traiectensis diocesis, ab Iohanne Gurdelmecher cive Coloniensi, presentibus patre dicti Iohannis Adriano Coci de Goirl et me Nicolao Tweenberg bedello studii Coloniensis inrato, qui hec propria mea manu in veritatis testimonium scripsi subscripsi et signavi.

per me Nicolaum de Twenberg notarium publicum et dicti studii bedellum iuratum.

III. (Darmst. 2001) membranaceus sacculi IX, forma quadrata, foliorum 182.

ORIGENIS homiliae in **Genesim et Exodum**, interprete RUFINO (edd. in Origenis Opp. ed. Delarue, Parisiis 1733, T. II 52—105, 129—178). Deest initium homiliae I capitis 1; primum enim codicis folium excisum est.

IV. Darmst. 2005) membranaceus saec. XIII, forma quadrata, foliorum 105.

Exodus cum glossis.

Fol. 105 sententiae nonnullae scriptae sunt.

V. (Darmst. 2007) membranaceus saec. X—XI, forma maxima, foliorum 225.

Commentarium in psalmos.

Initium hoc est: »Beatus vir ille dicitur, cui omnia desiderata succedunt. Vir enim vocatur a viribus, qui nescit tolerando deficere aut in prosperis aliqua se elatione iactare, sed caelestium rerum contemplatione firmatus manet semper inpavidus.«

Finis hic est: »Non utique caro et sanguis sed illud, quod est in natura rerum sublimius, quod caelestia sapit et aeterna concupiscit, hoc laudet Dominum. Quapropter universo operi brevem perfectamque sententiam dedit ut Dominum salvatorem spiritaliter debeant cuncta laudare. Explicit psalmus CL.«

VI. Darmst. 2006) membranaceus saeculi XIII, forma maxima, foliorum 173.
Liber proverbiorum, Ecclesiastes, Canticum canticorum, Liber Sapientiae, Ecclesiasticus cum glossis.

Folio primo manu saeculi XV vel XVI scriptum est:
   Iste liber sancto pertinet Petro ecclesie maioris.

VII. Darmst. 2008) membranaceus sacc. XII, forma quadrata, foliorum 201.
Psalmi cum glossis. Sequuntur:
   Fol. 191v. —195v. »Canticum Ysaiae prophetae« (Isai. 12.
   - 195v.—196v. »Canticum Ezechiae prophetae« (Isai. 38. 10—20).
   - 196v.—198. »Canticum Annae« (1 Reg. 2, 1—10.
   - 198 —199v. »Canticum Moysi« (Exod. 15, 1—19).
   - 199v.—201v. »Canticum Abacuc prophetae« (Habacuc 3).
   - 201v.—204v. »Canticum Moysi« (Deut. 32, 1—43).

VIII. (Darmst. 2009, membranaceus saeculi XI—XII, forma maxima, foliorum 164.

Psalterium iussu SALOMONIS III episcopi Constantiensis et abbatis S. Galli anno 909 sic compositum, ut, paginis quadrifariam divisis, simul legantur tres psalmorum versiones Latinae, et una Graeca versio item litteris Latinis scripta. (Huius psalterii exemplum primum in bibliotheca Bambergensi servatur, signatum A I 14).

Praemissa haec sunt:
   Fol. 1—8. HIERONYMI ad Sunniam et Fretelam epistola (ed. in Hieronymi Opp. ed. Vallarsius I, 635).
   Fol. 8. Origo prophetiae. Hieronymi praefatio. Hieronymi ad Soffronium epistola (ed. Vallarsius IX, 1153).
   Fol. 9. **Versus** de psalterio hoc auctoritate SALOMONIS episcopi facto ed. ex cod. Bambergensi Dümmlerus, Gesch. des ostfränkischen Reichs II, 681). Deest et Hieronymi ad Soffronium epistolae finis et horum versuum initium, versus sex complexum, propterea quod inter fol. 8 et 9 excisum folium est.
   Fol. 9v. »Versiculi Hieronymi presbyteri« (numero 27):
      »Psallere qui docuit dulci modulamine sanctos« cet.
      »Item versus« 10 numero :
      »Aeterni patris pariterque in nomine Nati« cet.
   Finito psalterio haec addita sunt:
   Fol 117v. »Canticum Aesaiae prophete« Isai. 12).
         »Canticum Ezechiae« Isai. 38, 10—20.
      - 118v. »Canticum Annae« 1 Reg. 2. 1—10.

Fol. 149v. »Canticum Moysi« (Exod. 15, 1—19).
- 151. »Canticum Abacuc« (Habacuc 3).
- 153. »Canticum Moysi« (Deuter. 32, 1—43).
  156v. »Hymnus trium puerorum« (cf. Dan. 3, 57 sqq.).
  157. »Canticum Zachariae prophetae« (Lucas 1, 68—79).
- 158. »Canticum Mariae« (Lucas 1, 46—55).
  »Canticum S. Simeonis« (Lucas 2, 29—32).
- 159. »Oratio dominica« Matth. 6, 9—13).
  »Symbolum apostolorum«: »Credo in Deum patrem« cet.
  »Ymnus matutinalis«: »Te deum laudamus« cet
- 160. »Fides catholica edita a sancto Athanasio episcopo.«
- 160v.—161v. Litania et Graeca et Latina.

Conferas velim, quae de hoc codice et praecipue de versibus illis fol. 9 scriptis dixit Dümmlerus in libro: Forschungen zur Deutschen Geschichte VI (1866) 125. Sed de codice ibi commemorato Pal. 39, ubi itidem versus illi denuis sex prioribus scripti sunt, accuratius egit Jos. Blanchini Vindiciarum pag. CCLI. Novissime eos itemque Canticum Moysi e cod. Bamb. edidit V. D. Hamannus in commentatione, quae Lipsiae a. 1874 prodiit.

Codici praefixum est tabulae cuiusdam exemplar recenti manu scriptum, quod App. I damus.

IX. (Darmst. 2010) membranaceus saeculi IX, forma octonaria, foliorum 117.
Breviarium in psalterium, quondam Hieronymo perperam attributum, a psalmo 109 ad psalmum 150 (ed. in Hieronymi Opp. ed. Vallarsius T. VII, 302—394).

X. (Darmst. 2185) membranaceus saeculi XIII—XIV, forma maxima, foliorum 117.
DANIELIS et **EZECHIELIS prophetiae**, ab HIERONYMO in Latinum translatae **cum glossis**.
  Fol. 32 catalogus regum Persarum, Aegypti, Syriae scriptus est.

XI. (Darmst. 2011) membranaceus saeculi XII, forma maxima, foliorum 77.
BEDAE in Ezram et Neemiam allegoricae expositionis libri III (ed. in Bedae Opp. ed. Coloniae 1688 T. IV, 318 sqq.).
  Fol. 77. »**Versus perfectarum sententiarum Bedae**«:
    Utilibus monitis prudens accommodet aurem;
    Non laeta extollant animum, non tristia frangant.
    Dispar vivendi ratio est, mors omnibus una. cet.
    (Sunt omnino versus 26.

Folio primo manu saeculi XV inscriptum est: »Liber Andree de Werdena canonici ecclesie sancti Cuniberti Coloniensis.« (Hartzlemio teste in fronte libri legebatur: »Ex legato Ioannis de Mach Ss. Theologiae Professoris.«

Tegumento codicis adhaerent fragmenta tabulae cuiusdam sive rescripti Sigeberti III regis Austrasiae, cuius apographum in codice VIII extat.

XII. Darmst. 1951) membranaceus saeculi XI. forma maxima, foliorum 210, eleganter scriptus, in cuius tegumento antiquissimo reperitur cervus ex aere factus.

Evangelia quatuor ab HIERONYMO in Latinum translata. Insunt picturae, praecipue in fol. 4v., 22v., 23, 74, 109. 163.

Fol. 203—210 Capitulare evangeliorum quo Sequentiae sancti evangelii, quae in missali Romano insunt, indicantur.

Fol. 2v. litteris aureis scriptum est:
PRECE ET CARITATE HILLINI COLONIENSIS DOMVS CVIVSDAM CANONICI
NOS DVO NON SOLVM SPIRITV SED ETIAM CARNE GERMANI PVRCHARDVS
ET CHVONRADVS INVITATI ET COACTI PRESENTEM LIBRVM ACCEPIMVS
SCRIBENDVM, AD ALTARE SANCTI PETRI INFRA MVROS COLONIAE
PRINCIPALITER CONSTRVCTVM FIDELI DEVOTIONE TRADENDVM.
DATORIS QVIDEM PREMIVM QVIA NOVIMVS CERTVM
NOSTRVM QVOQVE PRO QVALITATE MERITORVM SPERAMVS
PROPICIVM. LECTOR AMANDE TVI SIMVL ET MISERERE NOSTRI.

Fol. 3. »Multimoda divinarum scripturarum assertione est inculcatum, quomodo pro adipiscendis virtutibus sit elaborandum, sed satis superque ibi inscribitur, solius cuiusquam mortalium non esse, ut ad eas omnes optinendas possit ascendere. Cuius rei etiam exemplo informamur ab apostolo, qui meritorum qualitates siderum claritate distinxit, cum aliam solis claritatem aliam lunae testificans, stellam etiam ab stella in claritate distare subintulit. Qua in re ego, Hillinus, quamvis indignus presbiterii tamen ordine functus, talibus cogitationibus mentem informans, dum non video me ad prestantioris claritatis sidera, altas vidclicet virtutes, posse pertingere, saltem inter minus lucentes stellas gressum bonae voluntatis divino auxilio figere temptabo. Scio namque, eodem apostolo docente, quod non omnes actus membrorum aequales sint, et quanquam in corpore id est sancta accclesia, prestantioris actus sit manus quam pes, non tamen abicitur pes sicut non necessarius, sed a capite Christo in sui ministerii loco necessarius habetur et fovetur. Igitur quoniam qui mirabilis in sanctis praedicatur, vult in eis etiam honorari, praesentem evangeliorum librum tibi, o post Christum dominorum dulcissime, sancte Petre, praesumo offerre, quem non praedives apparatus auri et argenti et gemmarum comportavit, sed caritatis, quae mihi ad te est, ministravit moralis benignitas; hunc tu illo dignare respectu, quo a Christo duo minuta viduae sunt probata. Confiteor, me ad maiora offerenda minus idoneum, te sanctitas tua ad haec parva suscipienda suadeat sufficientem, ut me clavibus linguae tuae clementer solutum nequaquam stringat poena culparum.

Si quis vero ad hunc auferendum presumptuosam ingesserit manum, huic tu, sancte Petre, quantum cum Christo poteris, redde talionem; maneant ei a te, si amplius nolis deliberare, digne quoque mercedes Ananiae et Saphirae, qualiter cum illos pro suorum fraudibus plecteretur vindicta *(sic)*, hunc utique pro alienorum ablatione iniusta sequatur et apprachendat ultio inremissiva.

In folio 16v. pictura cernitur, qua beato Petro in throno sedenti librum hunc ipsum offert Hillinus; in summa vero tabula ecclesia delineata est. Cuius picturae imitationem vide in libro: Anzeiger für Kunde der deutschen Vorzeit XIX (1872) ad pag. 210.

XIII. Darmst. 2013) membranaceus saec. IX, forma maxima, foliorum 195.
Evangelia quatuor ab HIERONYMO in Latinum translata et sunt per cola scripta). Insunt evangelistarum effigies fol. 1, 55. 91, 152.

Fol. 54 terminato Matthaei evangelio, scriba addidit haec:

»A capite usque hic scripsit et requisivit servus vester Hiltfredus.«

Reperiuntur hic illic notae Tironianae, praecipue in marginibus foliorum 46, 67, 67v., 78, 81, 107v. ect.

XIV. (Darmst. 2014) membranaceus saec. X, forma maxima, foliorum 215, elegantissime scriptus.
Evangelia quatuor ab HIERONYMO in Latinum conversa. Insunt pictae imagines S. Hieronymi, S. Mariae, S. Iohannis, Marci, Lucae, Iohannis evangelistarum fol. 1v., 15v., 67v., 104v., 160v.

Fol. 202—215 »Capitulare evangeliorum de circulo anni« (cf. supra cod. XII).

XV. (Darmst. 2015) membranaceus saec. IX. forma maxima, foliorum 100.

Fol. 1v.—81v. **Commentarius in** »**Lectiones**« et »**Sequentias sancti evan-**
 ᶦᵗⁱⁱ«, diebus festis recitari solitas (cf. Missale Romanum : a vigilia na-
 ᵒomini usque ad dominicam V in quadragesima pertinentes.

 ⁿtur excerpta quaedam et sententiae collectae, inscriptionibus
  munitae his:

   » de interpretaciones evangelii excarpsum.«
    ᵃ ex lectione evangelii.«
     ᶦugustini de decem talenta.«
      Metotii paternis Esaiae.«
       ᵈe penitentiam.«

Fol. 93 » De helacione.«
    » Item alias interrogationes« :
        Int.: »Pre s)biter quit est?« cet.
- 93v. » De septem gradus ecclesie.«
- 94. » De principio celi et terre et omnes firmationes mundi.«
- 95. » De octo partes, unde factus est Adam.«
- 95v. » Tractacio sancti Ieronini de apocalipsis Iiohannes.«
- 96v.—98v. **Exorcismi formulae.**
- 99. » **Compotus per circulum anni.** «
        Ianuarius habet dies 31, IIII Nonas. VIII Idus, XVIIII
        Kal. Febr. cet.
- 99v. » **Orilegius** « id est horologium: v. App. II.
    » De quatuor tempora.«
- .99v.—100. Vocabulorum idem significantium copia.
- 100—100v. De arcu coelesti.

XVI. Darmst. 2016) membranaceus sacc. X, forma maxima, foliorum 90.
Fol. 1v.—39. **Explanatio evangelii secundum Matthaeum**, BEDAE attributa (ed. Bedae Opp. Colon. T. V. 1 sqq.
Fol. 39v.—56. AUGUSTINI **quaestionum evangelicarum libri II** (ed. Augustini Opp. Venet. 1729 T. III, II. 237 -275.
Fol. 56—59. INCIPIT IN IOHANNEM. Praemissa sunt aliena quaedam, ita indicata :
    I. De Samaritana.
    II. De resurrectione Lazari.
    III. Ad id quod scriptum est, quod baptizabat Iesus plures quam
        Iohannes, quamquam ipsi non baptizare sic) sed discipuli eius.
    IV. De annis 46 aedificationis templi.
    V. De centum quinquaginta tribus piscibus.
Initium : » Evangelica sacramenta in domini nostri Iesu Christi dictis
        factisque signata non omnibus patent « —
Finis fol. 59. » — que quadragenario numero significatur denarius re
manet quam mercedem sancti qui operantur in vinea percepturi sunt.«
» Finit.«
    Fol. 60—90. LIBER ATHILINI. **Commentarius in evangelium secundum Johannem.**
    Initium : » Inter omnia divinae historiae volumina evangeliorum libros
        arcem constat possidere dignitatis, quippe cum ipsius salvatoris dicta — «
    Finis fol. 90. » Quia ergo et nos cum ceteris fidelibus scimus verum
esse testimonium eius, curremus per omnia ut recta fide intellegenda recta
operatione exercendo, quae docuit, ad dona perveniamus sempiterna, quae
promisit.«
    Primo folio manu saeculi XIII inscriptum est: » Liber iste est maioris
ecclesie in Colonia.«

XVII. Darmst 2017, membranaceus saec. IX, forma maxima, foliorum 103.
Regula evangeliorum quatuor. Inc: : »Matthaeus regulam instituae tenens incipit ab Abraham« —
Fol. 99—102. ANNAE ad Senecam epistola de superbia et idolis. Inc : »Pater ille ac deus omnium mortalium« —

XVIII.
Deest hic codex, qui Hartzhemio auctore saec. XIII scriptus. **Commentarium in evangelium Matthaei** continebat, mutilum in initio et in fine.

XIX. Darmst. 98 membranaceus saec. IX. forma quadrata, foliorum 116.
Fol. 1v.—1v. **Apparitio S. Michaelis et dedicatio basilicae eius** ed. Acta SS. Sept. T. VIII, 61—62).
Fol. 5—6. **Glossarium,** in quo nonnulla verba Germanica insunt, edita infra App. III.
Fol. 6—7v. **Nominum Hebraicorum interpretatio.**
Fol. 9—111. BEDAE evangelii secundum Marcum expositionis partes nonnullae. Quaterniones hunc Bedae librum continentes perturbati sunt. Verus enim foliorum ordo hic est: 89—96, 9—56, 97—112, 57—64, 81—88, 113—120. Reliqua pars bis habetur: a) fol. 121—128, 65—72 (usque ad Marc. 9, 1: ap. Giles, Opp. Bedae. T. X, 132 ; b) 73—80, 137—144, 129—136 usque ad Marc. 9, 20: ap. Giles l. l. p. 111,.
Fol. 115v.—116v. **Preces.**

XX. Darmst. 2018 membranaceus saec. IX. forma maxima, foliorum 117.
BEDAE expositio evangelii secundum Marcum ed. Giles. Bedae opp. T. X. p. 1—261).
Folio 1. in margine superiore scriptum est: LIBER ATHILINI.

XXI. Darmst. 2019 membranaceus saeculi XIII. forma quadrata, foliorum 67.
Evangelium MARCI cum glossis.

XXII. Darmst. 2020, membranaceus saec. XIII. forma octonaria, foliorum 133.
Evangelium LUCAE cum glossis.

XXIII. (Darmst. 2139) membranaceus saec. XIII. forma quadrata, foliorum 81.
Evangelium IOHANNIS cum glossis.

XXIV. Darmst. 2021 membranaceus saec. XIII, forma maxima, foliorum 179.
Actus apostolorum; Epistolae IACOBI, PETRI I et II, IOHANNIS I. II. III, IUDAE; Apocalypsis; cum glossis.
Folio primo verso inscriptum est: »Iste liber sancto pertinet Petro ecclesie maioris.«

XXV. (Darmst. 2022) membranaceus saeculi XII, forma maxima, foliorum 111.
PAULI epistolae universae cum glossis.

XXVI. Darmst. 2023, membranaceus saec. XIII, forma octonaria, foliorum 221.
Epistolae PAULI apostoli cum glossis.
Folio primo inscriptum est: »Apostolus ecclesie beati Petri in Colonia.« Folio secundo in margine superiore: »Iste liber sancto pertinet Petro ecclesiae . . . .«

XXVII.
Deest codex chartaceus, qui teste Hartzhemio **Commentarium in apocalypsin** continebat. saec. XVI vel XV scriptum.

XXVIII. Darmst. 2024¹ membranaceus saec. XII. forma maxima, foliorum 262.
ORIGENIS homiliae, interprete RUFINO: fol. 3v. —7 homilia 13 in Exodum: fol. 7—56 homiliae in Genesim: fol. 56—126v. in Numeros: fol. 126v.— 171v. in librum Iesu Nave; fol. 175—193 in librum Iudicum: fol. 191— 201 in librum regum (ed. Delarue in Origenis opp., Parisiis 1733, T. II. 175—178; 52—110; 275 352; 396—157; 458—478; 181—189).
ORIGENIS homiliae, interprete HIERONYMO; fol. 201—210 in Canticum canticorum: fol. 210—224 in Isaiam; fol. 221—262 in Ieremiam ed. Vallarsius in Hieronymi opp. T. III. 501—532; T. IV. 1101—1111; T. V. 743—876).
Fol. 2 in margine superiore: »Maioris ecclesie.«

XXIX. Darmst. 2025 membranaceus saec. IX, forma quadrata. foliorum 111.
HILARII episcopi Pictaviensis tractatus in psalmum CXVIII edd. Benedictini. S. Hilarii opp. T. I, 211—367 .
Folio primo inscriptum est: LIBER UUILLIBERTI ARCHIEPI. Qui videlicet ab a. 871 ad a. 890 archiepiscopus Coloniensis fuit.

XXX. Darmst. 2026 membranaceus saeculi XI, forma maxima, foliorum 103.

Fol. 2—101. S. DIONYSII AREOPAGITAE opera a IOHANNE SCOTO ERIGENA in Latinum conversa; cum MAXIMI explanatione item Latine reddita ed. Floss in Iohannis Scoti opp. ap. Migne, Patrologiae T. CXXII p. 1029—1194, hoc codice adhibito).

Fol. 101—103. Excerpta ex Eusebii hist. eccl. V, 23 et ex Clementis Alexandrini sermonis »Qui dives salvetur« cap. 42 (Clementis operum supplementum ed. Ittigius p. 87 sqq.).

Fol. 2 in margine superiore scriptum est: »Liber maioris ecclesiae in Colonia.« Alia manus postea addidit: »concessus fratribus minoribus: pro quo habent primum et secundum sententiarum fratrum.«

XXXI. Darmst. 2027) membranaceus saeculi XI, forma maxima, foliorum 103.

Fol. 1v.—59v. S. AMBROSII episcopi Mediolanensis Hexaemeron (edd. Benedictini in S. Ambrosii opp. T. I. 1—142).

Fol. 60—101v. S. HIERONYMI adversus Iovinianum libri duo (ed. Vallarsius, S. Hieronymi opp. T. II. 237—384.

Folio primo inscriptum est: »liber maioris ecclesie in Colonia.«

XXXII. (Darmst. 2028) membranaceus saeculi X, forma maxima, foliorum 195.

Fol. 1—165v. S. AMBROSII epistolae; quae, editionis Benedictinae (opp. T. II, 751—1108) numeris signatae, hunc ordinem tenent: 7. 65. 67. 27. 4. 28. 37. 39. 79. 38. 29. 30. 31. 33. 69. 76. 81. 70. 71. 77. 31. 35. 36. 82. 53. 54. 58. 50. 43. 24. 41. 48. 49. 45. 83. 2. 47. 55. 46. 32. 86. 88. 3. 68. 52. 85. 87. 66. 59. 25. 15. 16. 61. 8. 5. 6. 60. 84. 90. 89. 19. 73. 74. 75. 78. 80. 26. 72. 56. 17. 18. 40. 21. 20.

Fol. 165v.—175v. AMBROSII oratio de obitu Theodosii imperatoris edd. Benedictini, opp. T. II, 1197—1214).

Fol. 175v.—178v. AMBROSII ep. 22.

Fol. 179—192. AMBROSIUS de Nabuthe Iezraelita (edd. Benedictini, opp. T. I, 565—588).

Fol. 193v.—195. Catalogus imperatorum ab Octaviano Augusto usque ad Iustinum.

Hartzhemio teste in fine codicis haec scripta erant: »Anno ab Incarnatione Domini Millesimo XXXI. Indictione XV. a festivitate S. Michaelis Archangeli, quae est tertio Kalendas Octobris, fuerunt imbres et pluviae toto tempore.« Quae absciso folio ultimo cum dimidia praecedentis folii parte perierunt.

XXXIII. (Darmst. 2029 membranaceus saeculi IX, forma maxima, foliorum 158.

Fol. 2—28v. RUFINI presbyteri Aquileiensis **commentarius in symbolum** ed. Vallarsius in Rufini opp. I. 51—114.

Fol. 28v.—65v S. AMBROSII episcopi Mediolanensis **de fide libri II** edd. Benedictini in Ambrosii opp. II. 413—496.

Fol. 65v.—100v. FAUSTINI **liber de trinitate sive de fide contra Arrianos** ed. in Maxima bibliotheca veterum patrum, Lugdini 1677. V. 637—651.

Fol. 100v.—107v. S. IOHANNES EPISCOPUS **de spiritu sancto.** Inc.: »Sequitur, quid de tertia persona, id est sancto Spiritu sentiam, pro captu mentis exponam« ect.

Fol. 107v.—109v. **De formula Nicaena et de synodo Romana**, a Damaso I papa anno 378 habita (ex DAMASI I epistola ad Paulinum, Regesta pontificum Romanorum n. 57).

Fgl. 109v.—119. S. AUGUSTINI **epistolae** 135 et 137 edd. Benedictini, in Augustini opp. T. II, 302—303. 304—311,.

Fol. 119—123v. **Sermo Arrianorum** et AUGUSTINUS **contra sermonem Arrianorum** (edd. Benedictini l. l. T. VIII, 139—160).

Fol. 146—158. S. AUGUSTINI **epistolae** 170 et 138 edd. Benedictini l. l. T. II, 462—464 et 311—318.

XXXIV. Darmst. 2030 membranaceus saeculi X, forma maxima, foliorum 153.

Commentaria, sancto AMBROSIO attributa, **in S. Pauli epistolas** ad Romanos, ad Corinthios I et II. ad Philippenses, ad Thessalonicenses I et II. ad Colossenses, ad Titum, ad Timotheum I et II, ad Philemonem edd. Benedictini in S. Ambrosii opp. T. II append. p. 25—240, 251—318).

Folio primo verso inscriptum est: LIBER SCI PETRI.

XXXV. Darmst. 2031) membranaceus saeculi IX, forma maxima, foliorum 265.

Fol. 1. Isai. 6, 2—7.

Fol. 1—92. S. HIERONYMI **epistolae** 18 capita 1—16; epistolae 20. 15. 16; 18 cap. 17—21; 21. 14. 52. 53. 58. 55. 60. 101. 102. 103. 111. 110. cuius initium deest a cap. 1—3 »negare non possum«; 56. 105. 67. 101. 112. 70. 6. 8. 9. 12. 73. 125. 118 (ed. Vallarsius, in S. Hieronymi opp. T. I).

Fol. 92—94v. HIERONYMUS **ad Oceanum de vita clericorum** ed. Vallarsius l. l. T. XI, 369—373.

Fol. 95—111. HIERONYMI **epistolae** 69. 109. 13. 51. 79. 57. 38. 39. 23. 21. 61. 27. 40. 45. 4. 5. 17. 124. 77 ed. l. l. T. I.

Fol. 141v.—145v. **Explanatio Lucae** 11, 5—9.

Fol. 115v. HIERONYMI sententia.
Fol. 115v. 116v. S. AUGUSTINI homilia de divitibus huius mundi et de contemtu avaritiae. Inc.: »Modo cum divina lectio legeretur, audivimus« . . .
Fol. 147—193. HIERONYMI epistolae 107. 11. 25. 76. 108. 22. 65 ed. 1. 1. T. 1.
Fol. 193. PASCASII epistola ad Martinum presbyterum et abbatem.
Fol. 193—197v. HIERONYMI epistolae 117. 44 (ed. 1. 1. T. 1.
Fol. 197v.—203v. TEUDONI sententiae.
Fol. 203v.—214v. HIERONYMI epistolae 121 cap. 6; epistolae 1. 83. 84. 72, cuius initium deest (ed. 1. 1. T. 1).
Fol. 215—221. AMBROSII AUTPERTI sermo de lectione evangelica edd. Martène et Durand Coll. ampl. IX, 235—249. Migne LXXXIX, 1266.
Fol. 224v. Hymnus »Gratuletur omnis caro« editus in App. IV.
Fol. 225—246v. CAESARII episcopi Arelatensis homiliae 11.
Fol. 246v.—249. Sermo ad monachos.
Fol. 249—250v. De reverentia orationis.
Fol. 251—265. HIERONYMI epistolae 11. 52. 58 (ed. 1. 1. T. 1.

XXXVI. Darmst. 2032, membranaceus saeculi XII, forma octonaria, foliorum 86.

Fol. 1v.—73v. S. AMBROSII episcopi Mediolanensis de officiis ministrorum libri tres (edd. Benedictini. opp. S. Ambrosii T. II, 1—142).

Fol. 74—86. PAULINI Vita S. Ambrosii episcopi Mediolanensis, inde a capite tertio (edd. Benedictini. opp. S. Ambrosii T. II append. p. I—XIV.

XXXVII. Darmst. 2033) membranaceus saeculi XII, forma octonaria, foliorum 102.

S. AMBROSII episcopi Mediolanensis de officiis ministrorum libri tres (edd. Benedictini, S. Ambrosii opp. T. II, 1—142. Sequitur fol. 99v.—102 Sermo eiusdem de eo, quod scriptum est: »Faciamus hominem ad imaginem et similitudinem nostram.« »Tanta itaque dignitas humanae conditionis — mirabiliusque in secundo reformavit.«

Folio primo scriptum est: »Iste liber est ecclesie maioris Coloniensis.«
Fol. 48v. et 102: »Liber maioris ecclesie Coloniensis.«

XXXVIII. (Darmst. 2034) membranaceus saeculi X, forma quadrata, foliorum 170.

Fol. 1v.—41v. S. AMBROSII de excessu fratris libri II, quorum posterior de resurrectione inscribitur (edd. Benedictini, S. Ambrosii opp. II, 1113—1170).

Fol. 42—73. eiusdem de poenitentia libri II (edd. 1. 1. II. 389—440.

Fol. 73—122. eiusdem de virginibus libri IV (edd. I. 1. II. 145—181 et 213—246).

Fol. 122v.—138v. eiusdem de viduis liber (ed. l. 1. II, 185—210).

Fol. 138v.—155. eiusdem adhortatio virginitatis ed. 1. 1. II, 277-302.

Fol. 155—170v. eiusdem de perpetua virginitate s. Mariae (ed. l. 1. II. 249—274.

- XXXIX. (Darmst. 2035) membranaceus saeculi IX. forma octonaria, foliorum 71.

Commentarium, S. AMBROSIO attributum, in S. Pauli epistolam ad Romanos (edd. Benedictini in S. Ambrosii opp. T. II append. p. 25—112.

Folio primo inscriptum est: LIBER GUNTARII. Eins nominis archiepiscopus ab a. 850 ad a. 863 ecclesiae Coloniensi praefuit.

XL. (Darmst. 2036) membranaceus saeculi VIII, forma maxima, foliorum 117.

Commentarii in evangelium Matthaei, IOHANNI CHRYSOSTOMO archiepiscopo Constantinopolitano perperam attributi, **homiliae 32—45**, in evangelii capita 19—23 ed. Montfaucon in Iohannis Chrysostomi opp. T. VI append. p. CXXXIII—CXCII).

XLI. (Darmst. 2037) membranaceus, ineuntis saeculi IX, forma maxima, foliorum 175.

IOHANNIS CHRYSOSTOMI archiepiscopi Constantinopolitani commentarium **in Pauli epistolam ad Hebraeos**, MUTIANO scholastico interprete ed. Montfaucon in Iohannis Chrysostomi opp. T. XII, 5—318).

Fol. 1: CODEX SCI PETRI SUB PIO PATRE HILDEBALDO ARCHIEPO ·:· SCRIPTVS[1]. Hildebaldus a. 795—819 ecclesiae praefuit.

[1]) SCRIPTVS *alia manu est additum*.

XLII.

Deest codex, qui Hartzhemio teste IOHANNIS CHRYSOSTOMI epistolas easdem, quae in cod. 33 leguntur. continebat.

XLIII. Darmst. 2038, membranaceus saeculi VIII, forma maxima, foliorum 167.

Fol. 1—7. **HIERONYMI praefationes in libros Iob, Tobiae, Iudith, Esther, Esdrae** ed. Vallarsius in S. Hieronymi opp. IX, 1097—1101, X. 1—3, X. 21—23, IX, 1565—1568, IX, 1521—1525).

Fol. 7—12. Capitula Machabaeorum I et II.

Fol. 13—56. Iob (ed. vulgata; Hieronymi opp. IX, 1101—1152.

Fol. 56v.—72. Tobias (Hier. X, 3—20).

Fol. 72v.—91v. Iudith (Hier. X, 23—16).
Fol. 91v.—139v. Esdra I et II (Hier. IX, 1525—1566).
Fol. 139v.—144. Initium libri Esther, diversum ab editione vulgata.
Fol. 144—167. Esther (Hier. IX, 1567—1590).

XLIV. Darmst. 2039) membranaceus saeculi IX. forma octonaria, foliorum 114.

Paralipomena (ed. vulg.) **cum** HIERONYMI **ad Chromatium praefatione** (ed. Vallarsius, Hieronymi opp. T. IX, 1405—1522).

XLV. (Darmst. 2040) membranaceus saeculi X. forma maxima, foliorum 183.

Fol. 1. **Prefatio orationis:** »Beatus .... David rex magnus« cet.
Fol. 1—7. **Psalmi et preces.**
Fol. 8—15. **Calendarium cum notis necrologicis,** quas in App. V damus.
Fol. 16. HIERONYMI **praefatio in psalmos** (opp. ed. Vallarsius X. 105).
Fol. 16—17. **Oratio David:** »David filius Iesse —' quia David dictus est Christus« (ed. Vallarsius, opp. S. Hieronymi XI. 2, 379—380).
Fol. 17—17v. S. AUGUSTINI **dicta quid sint virtutes psalmorum:** »Canticum psalmorum animas decorat — mirificabit.«
Fol. 17v. »Hic citharista sedens David rex atque propheta«, versus 11.
Fol. 18—18v. »Psallere qui docuit dulci modulamine sanctos«, versus 10.
»Nunc Damasi monitis aures praebete benignas«. versus 19.
Fol. 18v.—19. »Hos citharista puer lyricis concentibus ymnos«. versus 42 FLORI diaconi.
Omnes hos **versus** App. VI dabimus.
Fol. 19—22v. **Excerpta** de diappsalma, de alleluia, de gloria: de asterisco, stella, obolo: de psalterio.
Fol. 22v.—23v. **Epistola** DAMASO PAPAE et **responsio** HIERONYMO afficta (ed. Vallarsius, Hieronymi opp. XI. 2 p. 376—379).
Fol. 23v.—24v. »Prophetia est aspiracio — perscrutemur.«
Fol. 24v.—25. »In primo libro paralipomenon — omnes psalmos dicit esse Daviticos.«
Fol. 25—25v. »Finem duobus modis dicimus — conpletiva perfectio.«
Fol. 25v.—26. »Psalterium est ut Hieronimus ait — musicas exprimentes.«
Fol. 26—26v. »Nunc autem exposuimus — laudet Dominum.«
Fol. 26v.—27. »Liber psalmorum quamquam — pracordinavit, ut voluit.«
Fol. 28—167v. **Psalmi cum commentario.**
Commentarii initium hoc est: »Beatus vir.« Tria hominum generalia peccata propheta describens, id est cogitationis operis ac doctrinae« ...

Finis hic est: »et quoniam sanctissimus propheta universa quae dieta sunt, spiritaliter volebat, aptissimo librum fine conclusit: Omnes, inquit, spiritus laudet Dominum. Amen.«

Fol. 168. **Psalmus repudiandus:** »Pusillus eram inter fratres — abstuli obprobrium a filiis Israhel.«

Fol. 168v.—178v. **Cantica** Isaiae (Isai. 12), Ezechiae (Isai. 38, 10—20), Annae (1 Reg. 2, 1—10), Moysi (Exod. 15, 1—19), Abacuc (Hab. 3), Moysi (Deut. 32, 1—43), trium puerorum (cf. Dan. 3, 57 sqq.) Zachariae, (Luc. 1, 68—79), Mariae (Luc. 1, 46—55), Symeonis (Luc. 2, 29—32).

Fol. 178v.—179v. **Hymnus:** »Te deum laudamus.«

Fol. 179v.—181v. **Fides S. Athanasii.**

Fol. 182. Pater noster. Symbolum.

Fol. 182v.—184. **Litania**; in qua fol. 184 haec leguntur:

»Et domnum apostolicum et cunctum ecclaesiasticum ordinem in sancta religione conservare digneris;
Et Oddonem regem perpetua prosperitate conservare digneris,
Et ei vitam et sanitatem atque victoriam dones;
Et antistitem nostrum et cunctam congregationem sibi commissam conservare digneris« cet.

XLVI. (Darmst. 2041) membranaceus saeculi X, forma maxima, foliorum 77.

HIERONYMI tractatus in Ecclesiasten (opp. ed. Vallarsius T. III, 381—198).

XLVII. (Darmst. 2012) membranaceus saeculi X, forma maxima, foliorum 154.

HIERONYMI commentariorum in Isaiam prophetam libri X—XVIII (ed. Vallarsius, opp. S. Hieronymi T. IV, 415—832).

In extremo libro leguntur hi versus:

Ut gaudere solet fessus iam nauta labore.
Desiderata diu littora nota videns.
Haud aliter scriptor optato fine libelli
Exultat viso, lassus et ipse quidem.

Fol. 154v. scriptum est: LIBER SCI MARTINI.

XLVIII. Darmst. 2013, membranaceus saeculi XI, forma maxima, foliorum 102.

HIERONYMI commentarii in Isaiam prophetam usque ad Libri IX verba haec: »Has turres aedificare cupiebant, qui . .« (ed. Vallarsius, opp. S. Hieronymi T. IV, 1—414).

XLIX. Darmst. 2044) membranaceus saeculi IX, forma maxima, foliorum 163.

ISAIAE et IEREMIAE prophetarum libri ed. vulg." cum HIERONYMI praefationibus ed. Vallarsius. Hieronymi opp. T. IX. 683—902).

Fol. 2 in margine superiore scriptum est: CODEX SCĪ MAXIMINI.

L. Darmst. 2045) membranaceus saeculi XI, forma maxima, foliorum 79.

HIERONYMI commentarius in Ieremiam prophetam (opp. ed. Vallarsius T. IV. 833—1092).

LI. Darmst. 2046) membranaceus saeculi VIII ex. vel IX in., forma maxima, foliorum 208.

HIERONYMI commentariorum in Ezechielem libri VII—XIV (ed. Vallarsius in S. Hieronymi opp. V, 239—616).

In fronte codicis fuisse refert Hartzhemius p. 29 haec: LIBER SVB PIO PATRE HILDEBALDO SCRIPTVS. Quae verba non iam inveniuntur, propterea quod primum codicis folium excisum est, ut videtur.

LII. Darmst. 2047) membranaceus saeculi IX, forma maxima, foliorum 177, quorum prima 21 folia magnam partem deleta sunt.

HIERONYMI commentariorum in Amos pars extrema fol. 1—16v., commentarii in Zachariam fol. 16v.—110v., in Ionam fol. 110v.—142, in Malachiam fol. 142—177 (ed. Vallarsius in S. Hieronymi opp. VI, 219—358. 775— 938, 387—430, 939—986).

Fol. 177v.: De diaphonia seu organo, manu saeculi X scripta, quae App. VII damus.

Comparent hic illic notae Tironianae.

LIII. (Darmst. 2048) membranaceus saeculi X exeuntis, forma maxima, foliorum 410.

HIERONYMI commentarii in Oseam, Ioel, Amos, Abdiam, Ionam, Micheam, Naum, Habacuc, Sophoniam, Aggaeum, Zachariam, Malachiam prophetas (ed. Vallarsius in S. Hieronymi opp. T. VI.

Folio primo verso inscriptum est: LIBER SCI PETRI SCRIPTVS SVB TEMPORE DŌNI EVERGERI ARCHIEPI. Quae repetita leguntur fol. 195. Evergerus ab a. 985 ad a. 999 archiepiscopus fuit.

LIV. (Darmst. 2049) membranaceus saeculi VIII ex. vel IX ineuntis, forma octonaria, foliorum 163.

Fol. 2—38. HIERONYMI commentarius in Abdiam ed. Vallarsius in S. Hier. opp. VI, 359—386.

Fol. 38—41. HIERONYMI homilia 38 in Lucam. cuius initium deest (ed. Vall. l. l. VII. 363—364.

Fol. 41—91. HIERONYMI commentarius in Ionam ed. Vall. l. l. VI. 387—430.

Fol. 91—158v. HIERONYMI commentarius in Naum (ed. Vall. l. l. VI, 533—586.

Fol. 158v.—160. ARRII ad Eusebium Nicomediensem epistola.

Fol. 160—163. HIERONYMI homilia 39 in Lucam (ed. Vall. l. l. VII. 365—368.

Folio primo legitur: CODEX SCI PETRI SUB PIO PATRE HILDIBALDO ARCHIEPO SCRIPTUS.

LV. (Darmst. 2050) membranaceus saeculi VIII ex. vel IX ineuntis, forma maxima. foliorum 144.

Fol. 1. HIERONYMI commentarii in Michaeam particula (ed. Vallarsius in S. Hieronymi opp. VI. 509—510.

HIERONYMI commentarii in Michaeam fol. 2—63v., in Abacuc fol. 63v — 111, in Sophoniam fol. 111v.—144 (ed. Vallarsius l. l. VI, 431—532, 587—670, 671—734.

Folio 1 in margine superiore legitur: CODEX SCI PETRI. SCRIPTVS SVB PIO PATRE HILDEBALDO ARCHIEPO.

LVI. (Darmst. 2051) membranaceus saeculi IX, forma quadrata, foliorum 139.

Quatuor evangelia ab HIERONYMO in Latinum translata (ed. Vallarsius in S. Hieronymi opp. T. X. 659—872. Insunt picturae tres: 1) fol. 10v. imago S. Matthaei; 2 fol. 61v. imago S. Lucae; 3) fol. 101v. imago S. Iohannis.

Fol. 127—137v. Capitulare evangeliorum de circulo anni.
Fol. 137v.—138. Lectiones evangeliorum de diversis causis.

LVII. (Darmst. 2184) membranaceus saeculi IX, forma maxima. foliorum 72.

Fol. 1—56v. HIERONYMI commentarii in Matthaeum a Lib. I ad Lib. II cap. 13 (ed. Vallarsius in S. Hieronymi opp. T. VII, 9—89.

Fol. 57—64v. De quatuor euangelistis et de genealogia Christi.

Fol. 65—72v. POMPEII **grammatici fragmentum commenti artis Donati**: »si dicas iactabantur — principio caelum« (ed. Keil. Grammatici Latini T. V p. 294 v. 27—p. 304 v. 19).

In margine fol. 34 legitur: »plica *uelda*: inde diminutivum plicula.«

LVIII. (Darmst. 2052) membranaceus saeculi IX, forma quadrata, foliorum 165.

HIERONYMI **commentarii in Pauli epistolas ad Ephesios** fol. 1—109, **ad Titum** fol. 110v.—150, **ad Philemonem** fol. 150—165 (ed. Vallarsius in S. Hieronymi opp. VII. I, 537—764).

Fol. 165 legitur initium **formulae Confessionis peccatorum**.

LIX. Darmst. 2053[a]) membranaceus saeculi XII. forma maxima, foliorum 171.

S. HIERONYMI **epistolae et opuscula**.

Fol. 2—9v. S. Hieronymi epistolae 48, 49, 61, 109 (ed. Vallarsius in S. Hieronymi opp. T. I).

Fol. 9v.—12. S. Hieronymi liber adversus Vigilantium (ed. Vall. l. l. II, 387—402).

Fol. 12—16. S. Hieronymi epistolae 124, 80 (ed. Vall. l. l. I).

Fol. 16—16v. Rufini apologia (ed. Vall. T. II, 677—682).

Fol. 16v.—25v. S. Hieronymi responsio adversus Rufinum (ed. Vall. l. l. T. II, 531—572).

Fol. 25v.—41. S. Hieronymi apologiae adversus Rufinum libri II (ed. Vall. l. l. T. II, 457—530).

Fol. 41—79. S. Hieronymi epistolae 133, 22, 31, 11, 130, 54, 79, 123, 107, 117, 148, 45, 13, 147 (ed. Vall. l. l. T. I).

Fol. 79—81v. Ad Susannam lapsam obiurgatio. Hieronymo perperam attributa (ed. Vall. l. l. T. XI. II, 248—263).

Fol. 81v.—115. S. Hieronymi epistolae 64, 78, 120, 121, 5, 47, 106 ed. Vall. l. l. T. I.

Fol. 115—117. De cereo paschali epistola, Hieronymo perperam tributa (ed. Vall. T. XI. II, 212—218).

Fol. 117—126v. S. Hieronymi epistolae 129, 51, 57, 7 (ed. Vall. l. l. T. I).

Fol. 126v.—127v. De honorandis parentibus admonitio, Hieronymo attributa (ed. Vall. l. l. T. XI. II, 154—157).

Fol. 127v.—136. S. Hieronymi epistolae 69, 53, 83, 84 (ed. Vall. l. l. T. I).

Fol. 136—141v. S. Hieronymi adversus Helvidium liber (ed. Vall. l. l. T. II, 205—230).

Fol. 141v.—171. S. Hieronymi adversus Iovinianum libri II (ed. Vall. l. l. T. II. 237—384).

Folio primo habetur pictura, in qua insunt imagines viginti:
 I. Imago Friderici I archiepiscopi Coloniensis, cum his inscriptionibus:
    DOMNVS FRIDERICVS COLONIENSIS ARCHIEPISCOPVS
    Quomodo dilexi legem tuam Domine, tota die meditatio mea est
       (Ps. 118, 97).
    ✝ PERPES AMATORVM DILECTOR CHRISTE TVORVM.
    IN TE PRESVL AMAT, TVBA QVOD SYMMISTICA CLAMAT.
    QVOD NOVA LEX PROMIT, LIBRIS ET CORDE RECONDIT;
    HINC DVLCI GVSTV, QVOD RVMINAT, EXHIBET ACTV.
II—V. In angulis habentur:
    1. Imago militis, cum hac inscriptione:
       CONSTANS ET FORTIS DIRVMPES VINCVLA MORTIS.
    2. Imago prudentiae cum hac inscriptione:
       VINCIS PRVDENTER, QVICQVID TOLERAS PATIENTER.
    3. Imago iustitiae cum hac inscriptione:
       IVSTICIAE NORMAM PIETAS NON DESERAT VMQVAM.
    4. Imago temperantiae cum hac inscriptione:
       FERVOREM VITE DISCRETIO TEMPERET IN TE.
  VI. Super archiepiscopum est imago Iesu Christi, cum hac inscriptione:
      Si quis diligit me, sermonem meum servabit, et pater meus diliget eum, et ad eum veniemus et mansionem apud eum faciemus Ioh. 14, 23.
 VII. S. MOYSES PROPHETA: Diliges dominum deum tuum ex toto corde tuo (Deut. 6, 5).
VIII. DAVID REX ET PROPHETA: Gustate et videte, quoniam suavis est Dominus (Ps. 33, 9).
  IX. YSAIAS: Veniat pax super eum, qui ambulat in dilectione Dei (Is. 57, 2).
   X. HIEREMIAS: Custodite animas vestras, quia ego Dominus scrutans corda et renes (Ier. 17, 21 et 17, 10).
  XI. HIEZECHIEL: Sanctificabo nomen meum magnum in vobis Ezech. 36, 23).
 XII. DANIHEL: Deus caeli dat sapientiam et revelat profunda et abscondita (Dan. 2, 21. 22).
XIII. S. MALACHIAS: Orietur vobis timentibus nomen meum sol insticie (Mal. 4, 2).
 XIV. S. IOHANNES BAPTISTA: De plenitudine eius nos omnes accepimus, et gratiam pro gratia (Ioh. 1, 16).
  XV. S. PETRVS: Ante omnia in vobismet ipsis caritatem continuam habentes (1 Petr. 4, 8).
 XVI. S. PAVLVS: Caritas Dei diffusa est in cordibus nostris per spiritum sanctum, qui datus est nobis (Rom. 5, 5).
XVII. S. IACOBVS: Omne datum optimum et omne donum perfectum de sursum est (Iac. 1, 17).

XVIII. S. IOHANNES: Diligamus Deum, quoniam ipse prior dilexit nos 1 Ioh. 4, 19.

XIX. S. MATHEVS: Qui facit voluntatem patris mei, qui in caelis est. ipse intrabit in regnum caelorum (Matth. 7, 21).

XX. S. IVDAS: Orantes, vos ipsos in dilectione Dei servate Iudae 20. 21.

Fol. 2 in margine superiore leguntur haec: »Iste liber est maioris ecclesie in Colonia.«

Teste Hartzhemio in fronte libri haec nucialibus litteris perscripta sunt: »In nomine Domini incipiunt epistolae S. Ieronymi presbyteri, divisae propter gravitatem ponderis.«

LX. (Darmst. 2053) membranaceus saeculi IX, forma maxima, foliorum 244.

S. HIERONYMI epistolae et opuscula.

Fol. 1—78. S. Hieronymi epistolae 35, 36, 19, 20, 18 (cap. 1—16, 21, 30. 101, 102 (cap. 1 et 2), 103, 111, 110 (cuius initium deest, 105, 56, 67, 104, 112, 136, 131, 132, 134, 141, 142, 143 ed. Vallarsius in S. Hieronymi opp. T. I.

Fol. 78v.—80v. Explanatio fidei. Hieronymo perperam attributa ed. Vallarsius l. l. T. XI. II, 202—205.

Fol. 80v.—108. S. Hieronymi epistolae 55, 83, 84, 69, 146, 124 (ed. Vallarsius l. l. T. I.

Fol. 108v.—113. Expositio symboli, Hieronymo perperam tributa (ed. Vallarsius l. l. T. XI. II, 205—211.

Fol. 113—120v. S. Hieronymi epistolae 145, 122, 47 (ed. Vallarsius l. l. T. I).

Fol. 121—125. De tribus virtutibus homilia, Hieronymo perperam tributa (ed. Vall. l. l. XI. II, 121—126).

Fol. 125—136. S. Hieronymi epistolae 129, 71, 61, 109 (ed. Vall. l. l. T. I).

Fol. 136—143. S. Hieronymi liber adversus Vigilantium (ed. Vallarsius T. II, 387—402).

Fol. 143v.—227. S. Hieronymi epistolae 70, 74, 72, 4, 5, 68, 6, 8, 10, 7, 9, 12, 2, 119, 140 cap. 16—21), 48, 49, 97, 50, 45, 11, 130, 107, 64, 117, 133 (ed. Vallarsius l. l. T. I).

Fol. 227—232v. In Susannam lapsam obiurgatio, Hieronymo perperam attributa c. l: »Quid taces anima« — cap. 42 (ed. Vallarsius T. XI. II, 248—260).

Fol. 232v.—243. S. Hieronymi epistolae 31, 65 (ed. Vallarsius l. l. T. I).

Fol. 244. »Carta cambie contra Folcbertum in Widuberge« d. d. 14. Febr. 799 (ed. Lacomblet, Urkundenbuch I p. 8 n. 13).

LXI. (Darmst. 2051, membranaceus sacculi XII, forma octonaria, foliorum 209.

Fol. 1—117v. S. AUGUSTINI de genesi ad litteram libri duodecim.
Fol. 118—209. S. AUGUSTINI de consensu euangelistarum libri quatuor.

Fol. 118 in prima littera sunt duae imagines, altera superior altera inferior. Superior manu gerit schedulam, in qua haec leguntur: »Mercedem laborum ego reddam«; super inferiorem legimus: »Wichertus abbas«.

LXII. (Darmst. 2055) membranaceus sacculi XIII, forma maxima, foliorum 210.

Psalmorum commentarius. (Teste Hartzhemio est Catena ex Commentariis Augustini, Cassiodori, Hieronymi et Remigii composita.

LXIII. Darmst. 2056) membranaceus sacculi IX, forma maxima, foliorum 261.

S. AUGUSTINI enarrationes in psalmos 1 50.

Folio primo inscriptum est: CODEX SCI PETRI SVB PIO PATRE HILDEBALDO SCRIPTVS. Fol. 56v. in margine inferiore legitur: »Girbalda scripsit«. Eodemque loco in folio 171v.: »Gislildis scripsit«. Et in folio 263v.: »Agleberta scripsit«. Cf. codd. 65 et 67.

LXIV. (Darmst. 2057) membranaceus sacculi X, forma maxima, foliorum 218.

S. AUGUSTINI enarrationes in psalmos 31—50.

(Hucusque laffeus. Reliquos codices, exceptis 106—109, ego descripsi.]

LXV. Darmst. 2058, membranaceus sacculi IX, forma maxima, foliorum 352.

Continuantur in hoc volumine S. AUGUSTINI enarrationes in psalmos cod. 63 coeptae. Folio primo inscriptum est:

AGUSTINI SUPER PSALMOS CENTUM.
LIBER SCI PETRI

Folia 11—18 et iterum 338—352 transposita sunt et confusa; in fine codicis folia aliquot perierunt, cum extrema commentarii in psalmum 99 parte (inde a verbis »commixtis malis venit laude invitatus« IV, 1077 ed. Bened. totaque psalmi 100 enarratione. Quae sequuntur in codice 67 invenies. In imo codicis margine humiditate folia permulta putruerunt, quae damna libri ligator manu parum felici resarsit.

Fol. 73v. in fine quaternionis noni et psalmi 60 scriptum est
»Adruhic scripsit«.
Fol. 151v. in fine quaternionis 19 et psalmi 69: »Altildis scripsit«.
Fol. 224v. in fine quaternionis 28 et psalmi 78: »Gisledrndis scripsit«.
Fol. 289v. in fine quaternionis 36 et tractatus primi de psalmo 90:
»Eusebia scripsit«.

LXVI. (Darmst. 2059 membranaceus saec. XI, fol. min., foliorum 131.

Idem opus a ps. 119 ad 133. Ultimis foliis inscripta est alia quaedam commentatio de ps. 130, quae incipit »Psalmista humilitatis gratiam« . . . et finit: »non tibi opus erit lacte sed solido cybo.«

Codex inaequaliter et parum eleganter scriptus in membranis satis male praeparatis. Psalmorum verba minio scripta sunt.

LXVII. (Darmst. 2060) membranaceus saeculi IX, forma maxima, foliorum 183.

AUGUSTINI **enarrationum in psalmos pars tertia.**

Folio primo inscriptum est:
CODEX SCI PETRI SVB PIO PATRE
HILDEBALDO SCRIPTVS.

Haec paulo recentiora esse videntur, coaeva autem quae in folio 2 leguntur:
EXPOSITIO SCI AGUSTINI SUPER
PSALMORUM TERTIAM PARTEM.
LIBER SCI PETRI.

In sequenti pagina littera E ex piscibus tribus est composita: colores et hic et in aliis duobus voluminibus 63 et 65 varii ad ornatum sunt adhibiti. Psalmorum verba litteris quas unciales vocamus, rubris scripta sunt.

Fol. 105v. in fine quat. 13 et psalmi 114 legitur: »Cera scripsit«.
Fol. 183v. in fine totius operis et quaternionis 23: »Agnes scripsit«.

Apparet igitur, Hildebaldo iubente ingens hoc opus inter novem sanctimoniales fuisse divisum, quae laudabiliter sane magnaque cum diligentia suscepto munere functae sunt.

LXVIII.

Iam perditus, Hartzhemio teste saeculo XI vel XII scriptus, **Quaestiones** AUGUSTINI **in Matthaeum, Lucam et Ioannem** continebat. In fronte his legebatur »Liber Athilini«, ut in codd. 16 et 20.

LXIX. Darmst. 2061) membranaceus saec. IX, in quarto, foliorum 115.
Titulus in principio positus est: AVRELII AVGVSTINI TRACTATVS IN EVANGELIO SECVNDUM IOHANNEM.
Liber pulcherrime scriptus est.

LXX. Darmst. 2062 membranaceus in quarto, saec. XI, foliorum 209.
AUGUSTINI **Sermones de verbis domini**. Primum folium cum indice contentorum periit; servati sunt extremi indicis versus, qui ad illos solos sermones pertinent, eo ordine positos quo in antiquis editionibus leguntur. In contextu codicis sequuntur sermones aliquot de verbis apostoli, sed post quaternionis XX folium 156, cuius ultima pars rasa est, alius eiusdem temporis liber sequitur, a quat. XXII incipiens, in principio mancus. Continet hic quoque sermones aliquot b. Augustini, praecipue vero locos ex eius operibus decerptos.

Fol. 203, primo quaternionis XXVII, scriptum est: **De plaga quae facta est in Hierusalem eo quod dominicum diem non obseruauerunt.** »In diebus Georgii patris summi« etc. Narratiuncula est fabulosa, mihi ignota, quam propterea in App. VIII dabo. Sequitur **De laetania maiore.** »Quo primo initium presens ieiunium sumeret, Gregorius Turonensis manifestat in gestis Francorum ita dicens: His temporibus« etc. Est libri secundi caput 34.

Sequuntur adhuc quatuor sermones de festivitatibus b. Mariae Virginis, sed in medio quarto sermone codex finitur, reliqua eius parte perdita.
Incipiunt Fol. 203v. »Castissimum (ita correctum pro Castissimae) Mariae uirginis uterum«.
Fol. 206. »Adest nobis dilectissimi fratres hodierna festivitas«.
Fol. 208. »Adest nobis dilectissimi fratres optatus dies«.
Fol. 209v. »Cum aliquid dilectissimi in amore«.

LXXI. (Darmst. 2063 membranaceus in quarto, saeculi XI, foliorum 174.
Codex diversorum manibus scriptus, continet S. AUGUSTINI **libros II de sermone quem Dominus discipulis in monte locutus est** ed. Maur. III, 2, 165—236), **librum de agone** (ib. VI, 245—262), **de patientia** ib. 533—546 , **de disciplina Christianorum** (ib. 581—590). Sequitur Fol. 129 PASCASII RADBERTI **opus de corpore et sanguine Domini.**

LXXII. Darmst. 2064 membranaceus in folio, saeculi XII. foliorum 61.
In prima codicis pagina manu saeculi XV scriptum est: »Est liber Ecclesie Coloniensis«. »Est Sancti Petri in Colonia«. Insunt S. AUGUSTINI **homiliae decem super epistolam Iohannis apostoli et evangelistae.** Ed. Maur. III, 2, 825—900.

LXXIII. (Darmst. 2075) membranaceus in folio, saeculi XII, foliorum 65.

In prima pagina scripta est »Sententia CASSIODORI ex libro de tractatoribus diuinarum scripturarum«, scil. libri **de institutione divinarum litterarum** caput octavum. Praeterea libri titulus: »**Liber PETRI ABBATIS in epistola ad Romanos.**« Et in fine: »Explicit expositio S. Augustini episcopi in epistolam b. Pauli ad Romanos. Collecta ex opusculis eiusdem Patris a Petro Tripolitanae provinciae abbate.« Opus hoc sub BEDAE nomine, cui ab aliis tribuitur, editum est.

Librarius hos versus addidit:
Haec quicunque legis illud pro lege tenebis,
Supplex quo poscas, scriptoris tollere noxas
Iesus dignetur, ut pars in eo tibi detur.

Manu saeculi XV additum est: »Liber spectat ad Capitulum Coloniense.«

LXXIV. Darmst. 2076, membranaceus in folio minori, saeculi VIII vel IX, foliorum 167.

Titulus alteri folii secundi paginae inscriptus est litteris quadratis, versibus alterne atramento et minio scriptis: IN HOC CODICE SVNT LIBRI IIII DE DOCTRINA XPIANA BEATAE MEMORIE AVRELI AVGVSTINI EPI ET ALII DVO CONTRA MANICHEOS. Editi sunt in edit. Maur. III, 1—91 et I, 645—684. Quatuor primi contextus versus minio scripti sunt, litteris quas unciales vocamus. Post quaternionem nonum cum dimidio altera codicis pars a quaternione XIIII incipit; haec paulo vetustior est, et perdita ut videtur parte priore suppleta.

Folium primum multo post adsutum Retractationum I c. 10 et II c. 1 continet, manu saeculi XII scripta. In folio secundo, olim primo, inscriptio erat, quae crasa est; verum ex vestigiis litterarum et aliorum codicum similitudine hanc fuisse apparet: CODEX SCI PETRI SVB PIO PATRE HILDEBALDO SCRIPTVS.

LXXV. (Darmst. 2077) membranaceus in folio, saec. VIII, foliorum 206. **AUGUSTINI de civitate Dei libri X priores.**

Titulus in folii primi pagina altera versibus alterne nigris et rubris scriptus est: IN NOMIN. DNI. NRI. IHV. INCPT. LIB. DECIVITA. DI. SCI. AGVSTINI. EPI. MIRIFICE. DISPVTAT. ADVERSVS. PAGANOS. ETDAEMONES. EORVMDEOS. ABEXORDIOMVNDI. VSQVEINFINEM. SAECVLI.

In folio 2 octo versus priores litteris uncialibus scripti sunt; in fronte paginae manu saeculi XIV scriptum est: »ecclesie coloniensis est«. Una cum contextu descriptae sunt notae aliquot marginales admodum mendosae; pleraeque vel capita sententiarum repetunt vel admirationem legentis exprimunt. Aliquas selegi et in App. IX proposui. Praeterea et lectionis varietas addita est, et notae quas Tironianas vocamus, margini inscriptae, quibus correctori quae emendanda sunt indicantur.

LXXVI. Darmst. 2188) membranaceus in quarto, saeculo VIII pulcherrime scriptus, foliorum 222.

Initiales literae aliquot morem hibernicum sapiunt. Insunt S. AUGUSTINI opuscula, quorum index in folii primi pagina altera litteris uncialibus splendide scriptus est, his verbis: »In hoc corpore continetur« etc. Sunt autem hi: De disciplina Christianorum sermo I. 'ed. Maur. VI, 581—590); de evang. Dimitte et dimittetur tibi sermo I. quem frustra quaesivi. Incipit »Praeceptum saluberrimum audivimus«); de bono patientiae liber I. (VI, 533—546 ; de bono coniugali liber I. VI, 319—340); de sancta virginitate liber I. (VI, 341—368 : de nupliis et concupiscentia libri II. (X, 279—331).

Margines foliorum passim abscisi sunt. Notae interdum occurrunt, quae significant »hic« et »usque hic«.

LXXVII. Darmst. 2078 membranaceus in quarto, saec. XII, foliorum 117.

In prima pagina manu saec. XV. scriptum est: »Iste liber est facultatis arcium. Symon de Outdorp Notarius et Studii Coloniensis Bedellus.« Insunt AUGUSTINI opuscula, de beata vita ed. Maur. I, 297—312); de videndo deo ad Paulinam (II, 173—196, ep. 117 ; de fide et operibus VI, 165—192; de praedestinatione; de moribus Manicheorum Hypognost. liber VI, Vol. X, App. p. 12—50 ; Abecedarium contra Donatistas Psalmus contra partem Donati IX, 1—8; : in Salutationem epistolae ad Romanos disputatio III, 2, 925—942 : ad Simplicianum de solutione quarundam quaestionum VI. 79—104 ; ad eundem de libris regnorum VI, 103—120 ; ad Dulcitium de octo quaestionibus (VI, 121—140.

Praeterea folio 58v. IERONIMUS de septies percussa 'S. Hieronymi ep. I).

LXXVIII. Darmst. 2079. membranaceus in quarto, foliorum 96, saeculi IX vel X, splendide scriptus.

Primo folio exciso titulus periit. Inscriptum est manu saeculi XIV: »Ecclesie Coloniensis est«.

Insunt S. AUGUSTINI de bono coniugali ed. Maur. VI, 319—340); de sancta virginitate (ib. 341—368 ; ad Iulianam de viduitate servanda /ib. 369—386) : ad Probam de orandi modo II, 382—394, ep. 130.

LXXVIII^u. (Darmst. 2176) membranaceus et chartaceus in quarto, foliorum 53.

Ea quae olim in hoc codice fuerunt, in primi folii pagina altera enumerantur, scilicet PETRUS BLESENSIS super Iob (fol. 2—17, manu saeculi XV, Opp. ed. Giles III, 19—62); deinde AUGUSTINUS de spiritu et anima, de dignitate humane condicionis, de verbo dei et anima, quae nunc desunt, foliis 18—35 perditis.

Sequitur folio quod nunc 19 est, olim vero 36 fuit, Disputacio PETRI ALPHUNCII contra Moysen Iudeum, manu saeculi XIII scripta, quae pars tantum est operis in Biblioth. Patrum Lugdun. XXI, 173—221 impressi. Incipit: »Petrus ad Moysen. Vestri doctores dum in quibusdam« . . . . . Expl. »auctoritas faciat fidem.« Folia 42—50, ut olim numerabantur, desunt: folia 51—58, nunc autem 26—33, quorum bina priora et ultima chartacea sunt, continent Vitam fratris Rogerii de Provincia auctore RAYMUNDO, manu saeculi XV foede scriptam. Summam huius libelli dederunt Antonius Florent. tit. 24, c. 9, § 9 et Waddingus Ann. Min. V, 160—164 ad a. 1287.

LXXIX. (Darmst. 2080) membranaceus in quarto, foliorum 57, saeculo X ut videtur variorum manibus scriptus.

Insunt in hoc codice, quae in primi folii pagina altera indicantur, PROSPERI epistola de gratia et libero arbitrio ad Rufinum in Opp. S. Augustini X, App. p. 163—170); responsiones ad capitula calumniantium Gallorum ib. 197—208); responsiones contra capitula obiectionum Vincentianarum ib. 207—214; responsiones ad excerpta quae de Genuensi civitate sunt missa (ib. 213—222). Deinde fol. 33. S. AUGUSTINI responsio ad Dulcitium Opp. ed. Maur. VI, 121—140); fol. 49. liber yponosticon de praedestinatione contra Pelagianos hereticos (Hypognost. l. VI, Opp. X, App. p. 42—50).

LXXX. (Darmst. 2081) membranaceus in quarto mai., foliorum 148, saeculo IX splendide scriptus. Hunc codicem Hildebaldinis adnumerandum esse, notarum usus in margine arguere videtur.

Insunt quae in folii primi pagina altera accuratius indicantur S. AUGUSTINI epistolae aliaeque ad eum directae, secundum ordinem in edit. Maur. observatum, 132, 135. 137, 156, 157. 149. 170, 191, 194, 211, 215. Praeterea fol. 45—61 ciusdem liber ad Bonifatium papam urbis contra epistolam Iuliani Pelagiani, Opp. X, 411—430, fol. 87—139 ad Valentinum monachum de correptione et gratia epistolae duae, Opp. X, 717—778.

Fol. 139v. Item epistola S. EVODI UZULENSIS ad abbatem Valentinum Adrimentinum, de qua v. S. August. Opp. II, p. 792 n. c.

Fol. 141v. **Item epistola PAPAE CAELESTINI URBIS ROMAE ad episcopos Gallos pro gratia dei.** Iaffé n. 163. Mansi IV, 451.

Fol. 146v. **Item commonitorium** S. AUGUSTINI **quomodo sit agendum cum Manicheis,** Opp. VIII. App. p. 37.

In fine indicis huius scriptum est:
»Simul fient epistl. numr. XVIII.«
»Incolomis legas omnium nobilium lector.«
In ultima codicis pagina, manu non eadem sed coaeva, scriptum est:
Augustine tuum redolet liber iste leporem
Et quaesita diu explicat ore manu.
Et in ima pagina:
Augustine sacris nimium donate loquelis,
Nunc recuba victor praeclarus stemmate fulvo.

LXXXI. olim CLXXVI; Darmst. 2082, membranaceus fol. min.. foliorum 112, saeculo XI nitide scriptus.

AURELII PRUDENTII **Carmina** cum glossis interlinearibus et marginalibus, quae simul cum textu ex vetere exemplari transscripta sunt. Multae ex his conveniunt cum Isonis magistri glossis. quas Weitzius a. 1613 ad calcem Prudentii sui publicavit. Ex his desumptas germanicas cum paucis latinis in Appendice X infra dabimus.

Praemissum est fol. 1v. »Testimonium de historia illustrium virorum centesimum XL. VIII.« scil. GENNADII. Carminibus singulis addita est indicatio metri, quo composita sunt. Tituli graeci satis mendose scripti sunt.

Fol. 2. »**Liber Katamerinon.**«

Fol. 16. »**Liber** ΠΕΡΙ ΣΤΕΦΑΝΩΝ.« Ordo carminum, cum Arevali editione comparatus, hic est: I. V. II. XI. XIII. XII. IV. XIV. III. VI. VII. IX. VIII. X. Sed permutatis quaternionibus quinto et sexto cum codex ligaretur, ordo turbatus est, quod iam manu saec. XV. adnotatum invenimus.

Fol. 35v. post finem libri scriptum est: »Margine felici dat finem. ΚΑΘΗΜΗΡΥΝΟΝ (quod male hic positum esse apparet . Incipit de opusculis suis trocheum et trimetrum endecasyllabon.« scil. **Epilogus.**

Fol. 36. »Incipiunt **tituli historiarum.**« scil. quos Dittochaeum Arevalus appellat.

Fol. 38. »Incipit ΑΠΘΕΩΣΥΣ.«

Fol. 54v. »Incipit ΑΜΑΡΤΗΓΗΝΙΑ.« Qua finita fol. 62v. in spatio vacuo manu vel eadem vel coaeva scriptum est: »Christus lector fuit quando aperuit librum — benedixit apostolis.« Quae ex codice quodam Vindobonensi edita leguntur in Catalogo Denisiano I, 1, 988. Sequuntur civitatum nomina quae infra dabimus.

Fol. 63 alia quaedam scripta sunt de vestibus ecclesiasticis et de ordine missae, excerpta e Hrabani de Institutione Cler. l. I. c. 15 et sqq.

Fol. 65. »De octo principalibus vitiis.« Haec iam pertinent ad **Psychomachiam**, quae ita inscribitur:
Aurelius Prudens virtutum proelia Clemens
Cum vitiis cecinit metrica scolasticus arte.

Per totum carmen spatia servata sunt picturis decoranda, quibus pictor defuit, nisi quod in principio operis f. 65v. tres angeli pro tempore illo non male picti sunt, quos genibus flexis veneratur vir saecularis, Prudentius scilicet. Foll. 66v. et 67 rudimenta quaedam imaginum apparent. Folio post f. 93 exciso desunt versus 810—901.

Fol. 94v. scripta sunt quaedam de domo caelesti et de XII lapidibus, quae ad Psychomachiam pertinent, et alia de Cappellanorum origine ex Walafr. Strab. de rebus eccles. c. 31.

Fol. 96v. **Contra Symmachum libri II.** Desunt folio post f. 110 exciso versus II, 876--977.

LXXXII. (Darmst. 2083) membranaceus fol. min. foliorum 87, saeculi IX.

De contentis codicis huius vir doctus saec. XVIII, qui etiam in Prudentii codice quaedam adnotavit, Hartzhemius ni fallor, in folio chartaceo praefixo haec scripsit: »Codex 82ª olim 137. S. PATERII **de expositione Veteris ac Novi Testamenti de diversis libris S. Gregorii papae concinnati**
Liber I in Genesin.
Liber II in Exodum.
Liber III in Leviticum.

»Liber primus mutilatus principio incipit a capite XXVII. Quod inter opera S. Gregorii papae impressa Tomo IV: editionis Parisinae secunda parte pag. 18 numeratur caput XXX. Iterum post caput XLVI parvus hiatus est in hoc MS. usque ad caput XLVIIII, quod ex impresso codice suppleri potest.« Ibi folia duo membranacea, cum ligaretur codex, inserta sunt, sed nihil in eis scriptum est.

Pergit idem vir doctus: »In hoc eodem volumine Codex 82ᵇ. **Libri II Beati EUCHERII Episcopi Eruditionum seu de Quaestionibus difficilioribus Veteris ac Novi Testamenti**, editi in Bibliotheca Coloniensi SS. Patrum Tomi V parte 1a pag. 756 ad 773 anno 1618, ante Romae editi anno 1564. Sed noster MS. codex contractior est impressis, etsi capita omnia complectatur utriusque libri.« Extant etiam in Bibl. Lugdun. VI, 839—857. Titulus in codice f. 53v. scriptus est: »Inc. liber Eucherii episcopi eruditionum de his qui appellantur membra domini.« Codex mendis innumeris scatet, quorum ne unum quidem correctorem invenit, quare valde dubito, num quisquam cum his mille annis legerit.

LXXXIII. (Darmst. 2183 membranaceus in quarto, saeculi vel IX vel X, foliorum 89.

BOETII de arithmetica libri, prout extant in edit. Opp. Boetii Basil. a. 1570 p. 1295—1370.

Fol. 75. CASSIODORI SENATORIS de orthographia liber, ut extat in editione Gareti II, 605—619.

Fol. 87v. »Inc. ortographia Esidori,« scil. ISIDORI Origg. l c. 27 de orthographia.

Fol. 87. »In nomine dei summi incipit ars Mauri Sernii gramatici de centimetris.« SERVII Centimetrum, quod correctum F. N. Klein Confluentiae a. 1825 edidit. Repetitum est in Keilii Corpore Grammatt. IV, 456 sqq.

LXXXIII[II]. (Darmst. 2084) forma maxima, foliorum 219, a. 798 scriptus. In margine passim notis Tironianis corrigenda verba indicantur.

In folio primo, cuius pars inferior abscisa est, legitur:
CODEX SCI PETRI. SCRIPTVS SVB PIO PATRE
HILDEBALDO ARCHIEPISCOPO.

Post S. HIERONYMI Praefationem Chronici Opp. ed. Vallars. VIII, 1—32) sequitur f. 5 »Incipit chronica Esidori iunioris.« scil. ISIDORI Chronicon, ed. Roncall. II, 419—462. Additae sunt computationes variae, quarum conclusionem in Monn. Germ. Vol. SS. XVI, 730 a Bethmanno descriptam Pertzius edidit. Quae haec est, folio 14v.: »Sunt anni ab initio mundi secundum Orosium usque ad aduentum Christi anni VCXCVIII. Ab Adam usque ad passionem Christi anni V̄CCXXVIII. sunt anni ab initio mundi secundum ueritatem hebreorum ut transtulit Hieronimus usque ad istum annum XXXI. regni Karoli regis. Ipse est annus quando hospites *in margine corr.* obsides accepit de Saxonia tertiam partem populi et quando missi nenerunt de Grecia ut traderent ei imperium anni VDCCCCXCVIII. secundum nero LXX anni V̄ICCLXVIII. Anni ab incarnatione domini DCCXCVIII. Cui uero sic non placet sudet et legat et melius numeret.«

Scripturae specimen inuenies l. c. Vol. XVII tab. tertia.

Fol. 15. »Inc. Prologus sancti Esidori de numero,« scil. ex ISIDORI Etymoll. libro III.

Fol. 37. »Item de XIIII diuisionibus temporum. Divisionis temporis quod sunt. M. XIIII. Idest athomus« .... Est dialogus inter Δ διδάσκαλον) et M (μαθητήν; f. 39 haec legimus: »Δ. l'esperum unde nomen accepit. M. Ab Espero rege a quo primum Speria idest Italia dicta est« .... Ubi supra vocem »Speria« manu coaeva scriptum est »langobardia«, et in margine: »hispania ultima in occidente ubi hispani«.

Fol. 45v. »Inc. **ars computi** quomodo inuenta est. Hanc artem philosophi inuenerunt aput grecos« etc. Post diversa huius generis scripta et calenlationes sequitur

Fol. 72v.—76 **Calendarium**, ubi ad IIII. Id. Mart. in margine scriptum est: »Obiit heribertus choriepiscopus.« et f. 75 ad XV Kal. Oct. manu coaeva additum: »Natalis sancti Lantberti martyris.« SS. Virginum martyrum nulla mentio extat.

Fol. 76v. **Cyclus paschalis** ab a. 798—949, cui tres illae adiectae sunt notae quas Bethmannus exscripsit l. l. publicatas:

  810. Conbustio Coloniae.
  814. Obitus Karoli.
  818. Obitus Hildibaldi episcopi. In isto anno commissus est Hadebaldo episcopatus beati Petri.

Fol. 86 post tabulas astronomicas diligentissime factas sequitur BEDAE **liber computi** sive de ratione temporum.

Fol. 126. ISIDORI **liber rotarum** (de natura rerum, VII, 1—61 ed. Arevalo), praemissa epistola metrica Sisebuti regis quae sic inscribitur: »Incipit epistola Sisebuto (sic) regis Gotorum missa ad Isidorum de libro rotarum.« Edita est l. l. p. 183—185 et Anthol. lat. ed. Riese I, 2, 9—13.

Fol. 146 in novo quaternione incipit liber quidam de caelo et stellis admodum corrupte scriptus, qui convenit cum codice Parisino Sangermanensi 778 **Scholiorum in Germanici Caesaris Aratea**, descripto a V. C. Alfredo Breysig in Arateorum editione Berol. a. 1867 p. XXVII. Inc. »Arati ea quae videntur« . . . . Expl. f. 171v. »opinabantur victoriam.« l. l. p. 130. nondum finito opere, extrema enim duo folia excisa sunt. Litterae initiales ornatae sunt more antiquo, accedente tamen hibernicorum codicum imitatione. Pictus est Sol tanquam deus in cymba quadam stans, quae duabus rotis imposita est, equis duobus vectus. Astris pingendis locus relictus est, admodum pauca artificem invenerunt.

Fol. 172. »Inc. de communibus et embolismis annis.« Est epistola DIONYSII EXIGUI, edita ap. Petavium de doctrina temporum, ed. Veron. a. 1735. II p. 499, post quam f. 173v. sequitur **epistola CYRILLI**, ib. p. 503; f. 175 PASCASINI **episcopi ad Leonem papam epistola de ratione pachae**, edita inter epistolas Leonis papae ed. Quesn. I, 209 ed. II: f. 181v. DIONYSII EXIGUI **epistola ad Petronium** edita ap. Petavium l. l. p. 498.

Fol. 184. »Domino vere meo ac dei servo Sesuldo arcidiacono. LEO inutilis atque omnium ultimum (sic) monachorum . . . Imperas . . . Sesulde — concinnantes.« **Epistola de computo paschali**.

Fol. 188. »Inc. **liber ANATHOLI de rat. paschal**.« ap. Bucherium in Doctrina temporum, Antw. 1634 fol. p. 439.

Fol. 197. »Inc. **aepistola PAPE LEONIS** ad Gallia (sic) et ad Spaniam de paschae sollennitatibus.« Opp. I, 328.

Fol. 197v. HILARII PAPAE **epistola ad Victorium**. cum VICTORII **epistola ad Hilarum**, ed. ap. Petavium l. l. p. 504.

Fol. 201. »**Disputatio** HIERONIMI **de sollemnitatibus paschae.**« Extat in editione Maur. I, 1103 inter epistolas S. Hieronymi spurias.

Fol. 204. »Inc. anni ordo aput Aegiptios primus (sic) inventus ut refert Magrobius Theodosius. Archades« . . . . Ex MACROBII Satt. I, 12.

Fol. 205v. »Inc. interrogationes vel responsiones de dies septimane et dies mensium seu de puncto vel momenta nec non et horas vel quadrantes. Quibus modis dicuntur dies mensis« . . . .

Fol. 213v. **Epistola** CYRILLI ep. Alexandrini. »Sanctum Theofilum« . . . .

Fol. 215v. »Capitulo XXIIII. de ponderibus. Ponderum ac mensurarum« . . . . ISIDORI **Origg.** XVI. 25.

In pagina codicis ultima, quae olim vacua relicta fuerat, nomina illa leguntur, quae Bethmannus l. l. p. 430 protulit, inter quae pro »Othil« legendum esse videtur »Otzil.«

LXXXIV. (Darmst. 2085) membranaceus forma maxima. saeculi XII, foliorum 200.

Foliis quatuor primis, quae aliquanto post praefixa sunt codici, inscripta est **Vita S. Martini**: »Igitur Martinus Sabariae Pannoniarum — Maximum interfecit.«

Folio quinto titulus inscriptus est litteris magnis, versibus alternatim atramento et rubro scriptis: »In expositione beati Iob **Moralia** GREGORII PAPAE beatissimi per contemplationem sumpta libri V.« Operum S. Gregorii ed. Maur. I p. 1—534, scil. tres partes priores vel libri XVI. Litterae capitulares passim ornatae sunt, et in ultimis quaternionum paginis numeri positi sunt vario modo exornati.

Fol. 198. »Inc. **sermo divinus de festivitate omnium sanctorum** quae celebratur Kal. Nov. Legimus in aecclesiasticis hystoriis quod sanctus Bonifacius qui quartus a b. Gregorio romanae urbis aepiscopatum tenebat, suis precibus« etc.

Fol. 200. »Item cuius supra de eadem festivitate. Hodie dilectissimi omnium sanctorum sub una sollempnitatis laeticia« etc.

LXXXV. Darmst. 2086 membranaceus foliorum 121. in fol. min. binis columnis saeculo IX atramento pallido scriptus.

In primo folio scriptum est: »In hoc codice continetur doctrina christiana sive expositio sancti evangelii Gregorii: seu interpretatio nominum veteris ac novi testamenti.«

Fol. 2.   INCIPIT DOCTRINA
                  DOGMA
                ECCLESIASTICA
                 SECUNDUM
            NICENUM CONCILIUM.

»Credimus unum esse deum — etiam et anima incorporea esse credatur. libere confitemur imaginem in aeternitate similitudinem in moribus inveniri.« Sunt capita LIII.

Fol. 11. IN XPO (sic) NOMINE
INCIPIT EXPOSITIO
SCI EUANGL EDITA
A GREGORIO PAPA
URBIS ROME

»Matheus sicut in ordine — gratiam spiritui (sic) sancti.«
EXPLICIUNT EXPOSITNS
EUANGLR. postea additum est: Gregorii pp.

Sunt **expositiones evangeliorum** B. GREGORIO attributae, sed ab editoribus Maurinis Vol. I Praef. p. VI. tanquam spuriae reiectae.

Fol. 68v. ISIDORI **Allegoriae sacrae scripturae**, editae in Opp. ed. Arcval. V, 115—151. Sequuntur f. 86 alia quaedam: »Item de gladio secundum Lucam. Est enim locus« etc. f. 91v. »De septem formis spiritus sancti.« f. 95. »Amicus ad quem media nocte — adsistit.«

Fol. 96v. **Interrogationes et responsiones de rebus sacris**; incipiunt: »Summum bonum deus est. Quid est deus — (f. 100v) respuuntur infideles. Capitul. de monachis. Unde dicuntur monachi — f. 103) agustus quia sollemniter stat. Incipiunt questiones de litteris vel singulis causis. Quia video te de scripturis . . . . (f. 105) Incipiamus de sanctam scripturam — (f. 118) quia unum verbum genuit.« »Hii sunt grados septem in quibus Christus advenit. Primus lector fuit. quando aperuit librum Isaiae« etc.

Fol. 120v. »**Dicta LEONIS episcopi**. Credo in deum patrem — per quod salvati sumus.«

LXXXVI. (Darmst. 2087) membranaceus in folio, foll. 151, saeculo IX binis columnis scriptus.

GREGORII MAGNI XL homiliae in Evangelia, ed. Maur. I, 1434 seqq.

Codex humiditate et situ pessumdatus, postea resartus est. Post quat. XIV. lacuna est inter omelias 23 et 32; versus finem multa desunt. Folium primum littera quam uncialem vocant, olim conscriptum fuit, ex earundem homiliarum exemplari, ni fallor, desumptum. Hartzheimius anni numerum MCXXI ibi legisse sibi visus est, cum scriptum sit DOMC. XXI. Titulus. qui in altera eiusdem folii pagina scriptus erat, prorsus evanuit.

LXXXVII. (Darmst. 2088) membranaceus in quarto, foll. 212, saec. XII.

Teste viro docto, quem iam in descriptione codicis 82 memoravimus. continet primo **Lectionarium**, hoc est lectiones et evangelia omnium missarum de tempore et de festis sanctorum secundum ordinem ecclesiae Coloniensis a vigilia nativitatis dominicae; deinde a f. 179v. »Inc. liber sacramentorum de circulo anni expositus a sancto GREGORIO papa«, qui mutilus est. In fine sequitur aliud fragmentum ex eodem sacramentario.

Folio primo vacuo manu saeculi XIII nomina multa inscripta sunt: in ima pagina legitur: »In crastino Mathie obiit Jutta uxor Winrici de Gurlisdorp (?). Esterna Valentini obiit Elizabet mater eius.« In f. 211v. scriptum est: »Hec sunt nomina confratrum beati Lamberti. Winandus (de Wurendale). Gertrudis. Conradus et Beatrix. Conradus et Aleidis. Willemus (Caudenborne et Margareta« etc. Quae uncis inclusi. supra nomina virorum posita sunt. Nomina plurima male scripta et hic et in f. 212 sequuntur.

LXXXVIII. (olim 106; Darmst. 2089) membranaceus in quarto, foliorum 179, saeculo XI vel XII pulcherrime scriptus. Litterae aliquot capitulares auro et coloribus eleganter ornatae sunt.

Folio primo non numerato, quod veteri coopertorio adhaeserat, manu satis recenti inscriptum est »Codex S. Petri.«

Fol. 1. »**Sermo** sancti . . . . (nomen erasum est) utrum sub figura an sub veritate hoc misticum calicis fiat sacramentum. Veritas ait Cato — fol. 2) radiante sole.« Sequitur officium S. Petronillae.

Fol. 3—S. **Calendarium**, cuius excerpta quaedam damus App. XI. post Dümmlerum, qui notas necrologicas ei adscriptas edidit, Forschungen zur Deutschen Geschichte VI, 123.

Fol. 9. **Litania**, in qua, ut iam vir doctus in indice codici praemisso adnotavit, »mentio inter Virgines S. Marthae, S. Saulae, S. Ursulae, sine ullo additamento.« Deinde post »praeparationem prolixam ad Missam« et »orationes pro variis Missis«:

Fol. 25: »In Christi nomine Incipit **liber Sacramentorum** de circulo anni a S. GREGORIO papa Romano editus. Qualiter missa Romana celebratur« etc.

Fol. 104v. »Explicit liber Gregorii. Incipit praefatio libri secundi a venerabili GRIMOLDO abbate ex opusculis sanctorum patrum excerpti.« Integrum opus Iacobus Pamelius edidit in Liturgicon ecclesiae Latinae Tomo II. Coloniae 1571, praefationem ex hoc ipso codice Dümmlerus l. c. p. 124.

Fol. 178v. manus seaeculi XII, primo librario non multo recentior, intulit **officium iudicii aquae**, quod App. X. edimus.

LXXXIX. Darmst. 2090, membranaceus in quarto vel folio minori, foliorum 100, saeculo nono vel decimo satis male scriptus in membranis inaequalibus et male praeparatis.

GREGORII MAGNI **de cura pastorali** liber.

XC. (Darmst. 2091) membranaceus in folio minori, foliorum 112, a. 1459 pulchre scriptus in quinternionibus undecim; unicuique quinternioni in calce inscripta sunt prima sequentis quinternionis verba. Index capitum duo folia complet, quae ipsi libro praefixa sunt.

Fol. 66v. »Explicit liber dialogorum GREGORII. Scriptus per Theodricum de Alemaria. Sequitur pastoralis GREGORII pape.«

Fol. 112. »Expliciunt pastoralia beati Gregorii scripta per manus domini Theodrici de Alemaria studentis in Colonia anno domini millesimo quadringentesimo quinquagesimo nono.«

XCI. (Darmst. 2179) membranaceus saeculi VIII, fol. min., foliorum 112. Cf. de hoc codice H. F. Knustium in libro: Archiv der Gesellschaft für ältere deutsche Geschichtskunde VIII, 618.

Primo folio vacuo manu satis antiqua inscriptum est: »Canon de diversis causis.« Deinde versus:

Qui cupis esse bonus; et vis dinoscere verum
Ut mortis socium sic mordax effuge (vinum)

Integrum carmen dat A. Caravita in libro: I codici e le arti a Monte Cassino (1870) II, 18.

Fol. 2. »Incipiunt capitula huius libri.
I. Ut omnis ministri acclesiae symbolum et fide catholica memoriter teneant« etc. mendose et haec et reliqua exarata.

Collectio canonum codicis Andegavensis, v. Frid. Maassen, Geschichte der Quellen und der Literatur des kanonischen Rechts, I, 821.

Qua finita fol. 54 sequitur Synodus S. Patricii, ut legitur in Conciliorum Coll. Mans. VI, 523—528.

Fol. 57v. »Finit Patricii sinodus deo gratias. Incipit epistola B. GREGORII pape urbis Rome directa in Saxoniis Agustinum episcopum Anglorum interrog. De episcopis qualiter cum suis clericis — (f. 68) portat invitus.« l. c. X, 415—423.

Fol. 68. »Item epistola S. GREGORII pape urbis Romae ad Etherium episcopum Lugdoninsis. »Dilectissimo fratri Aetherio — incessabiliter persolvimus.« X, 180—184.

Fol. 73. »Item epistola S. GREGORII papae urbis Romae ad Brunihilde reginam.« X, 187.

Fol. 74. »Incipit decretum S. Gregorii ad clerum in basilica beati Petri apostuli. Regnante — permanserit anathema sit.« Synodus Romana a. 595, ib. p. 434—438.

Fol. 77v. »Inc. epistola ORMISDE pape per universis provinciis. Si quis diaconus — videntur.« ib. VIII, 527—530.

Fol. 80. »Inc. epistola YSIDORI episcopi ad Massono episcopo de restauratione sacerdotis. Domino sancto — (f. 82v.) UUittarici regis.« Isidori Opp. VI, 563—565. Sequuntur excerpta quaedam ex canonibus et Gregorii I epistolis; deinde:

Fol. 90v. »Incipiunt capitula quoadunata de paenententialis vel canonis.« **Poenitentiale** CUMMEANI, impr. in V. C. Wasserschleben libro: Die Bussordnungen der abendländischen Kirche. p. 460—493.

Fol. 112v. in pagina ultima: »Incipit de **penitentiali** THEODORI de aeclesie vel de ordinatione diversorum«, ut legitur l. c. p. 202; sed post ultima verba in fine paginae »ad sinodum ire nisi etiam« reliqua desunt.

Innumerorum quibus codex scatet mendorum ne unum quidem correctum est: neminem unquam eo usum fuisse putes.

XCII. (Darmst. 2092) membranaceus in folio, foliorum 180, binis columnis satis angustis splendide scriptus; singula orationis membra plerumque littera prima maiore ante lineam posita a ceteris separantur. In prima pagina scriptum est:

CODEX SCI PETRI SVBPIO PATRE
HILDIBALDO SCRIPTVS.

Imae foliorum margines humore putridae sunt passimque resartae.

GREGORII MAGNI **epistolae 252 selectae.**

Fol. 1v. »Incipiunt capitula epistolarum b. Gregorii urbis Rom. pap.« Prima est X, 43 ed. Maur., secunda XII, 34. ultima XI, 13. Post ipsas epistolas:

Fol. 169v. iterum legitur »Incipiunt capitula«; ibi non nomina tantum personarum indicantur. sed res quoque in epistolis contentae. Quorum capitulorum ultimum in fine paginae 180v. est 221, reliquis ut apparet deperditis. Sed quae minio subscripta sunt: »Expliciunt capitula«, antiquam sane speciem habent, ut illud quoque, quod describebatur, exemplar mancum fuisse putes; accedit quod cod. 93 eisdem verbis finitur.

In ultima 17. quaternionis pagina in margine scriptum est GUNTHEL. nomen ni fallor scriptoris.

XCIII. (Darmst. 2093) membranaceus in folio, foliorum 177, codicis 92, a quo descriptus est, simillimus, etsi paulo elegantior. Correctori passim quae emendanda erant, notis quas Tironianas vocant, indicata sunt. In ultimae paginae calce post epistolae 221 capitulum scriptum est:

EPISTOLARIS
BEATI GGRII
SVBPIO PATRE
HADEBALDO SRIPTVS (sic)
ATQVE BEATI sic, VICTORI TRADITVS.

Hadebaldum a. 819 Hildebaldo successisse constat: beato Victori Xantense monasterium dedicatum fuit.

XCIV. (Darmst. 2094) membranaceus in folio, foliorum 201, saeculo X vel XI pulcherrime scriptus.

In tribus foliis quae initio libri praefixa sunt, manu saeculi XI scriptus est »**In assumptione sanctae Mariae sermo beati HIERONIMI presbiteri**«, scil. pseudepigraphus. »Hodie gloriosa semper virgo celos ascendit — circumdant eam venerationis gratia obsequentes.«

Folio 4v. incipiunt GREGORII M. **epistolae selectae,** inde ab epistolis ed. Maur. VIII, 1—3. IX, 11. Ultimae sunt XIV, 1—13, quae quidem tertia decima fol. 160 in media sententia desinit, verbis »coram responsalibus«. Sequuntur aliae eiusdem epistolae 52: »Incipiunt capitula diversarum epistolarum beati Gregorii papae urbis Romae.« Sunt epistolae IV, 47. V, 10. 23. IX, 41 etc., ultima est XI, 13 ad Serenum Massiliensem; 52ᵃ in capitulorum indice indicata ad Paladium (XI, 2) omissa. »Expliciunt epistolae beati Gregorii papae.«

Temporum notae hic ut in antiquioribus codicibus minio scriptae sunt.

———

XCV. (Darmst. 2095) membranaceus in folio, saeculi XII, foliorum 179. GREGORII MAGNI **Registrum,** satis eleganter magna cum diligentia scriptum; singulorum librorum litterae initiales pulcherrime sunt ornatae.

Folio 1. scriptum est: »pertinet ad ecclesiam maiorem Colon.« sed in suprema margine manu saeculi XIII: »Liber epistolarum beati Gregorii pape. Maioris ecclesie in Colonia. (pro quo habent primum et secundum sententiarum nostrum.)« Ultima haec sententia abstersa est reddito scilicet libro.

Fol. 1v. »Incipiunt capitula epistolarum Beati Gregorii papae lud. VIIII. Quae fuit prima ordin. eius.

I. Symbolum quod dictavit b. Gregorius de fide trinitatis.

II. Universis episcopis per Siciliam scribit, quod necessarium sit omnia uni personae committere. et ut semel in anno conveniant.« (I. 1) etc.

Sunt epistolae de indictione nona	82
decima	40
undecima	66
duodecima	45
tertia decima	57
quarta decima	65
quinta decima	41
prima	39
secunda	92
tertia	26
quarta	50
quinta	18
sexta	55
septima	21
	697

»Expliciunt capitula indictionum. De octava indictione nullae huc usque inventae sunt epistolae. Sed quae sequuntur usque ad finem libri. in alio volumine sunt repertae. sine certis indictionibus. Quas simili modo transcripsimus. numero .C. XL. V.« Sed finito capitum indice f. 11v. numerus indicatur CXLIIII, qui verus est. Iidem indices singulis libris iterum praemissi sunt.

XCVI. (Darmst. 2096) membranaceus in quarto maiori vel folio, foliorum 88, quorum postrema humore laesa sunt, saeculo XII scriptus.

Folio 1 manu saeculi XV scriptum est: »Vita sancti Gregorii ex toto. Item pars Paterii.«

Folio 1v.—63v. **Vita Gregorii Magni auctore** IOHANNE DIACONO, edita in Opp. Greg. IV, 19—188.

Sequuntur PATERII **libri II—V de expositione Veteris Testamenti** »excerpti de opusculis beati Gregorii«, editi in Opp. Greg. IV. App. p. 53—130.

XCVII. (Darmst. 2097) membranaceus in folio minori, foliorum 208. saeculi ut videtur X.

PATERII **liber I—XIII,** quae est pars prima in editione Maur. l. c. p. 1—310.

XCVIII. (Darmst. 2098) membranaceus in quarto, foliorum 166, saeculo octavo littera cursivae, quam vocant, simili scriptus. Folia 163 et 164 permutata sunt. Verba quibus capita vel particulae orationis incipiunt, etiam in medio versu minio scripta sunt, modo dimidia tantum, modo plura, unciali plerumque littera. In fine singulorum quaternionum aliisque passim locis adscripta est nota, quae »relegit« significat.

ISIDORI **quaestiones de veteri et novo testamento**, usque ad finem libri Esther, Opp. V, 261—551.

Folio 158 verso manu coaeva scripta sunt nomina
uuirinhere
fredegart.

XCIX. Darmst. 2099) membranaceus in quarto, foliorum 106, saeculi XI. ISIDORI **opuscula.**

Folio primo, quod quaternionibus praefixum est, manu coaeva haec sunt inscripta:
Continet iste liber veterum monumenta priorum,
Legis et ipse nove signat honore patres.

Presentis mundi reboabit tempora scripta,
Cum varie redeunt, machina picta notat.
₅ Orbita solis habet lunarem concita lumen
Stelligerosque globos circuit illa micans.
Caetera demonstrat qua sint conpage conexa
Lucida mille simul sidera caelifera.
Eolidos flatus per freta labentia spirant.
₁₀ Discerpunt rapidi terrea fructifera.
Trifarius splendet trino ordine cursus ab ortu
Mundi presentis qui fuit et fuerit.
Cuncta simul dominus concordat pace quieta.
Quae propriis manibus fecit et ipse suis,
₁₅ Ut maneant sine fine creata in laude perenni.
His Egilbertum laudibus adde tuum.
Insunt Isidori opera haec:

I. **Prooemia**, Opp. V, 190—209. Inc. f. 2 »In nomine dei summi. Incipit liber PREMIORUM (correctum est: Proemiorum) de libris novi ac veteris testamenti plenitudine quam in canonica catholica recipit ecclesia iuxta vetustam tradicionem.« Haec uncialibus quas vocant litteris scripta sunt.

II. **De ortu et obitu patrum qui in scriptura laudibus efferuntur**, Opp. V, 152—189. Inc. fol. 16 »Incipit vita vel obitus sanctorum qui in domino praecesserunt.« Finito libro f. 36 sequuntur excerpta quaedam de eucharistiae frequenti usu: »In veteri testamento ignis semper in altari — communicare non desinit.« Deinde f. 37:

III. **Allegoriae quaedam sacrae scripturae**, Opp. V, 115—151.

IV. **De natura rerum**, Opp. VII, 1—61, omisso capite ultimo, cuius inscriptio adest. Additae sunt figurae. Mendosam scribendi rationem ostendit f. 53 initium operis ita scriptum: »DVMITERPRESENtis ingenio« ubi correctum postea est »ingenii«. Debet autem esse: »Dum te praestantem ingenio«. Inscriptio in capite nulla est; post indicem capitum legitur: »Inc. liber testimoniorum.«

V. **Differentiarum liber II**, Opp. V, 77—111; inscriptus f. 83: »Inc. differentie Aesidori episcopi.« Folio 104 verso — 106 post inscriptionem »Inc. de solstitio« quaedam scripta sunt de solstitio, aequinoctio, anno et diebus: »Solstitium est cum sol stat — passio dominica celebratur.«

C. Darmst. 2100) membranaceus in folio, foliorum 115, binis columnis saec. X scriptus, admodum mendosus neque ullo in loco correctus. Primae paginae littera capitali rustica, quam vocant, satis eleganti inscriptum est:

»In hoc codice continentur dicta Esidori de diversis documentis. et quod deus summus sit et incommutabilis et de creature pulchritudine. et cetera sicut in capitulis cognosce potest.«

Alteri eiusdem folii paginae manu saeculi XIV in summa margine inscriptum est: »liber iste est maioris ecclesie in Colonia.«

Insunt ISIDORI **sententiarum libri III**, Opp. VI, 115—362, qui in inscriptionibus et subscriptionibus huius codicis secundus, tertius et quartus liber appellantur. In principio rubro scriptum est: INCIPIT .II. LIBER QUOD DEUS SUMMUS ET INCOMMOTABILIS SIT. in fine fol. 108 verso: »Explicit hoc opus amen. deo gracias ago finit.« Sequitur sine inscriptione: »Operius leg. Operariis' primae horae — seminarium libidinis. Inficitur membrana — Christus.« Ultima haec verba desumpta sunt ex S. Hieronymi epistola ad Eustochium de custodia virginitatis, et quod exempli gratia affero, pro »gemmis codices« scriptum est »gimis cohaticis«. Sequitur expositio quaedam orationis dominicae e variorum sententiis composita et alia quaedam exigui valoris: »Pater noster hec supplicacio — f. 110 saeculorum amen. Vox in Rama — et in morte ipsius peccatum Adae perit. finit finit finit. IN DEI NOMEN UUERDOLFUS.«

CI. (Darmst. 2101) membranaceus in folio minori, foliorum 71, saeculo X binis columnis pulcre sed mendose scriptus, tempore subsequenti diligenter correctus. Initio libri littera D capitalis eleganter exornata est. Alteri primi folii paginae manu recenti inscriptum est: »Liber Saucti Petri.«

Fol. 2—71. ISIDORI **de ecclesiasticis officiis libri II**, Opp. VI, 363—171.

Paginae ultimae vacuae inscripta sunt nomina Blitgarius et aliquanto inferius ADALUUINUS.

CII. (Darmst. 2102) membranaceus in quarto maiori, foliorum 99, saeculi X et XI.

Quae hoc in codice continentur, idem vir doctus, cuius iam supra p. 28 mentionem fecimus, in folio chartaceo ei praefixo adnotavit.

Fol. 1—6. **Calendarium** saeculo X scriptum, quod Coloniensia perpauca continet, complura vero quae Alamannicam eius originem indicant. Folium primum, cui Ianuarius mensis inscriptus erat, periit. Notatu digni sunt numeri graeci in prima Calendarii columna correcte scripti. Excerpta damus App. XII.

Fol. 6v. tabula scripta est **de aetate lunae.**

Fol. 7v.—20v. **Cycli paschales** decemnovales 27 ab a. 532—1041. His in margine adscripti sunt **Annales Colonienses**, quos post Hartzhemium et Pertzium denuo edimus App. XIII.

Fol. 21—45v. BEDAE **liber de natura temporum**, principio mutilus Opp. ed. Giles VI, 152 a verbis »et lux ab oriente« — 270). Scriptus est pulchra saeculi XI manu; in ima fol. 37v. et 38 margine saec. XIII.

scriptum est fragmentum epistolae cuiusdam ab A. nescio quo scriptae ad dilectum dominum suum F. maioris ecclesiae in Paderbornen canonicum, qua criminationes aliquas refellere studet.

Fol. 49—52v. »De naturis rerum vel de computo. Annus solaris habet .IIII. tempora .DII. PA. TY. ω. NII. MIIω. menses XII — ostentum .I. et dimidium. Explicit enarratio tēbr̄.« Haec dimidia pagina prima continentur. Sequitur BEDAE libellus de tonitruis ad Herefridum, Opp. ed. Giles VI, 343—348. Et hic post capitum indicem litteris graecis scriptum est: »Incipit de presagiis climatum.« In fine additum est caput, quod in editione desideratur, incipiens a verbis »In prima diei hora«; sed truncato codice mancum est.

Fol. 53—94. BEDAE Chronicon de sex aetatibus mundi, ultima scilicet libri de natura temporum pars, quae supra fol. 48 omissa est. Manu alia scripta, non, quod suspiceris, loco mota esse videtur. In margine folii 60 manu saeculi XII scriptum est: »Cuius sunt tabule fertur nequissimus esse.«

Fol. 94—99. Variae quaestiones de computo, descriptae ex codice CIII.

CIII. Darmst. 2103) membranaceus in folio minori, foliorum 190, Hildebaldi iussu scriptus, testante inscriptione primae paginae:

CODEX SC̄I PETRI SVBPIO
PATRE HILDEBALDO
SCRIPTVS.

Appinxit quidam: »probatio incausti«, quod etiam in cod. CII legitur.

Fol. 1v. »Cursus lunae per XII signa.«
Fol. 2. »Cicli lunares unde XX annorum per Kal. quasque.«
Fol. 2v. »Ciclus solaris XX octo annorum per Kalendas.«
Fol. 3—8v. »In Christi nomen incipit liber annualis.« Calendarium scilicet, cum paucissimis sanctorum diebus festis, de quibus eos, qui adnotatione digni videntur, hic indicamus:

XII. Kal. Apr. Natalis sancti Benedicti abbatis.
Nonas Iun. Natalis sancti Bonifacii episcopi et martyris.
XVIII. Kal. Sept. Assumptio sanctae Mariae matris domini nostri Iesu Christi (sed haec secunda manu inserta sunt).
Kal. Sept. Translatio corporis et dedicatio ecclesiae sancti Nazarii (in Lauresham a. 774).
V. Idus Sept. Natalis sancti Gorgonii martyris.
Kal. Oct. Natalis sanctorum Remegii et Germani episcoporum.
VII. Idus Oct. Natalis sanctorum Dionisi Eleutheri Rustici martyrum.
III. Idus Nov. Natalis sancti Martini episcopi.

Rerum Coloniensium nihil inest.

Fol. 9—22v. »Primus Dionisii circulus.« **Cycli paschales** ab a. 532—1063, quibus in margine series imperatorum cum aliis paucis notis adscripta est ita, ut etiam ea, quae annis 1—531 conveniunt, nulla distinctione facta cum ceteris sint permixta. Haec App. XIV exhibemus. Fol. 23 vacat; 23v.—35. BEDAE **de natura rerum liber,** Opp. ed. Giles VI, 100—122, quem f. 35—43v. excipit **liber de temporibus,** ib. p. 123—138, qui hic inscribitur »liber secundus. De temporibus.« Sequuntur alia quaedam fragmenta: »Itaque stella Veneris ac Mercurii hoc a superi-(ori)bus tribus planetarum stellis differunt — (f. 44' de hapsidibus planetarum. Circulus Zodiacus qui XII — (f. 44v.) melius declarabitur. Hipparchus in eo opere — quod luna sit. Sicut VII dies sabb. — numerum reddit. Argumentum ad inveniendam XIIII lunam — (f. 45) multiplicare.«

Fol. 45—51. BEDAE **de aequinoctio vernali liber,** in editione operum eius Coloniensi a. 1688 II, 230—232, inscriptus Wichredae, qui hic Uuicthaeda scribitur. Sequuntur numeri cardinales, ordinales, dispertivi, adverbiales, ponderales, graeci.

Fol. 52v.—181. BEDAE **de temporum ratione liber,** Opp. ed. Giles VI, 139—342, eleganter scriptus et diligenter emendatus, atque adnotationibus nonnullis illustratus. In fine quaternionis XVIII pagina cum altera dimidia vacua relicta est, cum nihil verborum desit; inter duos enim librarios opus divisum erat.

Fol. 181. »Si nosse vis« etc. Sunt **Canones lunarium decennovalium circulorum,** qui leguntur in editione Colon. II, 321, additis aliis quibusdam eiusdem argumenti sententiis — (f. 190v.) »et VIIII cogitur habere dies.« Alia eiusdem temporis manus addidit: »Post resurrectionem — celebrare.« scilicet **Acta spuria synodi** sub Victore papa per Theophilum episcopum celebratae, quae leguntur in Conciliorum Coll. Mans. I, 713—716. Multo post alia manus, quam saeculi XI esse puto, subiunxit: »Omnis paschalis luna — vacillet.« Quae omnia, ut hic leguntur, sed foedissimis erroribus infecta, edita sunt in editione illa Colon. II, 232. 233. Descripta autem sunt inde a fol. 184v. in cod. CII fol. 94—99.

Simili quadam saeculi XI manu in ultima libri pagina versus scripti sunt hi:

UERSUS CATONIS CONTRA LUXURIAM.

Qui cupis esse bonus, qui vitam quaeris honestam,
Dilige munditiam corporis atque animae.
Munda domus mundi dominum retinere valebit.
Nam tali semper hospite sospes erit.
5 Cernitur omnipotens a mundo corde beatis:
Cernere sordiduli non meruere deum.
Luxuriam fugito si vis conscendere celsa,
Nam petit inferna luxuriosus homo.

Luxuria proceres multos detraxit ad ignes
10 Prodolor et minimos semper ad ima trahit.
Luxuria prorsus sensus detruncat acumen,
Inficit et mentem sauciat atque gravat.
Divitias animi pariter detexit ut aurum,
Enervat vires, sordidat atque premit.
15 Semper amat miseros piceis demergere flammis.
Semper amat socios subdere demonibus.
Ergo cave prudens nocitura libidinis arma,
Scilicet ingluviem musticeamque lucem (sic).
Crapula cum bibuli crassam repleverit alvum,
20 Ad loca sordidulum luxuriosa trahit.
Semper amat risus, semper crispare cachinnos,
Semper luxuriam ventus (leg. venter) obesus amat.
Ardua regna petis, ventris moderentur habenae,
Ne stomachi currens frena remissa cadas.
25 Si vis ergo poli, frater, conscendere regna,
Dilige munditiam corporis atque animae.

CIV. Darmst. 2104) membranaceus in folio minori, saeculo vel decimo vel nono scriptus, foliorum 160.

Folio primo agglutinato manu saeculi XV inscriptum est: BEDA super epistolas Pauli. Commentarius scilicet ineditus, e S. Augustini operibus compositus, ab illo qui in veteribus Bedae operibus editus est, toto coelo diversus, sed in fine mancus. Tractantur in eo Pauli epistola ad Romanos, ad Corinthios prior, ad Galatas, Ephesios, Philippenses, Colossenses et ad Thessalonicensis prior, in hac vero mox post initium codex deficit.

Fol. 2. »INCIPIT LIBER BAEDAE PRBT SUPER EPISTOLAS PAULI. Paulus servus Christi Iesu apostolus etc. Ex libro contra quinque hereses. Ordo iste querendus« etc.

Fol. 75 in fine quaternionis X desinit prima manus; f. 118 in fine quaternionis XVI et epistolae ad Corinthios altera; ibi pagina cum dimidia vacua relicta est, scriptique sunt a librario versus, ut ei quidem videbatur, hi:

Hoc scedulum licet sit vili scriptu formatus (sic).
Saltim devoti conpingunt hunc divisione quaterna.
Cuius inicium propouit devotus Hadololdus scribendi.
Sequens propositum mox eius Unichertus supplex.
Tunc partem ternalem praesumens Grimbaldus indignus.
Quem complens scribendo Cosmas concludit in finem.

Quae Cosmas scripserat, perierunt.

CV. Darmst. 2105) membranaceus in folio minori, saeculo vel decimo vel nono scriptus, foliorum 90.
BEDA super parabolas Salomonis (Opp. ed. Giles IX. 53—185).

Primo folio litteris, quas capitales vocamus, antiquo more inter se connexis titulus scriptus est: »Parabule Salomonis filii David regis Israhel.« Quae preterea de ipsius libri contextu hac in pagina sequuntur, litteris uncialibus scripta sunt.

CVI. (Darmst. 2106) membranaceus sacc. IX, forma maxima, foliorum 74; quem variae manus exaraverunt, in his etiam manus Anglosaxonicae.

Fol. 1. »De precationibus per occasiones faciendis.«
    ALCUINI expositio in psalmos poenitentiales, in psalmum 118, in psalmos graduales fol. 2—5, 6v.—17, 18—22, 27—41, 47—60 ed. Frobenius in Alcuini opp. I, 312—389). Praemissam libro ad Arnonem epistolam iterum edidit Iafféus in Bibliothecae rerum Germanicarum Vol. VI, p. 712—748, ubi videas quae de hoc codice, ab ipso Alcuino ad Arnonen misso, adnotavit Dümmlerus.

Fol. 4v.—5. Precatio pro felici itinere.
Fol. 5v. De octo vitiis principalibus.
Fol. 17—17v. Versus de contemptu mundi: »Audax es vir iuvenis« (edidi in: Cambridger Lieder n. XXIII ap. Haupt, Zeitschrift für deutsches Alterthum XIV, et edidit Mone, Lateinische Hymnen I, 395).
Fol. 22—22v. Precationes.
Fol. 23—26v. ALCUINI epistola ad pueros S. Martini (ed. Frobenius in Alcuini opp. II, 154—156). Iterum edita est hoc codice adhibito in Bibliothecae Iafféanae Vol. VI, p. 571—581.
Fol. 26v. ALBINUS ad regem, admonitiones et aenigmata ed. Kunst in: Archiv für ältere deutsche Gesch. VII, 857). Denuo edidit Iafféus l. c. p. 711.
Fol. 44. Hymni ad primam, ad terciam, ad sextam, ad nonam (ed. Daniel, Thesaurus hymnologicus I, 56 n. 48; 50 n. 40: 51 n. 41; 52 n. 42).
Fol. 44v.—45. BEDAE hymnus de opere sex dierum primordialium et de sex aetatibus mundi (ed. Mone, Latein. Hymn. I p. 1).
Fol. 45v.—46. BEDAE hymnus de Aediltryda (ed. in Bedae hist. eccl. IV, 20).
Fol. 46. Hymnus ad vesperam: »Lucis creator optime« (ed. Daniel, Thes. hymn. I, 57 n. 49); item ad vesperam: »O lux beata trinitas« ed. Daniel l. l. I, 36 n. 26.
Fol. 46—46v. Hymnus ad completorium: »Christe qui lux es et dies« ed. Daniel l. l. I, 33 n. 23).

Fol. 16v. Item hymnus ad completorium: »Te lucis ante terminum« ed. Daniel 1. l. I, 52 n. 43).
Oratio ad matutina et ad completorium.
Fol. 59. Hymnus ad deum: »Sanctae sator suffragator« (ed. Mone, Lat. hymn. I. 365 n. 269).
Fol. 60—60v. Versus: »Ad dominum clamaveram« (ed. Frobenius in Alcuini opp. I, 389—390).
Fol. 60v.—62. »Hymnum Luricae« (ed. Mone, Lat. hymn. I, 367 n. 270).
Fol. 62—63. Confessio.
Fol. 63v. Oratio pro inimicis.
Fol. 63v.—64. Confessio peccatorum.
Fol. 64. S. AMBROSII oratio.
Fol. 64v. Oratio utilis.
Fol. 65—71. BEDAE dicta de psalmis (ed. Frobenius in Alcuini opp. II, 96—102: Collectio psalterii Bedae.
Fol. 71—71v. Precationes.
Fol. 71v.—72v. Notitia provinciarum et civitatum Galliae, edita in App. XV.
Fol. 73—74v. Litania.

CVII. (Darmst. 2107) membranaceus saec. IX, forma maxima, foliorum 122.
ALCUINI commentariorum in S. Iohannis evangelium libri I—V (ed. Frobenius in Alcuini opp. I, 460—591). (Cf. Bibliothecae rerum Germanicarum Vol. VI p. 530 et p. 588.
Fol. 3 in margine dextro sunt glossae Germanicae in Genesin, editae App. XVI.

CVIII. (Darmst. 2108) membranaceus saec. IX, forma maxima, foliorum 230.
ALCUINI commentariorum in S. Iohannis evangelium libri VII. Initium epistolae Gislae et Rodtrudae ad Alcuinum deest (ed. Frobenius in Alcuini opp. I, 461—648). Cf. Bibliothecae rerum Germanicarum Vol. VI p. 529 et p. 588.]

CIX. (Darmst. 2187) membranaceus saec. IX, forma maxima, foliorum 152.
ALCUINI commentarii in S. Iohannis evangelium, a libri I capite 1 cuius initium deest) ad libri V exitum_ (ed. Frobenius in Alcuini opp. I, 467—591).

Hos quatuor codices Iafféus descripsit.

CX. (Darmst. 2109) membranaceus saec. X in folio minori, foliorum 82.

Primae paginae manus recentior saeculi XVII inscripsit: »Liber Sancti Petri Coloniensis.« Antiqua manu ibidem crux picta est, litteris artificiose dispositis plena, quae hos versus efficiunt:
 Te Genesis crux alma beat tua munera laudat.
 Exodus atque canit transitus carmen amore.
 Iura sacerdotis Leviticus optime psallit.
 Ast Numerus cantat magnalia mira triumphi.
 Nam Deuternomium renovantis gaudia dicit.
Sequens eiusdem folii pagina crucem hac multo artificiosiorem exhibet, hos versus continentem:
 Crux mihi certa salus, crux est quam semper adoro.
 Crux domini mecum, crux mihi refugium.
Hic antiqua manu scriptum est LIBER SCI PETRI, idemque alia saeculi XV manus asserit.

Versus HRABANI esse puto, cuius iam sequitur opus **de institutione clericorum.** Foliis initio avulsis incipit in libri I capite XIX.

CXI. (Darmst. 2110) membranaceus in quarto, saeculi XII, foliorum 214.

Fol. 1. S. IOHANNIS **apocalypsis.** »Incipit liber apocalipsin Iohannis apostoli.«

Fol. 12. HAIMONIS **commentarius in apocalypsin.** Est codex paulo antiquior, fortasse saeculi XI, variorum manibus scriptus, quat. I incipiens. Inscribitur: »Incipit expositio Ambrosii in apocl.« sed manu saec. XV vel XVI correctum est: »haymonis ep. haluerstadensis.«

Fol. 213v. in fine operis iterum subscriptum est: »Explicit exposicio Ambrosii in apocal. Iohannes apostoli.« In folio ultimo scriptum est fragmentum Commentarii cuiusdam in Ieremiam: »Verba eiremye. Si laueris te nitro« etc.

CXII. (Darmst. 2111) membranaceus in folio minori, foliorum 114, saeculi XII.

RUPERTI ABBATIS TUITIENSIS opus de glorificatione Trinitatis et processione Spiritus sancti.

Fol. 1. »Liber domni Ruberti abbatis.« In sequenti pagina incipit epistola dedicatoria, fol. 3 capitula, fol. 12 ipse liber: primus versus litteris uncialibus scriptus est, quae colore rubro, caeruleo, viridi ornatae sunt; sequitur versus atramento scriptus, alter caeruleus, tertius ruber, quartus viridis, idemque lusus iteratur. Litterae aliquot capitulares eleganter pictae sunt.

CXIII. 'Darmst. 2112) membranaceus, forma maxima. binis columnis variorum manibus scriptus saec. XI, foliorum 162; humore laesus et diligenter resartus.

Collectio canonum.
Fol. 1. LIBER HERIBERTI ARCHI EPISCOPI.
Id in summa pagina scriptum est. Nulla operi inscriptio praemissa est, sed inscriptio primi canonis rubro picta saeculi XV est; inscriptiones antiquae etiam in medio opere paene evanuerunt. Incipit: »Quod omnes heretici de filio dei et spiritu sancto male sentientes in perfidia iudeorum et gentilium inueniuntur. Quod siquis paciatur deum patrem et deum filium et spiritum sanctum deos dici« etc. Ultimum caput vir doctus, quem iam supra commemoravi, Hartzheimius ut puto, adnotavit esse Concilii Constantinopolitani a. 553 collat. VIII. »Explicit deo gratias amen.« Teste Hinschio in editione Collectionis Ps. Isidorianae in Add. p. 770 pars est huius collectionis; f. 144v.—146 Capitula Angilramni scripta sunt.

CXIV. (Darmst. 2113) membranaceus forma maxima, foliorum 248, saeculi XI an potius XII? Humore laesus est et resartus.

Collectio pseudo-isidoriana, Hinschio cod. 28: cf. Praef. p. XLVI.

Primae paginae manu saec. XVI inscriptum est: »liber S. Petri Colon. M.«

CXV. (Darmst. 2114) membranaceus in folio, foliorum 225, binis columnis splendide scriptus. Primo folio, cuius dimidia pars abscisa est, inscriptum:

CODEX SCI PETRI SCRIPTVS
SVBPIO PATRE HILDEBALDO ARCHI
EPO

Descripsit b. m. Knustius in libro: Archiv der Gesellschaft für ältere deutsche Geschichtskunde VIII, 619.

Canonum Collectio Dionysio-Hadrianea.
Post finitam collectionem f. 225 scriptum est: »Usura est qui aliquid prestat — in appetendis rebus.« Deinde non multo post f. 224v. et 225 ALCUINI epistola ad Audoinum (Opera ed. Frob. II, 127 et in Iaffei Bibl. VI, 824) et eodem adhuc saeculo nono scripta excerpta quaedam de coningiorum impedimentis: »XV. In synodo Zachariae pp. urbis Romae capitulo scripsimus de gradibus cognationum — observare generationem. In constituto Gregorii pp. Si quis de propria cognatione uxorem duxerit anathema sit. In Aethimologiarum sancti Ysidori libro septimo capitulo XXX. Primo de agnatis — terminatur. Item in synodo Zachariae pp. in septimo capitulo. Si quis — habuerit anathema sit.«

· CXVI. (Darmst. 2115) membranaceus in folio, binis columnis variorum manibus scriptus, saeculi octavi vel noni, foliorum 54, in fine mutilus.

Collectionis Dionysio-Hadrianeae Pars I usque ad Conciliorum Africanorum canonem XXIII.

Hartzheimius, ni fallor, qui in folio chartaceo codici praefixo contenta in eo indicavit, haec addidit: »Est igitur hic Liber unus ex illis exemplaribus quae Hadrianus Carolo Magno donavit anno 775. Quatuor huiusmodi exemplaria transierunt in bibliothecam Ecclesiae Coloniensis et adhuc hoc anno 1751 in eadem insunt. Deo gratias.«

CXVII. (Darmst. 2116) membranaceus in folio minori vel quarto, saeculi noni, foliorum 97. Folio primo manu saeculi XVI inscriptum est: »Liber S. Petri Colon.«

Collectionis Dionysio-Hadrianeae Pars I de Conciliis. Initio glossis plurimis instructa est, quae paulatim rariores fiunt, postea omnino deficiunt. Quod in aliis quoque huius bibliothecae codicibus passim observavimus.

Fol. 61. »Incipiunt capitula de ordine paenitentium.« Sunt HALITGARII liber III—V. Capitis ultimi pars maior amisso folio deest.

Fol. 69. »Canon. In qua lingua dicitur et quid interpretatur. Canon grece latine regula dicitur — (f. 89) ante absidam manus ei inponatur. Amen. Expliciunt **Interrogationes.**« Sunt excerpta ex ISIDORI **Etymologiarum** libris.

Fol. 89v. »Incipit **Humelia.** Fratres karissimi intellegimus quia per bonam uoluntatem — (f. 92) ab origine mundi. Ipso auxiliante — seculorum.«

»Nominatim scire cupio sex synodi principales pro quid adunatae esse uidentur — (f. 92v.) scripserunt cap. VIIII.«

In ima folii 92 margine manu coaeva scriptum est: »habens quaterniones .X. et dim. minores .II.« et in altera eiusdem folii pagina, eodem loco: »Iste thomus continet folia XCI (sunt autem XCII) et quaterniones minores duos.«

Additus est huic tomo alius quinque tantummodo foliorum in forma quaternaria. In folii 93 pagina altera, nam prior vacua relicta est, incipit **relatio de Synodo Ticinensi,** quae anno 865 ut videtur, convenit, cum GUNTHARII archiepiscopi Coloniensis **epistola ad Hincmarum,** quas ex hoc ipso codice edidit Hartzhemius, Concill. Germ. II, 327—333; cf. V. D. Dümmleri librum: Geschichte des Ostfränkischen Reichs I, 579. Paginae ultimae vacuae in medio campo inscripta sunt verba, quae correctius hic proponimus:

»Istum quaternionem exemplari facite in aliis quaternionibus quam pluribus, et unum date Liutberto archiepiscopo et ad alios episcopos quantum plus potestis peruenire facite. Ad Coloniam unum exemplar dirigite ita ut in manus fratrum perueniat. et illi etiam exemplari faciant et ad episcopos mittant. Unillibertus specialiter inde prouideat (hic supra lineam additum est: »et Arnulfus pp. et Madalfridus; videtur et tertium nomen scriptum fuisse quod euanuit' et Ingilfridus et Baldricus et Eremboldus similiter inde prouideant. et ceteri qui speciales esse nolunt fratres.«

CXVIII. (Darmst. 2117) membranaceus in quarto, saeculi X, foliorum 80, ab initio et in fine mancus.

Obiter descripsit V. D. Wasserschleben in libro: Beitraege zur Geschichte der vorgratianischen Kirchenrechtsquellen, Leipzig 1839, p. 13. Primum est fragmentum **Collectionis Remedio attributae**. Excerpta sunt decretalium epistolarum plurimum falsarum, quarum originem Vir Doctus in margine adnotavit.

Pag. 30. »Ex epistola S. AGUSTINI ad Bonifacium de reparatione lapsi. Ut enim constitueretur — apostolus mansit. Sermo S. Agustini direddisdicimis *leg.* de reddendis decimis'. Propitio Christo fratres mei karissimi prosint dies — redimere noluisti.«

Pag. 33. »Incipit **epistola RHABANI archiepiscopi ad Ragindum** (*corr.* **Reginbaldum**) **episcopum**. Renerentissimo — sempiterna.« Ex hoc ipso codice edita est in Hartzhemii Concill. German. II, 214—219.

Pag. 45. **Eiusdem ad Humbertum epistola**, ib. p. 226—228. Sed in fine hic addita sunt verba: »Beatitudinem tuam incolomem ad multorum salutem Christi diuinitas diu conseruet sanctae (*sic*) pater memorem nostri.«

Pag. 49. **NICOLAI I papae epistola ad Charolum archiepiscopum S. Mogonciacensis ecclesiae** (Jaffé 2046) ex hoc ipso codice edita a V. D. Wasserschleben l. c. p. 165—167.

Pag. 52. **Interrogatio AUGUSTINI**: »Usque ad quotam generationem« etc. cum responsione GREGORII.

Pag. 54. **HRABANI epistola ad Heribaldum**, Hartzh., Concill. Germ. II, 191—212 collato hoc codice edita. Sequitur index eorum quae huc usque inde a pag. 33 scripta sunt: deinde p. 95—99 ultima pars libri poenitentialis, qui infra p. 135—155 legitur. Quo finito leguntur »**Orationes ad visitandum infirmum et ungnendum**. In primo fatiant — (p. 101) desperatio futuri. Incipit **Sermo sancti AGUSTINI de penitentia**. Admoneo fratres — (p. 104) in infernum.«

Pag. 104—121. **Capitula synodi Uuormacensis a. 868**. Sequuntur »**Dicta AGUSTINI** in libro de sermone domini in monte. His qui sunt in coningio confirmandum consilium. De his qui uxores atque uiros dimittunt ut sic maneant. Ex conc. Africano. Placuit ut secundum — abstinendos. Ex epistola pp. Innocencii qui ad testimonium sunt admittenda (*sic*). Testes — produxerit. De presb. diaconis et reliquis ex clero. Fecit sanctus Siluester — mistica ueritas.«

Pag. 124: »**CAP. XV EX ECLESIASTICA REGULA. CP. LVII.**«

»Vt episcopus accusatores fratrum excommunicet. et si emendauerint nitium recipiat eos ad communionem. CAP. XLVII. Querendum est in iuditio cuius sit connersionis et fidei hic qui accusat et is qui accusatur.« Ultimum est: »DE REGULIS PATRUM. XLII. Pro inreligiosis clericis. cius qui frequenter litigat. et ad accusationem facilis est. testimonium nemo absque grandi examinatione recipiat.«

Pag. 125—135. **Capitula HINCMARI** a. 852, quae edita sunt in Dom. Mansi Coll. Concill. XV, 475—481 e. XX lin. 4 »interdicimus.« Deest praefatio, nullaque posita est inscriptio.

Pag. 135. »INCIPIUNT CAPITULA DE IUDIO (*sic*) PAENITENTIUM.« **Canones poenitentiales,** quos edidit V. C. Wasserschleben, Beitraege p. 126—145; cf. ej. Bussordnungen p. 38 et p. 248, ubi sub Bedae nomine editi sunt. Ea quae pag. 155 scripta sunt, excipiunt ea quae leguntur p. 95—99. Quae librarii confusio est, non bibliopegi.

Pag. 156—160 finem facit »**Ordo in agenda mortuorum**«, inc. »Primo ut anima« qui mutilo in fine codice abrumpitur in verbis: »cum patre. ALIA.«

CXIX. (Darmst. 2118) membranaceus in qu. maiori, foll. 204, saeculo XI binis columnis nitide scriptus.

Continet auctore Knustio, qui a. 1835 codicem perlustravit, BURCHARDI WORMAT. **Decretum**; sed mutilato antequam ligaretur codice desunt quaterniones primi novem liber I totus, II usque ad capitis 196 verba »ut nullatenus aliquis praesumat«), quat. XXXIV (lib. XIX a cap. 102 medio usque ad finem libri et in fine reliqua libri XX pars inde a cap. 57 medio.

CXX. (Darmst. 2119) membranaceus in quarto, foliorum 172, saeculo decimo scriptus.

Folio primo manu eiusdem fere temporis inscriptum est:
Expone si vales.
Nuntius transmissus qui non loquebatur.
Indiculum defert quod non legebatur.
Nuntiat in domo quid agitur in mundo.
Columba scilicet, ex arca emissa. Praeterea haec ibi leguntur: »De rebus ecclesiarum quae ab eis per XXX annorum spacium sine ulla interpellatione possessae sunt, testimonia non recipiantur. Et nullo eas licet ordine commoveri.«

Folio primo verso usque ad f. 122 CRESCONII **Concordia canonum**; v. b. m. Knustium in libro: Archiv der Gesellschaft für ältere deutsche Geschichtskunde VIII, 620. Maassen, Geschichte der Quellen und der Literatur des canonischen Rechts I, 806. Desinit verbis his: »Ut praeter scripturas canonicas nihil in ecclesia legatur.« Cap. 301 omissum est.

Fol. 122 nulla inscriptione praemissa sequitur: »CAPITULO I. Sicut sancta synodus« . . . . scil. **Capitula presbyterorum a. 806,** quae ex Martenii

Collectione V. C. Pertzius edidit in Mom. Germ. hist., Legg. I, 138. Quae cum longe melius hic legantur, pauca quaedam adnotanda videntur. Pag. 138 l. 31 legitur »ab honore presbiteratus«, l. 36 »sanguinem minuere«, p. 139 l. 6 »decet sacerdotes«, l. 7 »presbiter super alium basilicam«, l. 25 »ad meliora sicut scriptum est: Declina a malo et fac bonum.«

Fol. 123v. »Incipiunt alia capitula.« Sunt **capitula GERBALDI episcopi Leodiensis**, quae epistolae Caroli Magni a. 810 ad episcopum illum subiuncta leguntur in Martenii et Durandi Coll. VII, 23—26, multo hic correctius scripta. Quibus finitis f. 126 sola littera capitulari maiore distincta sequuntur alia **capitula:** »De ordine baptisterii qualiter unusquisque presbiter scit et intellegit. Uel qualiter infans cathicuminus efficitur . . . . XVIII. De praecipuis festis atque sollempnitatibus anni circuli quomodo adnuntiantur uel qualiter caelebrentur et quomodo plebs obseruet.« Deinde tres versus erasi sunt. Inceperat scilicet librarius ibi scribere quae sequuntur, sed in novo folio 128, capitula 31 epistolae Hrabani.

Fol. 129. »Incipit **aepistola RHABANI archiepiscopi ad Heribaldum Alcedronensis aecclesiae episcopum.**« Edita est in Hartzhemii Coll. Conciliorum II, 190—212.

Fol. 150v. »Incipiunt alia capitula sequentis operis,« quae duodecim sunt. Opus hoc efficitur e HRABANI **epistola ad Reginbaldum,** l. l. p. 214—219, HRABANI **epistola ad Hunbertum** ib. p. 226, cum sententia in fine addita, ut supra in cod. CXVIII: NICOLAI PAPAE **epistola ad Karolum archiepiscopum,** ib. p. 244—245. Sequuntur alia tria capitula: »X. De his qui sacramento se obligant ne ad pacem redeant. XI. De muliere quae infantem suum incaute oppresserit. XII. De incestis.«

Fol. 162v. »Item alia capitula sequentis operis«. quorum primum est de his qui noxia sacramenta conficiunt, XVII. de refugis ac perfidis laicis. Deinde GREGORII II **Synodus** a. 721, cuius acta plenius leguntur in Dom. Mansi Collectione XII, 261—264.

Fol. 167v. »Incipit **epistola sancti GREGORII papae** ad universas, provintias. Ecce manifestissime — pollutus est mente.« Eam Iafféus posuit inter Hormisdae, cui alibi tribuitur. scripta spuria n. CCVII.

Fol. 170v. »Qualiter synodus habendus sit ab episcopo cum presbiteris. Presbiteri ad synodum evocati — (f. 171v.) VIII. Qualiter populum doceant diebus dominicis et in sanctorum festivitatibus. Item capitula solis presbiteris abta (sic). Sicut sancta synodus — (f. 172) et permissione episcopi.« Haec postrema capitula eadem sunt, quae etiam supra f. 122 leguntur, usque ad finem capitis septimi. Ultima pagina vacua relicta est.

CXXI. (Darmst. 2120) membranaceus in folio minori, saeculo XI nitide scriptus, foliorum 88, sed in principio et in fine mutilus.

Est **Collectio Canonum,** quae **Dacheriana** vocatur, de qua videndus est V. C. Maassen in libro: Geschichte der Quellen und der Literatur des canonischen Rechts, I, 819, ubi hic est cod. 19. Incipit in medio indice capitum libri primi, cap. XXXV. Ultimum est libri tertii caput CXLVI.

Folium 9 compactoris errore loco motum est; inserendum erat post fol. 17.

CXXII. (Darmst. 2121) membranaceus in quarto, foliorum 151, saec. IX.

Canonum Collectio Dacheriana, inter codices a Maassenio l. c. p. 818 enumeratos hic est 5. Collectioni ipsi praemissus est index capitum, qui in imo folio 15 desinit in libri tertii cap. XCIII. Videtur igitur post quat. II (nam primi quaternionis primum folium abscisum est) folium, quod ibi olim insertum fuerat, excidisse. Fol. 16 textus canonum incipit, praefatio desideratur. Textus ipse diligenter correctus est; f. 33 et 34 notae tironianae in margine apparent. Saepe adscriptum est R, quod nescio an »require« significet; f. 87 ad verba II, 88 »si tamen indiget« virgulis notata: »deest in al.«

In fine codicis capita III, 151—159 manu alia graciliori suppleta sunt.

CXXIII. (Darmst. 2122) membranaceus in folio minori, foliorum 116, saeculo decimo inaequaliter scriptus.

Canonum Collectio Dacheriana, apud Maassenium l. c. cod. 15.

In folio primo manu paulo recentiori ultimum capitulum de epistola formata iterum scriptum est, addita in fine tabula, quae Graecorum numeros corumque signa et nomina explicat.

In medio capitulo II, 68 inserta sunt folia 5, scil. 76—80, quibus manu aequali inscriptum est: »Cap. XX Africanorum. Ut dioceses nisi ex consensu episcopi proprii episcopum non accipiant. Epigonius episcopus dixit — placet. Item in canone Africanorum cap. LXV. De plebibus que numquam episcopos habuerunt proprios. Placuit et illut — accipiat. Item in canone Africanorum unde supra cap. LXXXVI. Ut si quam diocesem episcopus ab heresim (sic) liberans triennio possiderit, nullus eam repetat. Item placet — cathedram.« Alia manu in folio 79v. addita sunt excerpta ex Isidori Origg. I, 23 et alia quaedam etymologica. Deinde f. 80: »Ordo defunctorum qualiter agatur erga defunctum a morte detento (sic). Mox ut viderint — lavarent.« Verum multo maioris pretii sunt, quae in imo hoc folio et in altera eius pagina scripta sunt, **Acta Synodi Confluentini a. 922,** quae ex hoc ipso codice edidit V. C. Wasserschleben in libro: Beitraege zur Geschichte der vorgratianischen Rechtsquellen p. 186—189, excepta scribendi ratione, quae mutata est, correcte. Capita postrema XI—XIIII, quae in priori editione deerant, in calce folii 79v. scripta sunt, et fortasse ab alio addita; nam cum prior ille librarius ubique exhibeat »acclesia,« hic »eclesia« scribit.

Fol. 116 in fine capitis ultimi (158) manu alia scriptum est:

Num tuo seruo faue pius clementer deus
Atque tecum longam deducere uitam.

His, quae sensu carent, interpositis sequitur canon. »De honore monachis competente et ut nullus eorum temtet ęclesiastica aut secularia inquietare negocia, nec alienum seruum preter conscientiam domini eius suscipere. (»Synod. Calcedonensis« in margine) Qui uere et sincere — prouidentiam gerere.«

In ultima pagina alius aliquis scripsit. »Incipit orologium. Iannarius et December hor. I et XII ped. — habet dies CCCLXV.« Itemque alius haec: »In Christi nomine. Domine deus omnipotens qui fecisti cęlum et terram, mare et omnia quę in eis sunt. Si culpabilis est homo ill. de causa ista, aut si sapit aut inniolauit (sic), aut partem recepit: Si culpabilis est, iget (sic) panis iste. Si culpabilis non est, non iget (sic). Deus angelorum, deus archangelorum, deus prophetarum, deus patriarcharum, deus apostolorum, deus martirum, deus confessorum, deus virginum, deus omniumque sanctorum tuorum, deus Michael, deus Gabriel, deus Raphael, deus Oriel, deus Tobiel, deus Raguel, deus Salathiel, deus Abraham, deus Isaac, deus Iacob, deus Moisi, deus Aaron, deus qui liberasti tres pueros de camino ignis ardentis, Sidrac, Misac, et Abdegago (sic). Susannam.«

Ibi in fine folii abrumpitur obtestatio.

CXXIV. (Darmst. 2123) membranaceus in folio minori, foliorum 240, saec. XI.

Collectio Canonum in quatuor libros divisa, de qua videndus b. m. Knustius in libro: Archiv der Gesellschaft für ältere deutsche Geschichtskunde VIII, 621, et V. C. Wasserschleben l. c. Beitr. p. 20—28 et Bussordnungen p. 38.

In primo folio, quod ante codicis quat. I insertum est, manu eiusdem fere temporis scriptum est: »Ysidorus iunior hispaniensis ecclesię episcopus. Christus post triginta annos baptizatus — et diei aduentum.«

»De presbiteris vel ecclesię (sic) accusatis.«

»Si autem presbiteri vel diaconi — agnoscat et finiat.«

»Inc. canon. Constituta vel religio Qualiter custodiatur A Silvestro Episcopo.«

»Presules nisi in LXXII testes — superius legitur.«

»Item alium canōn.«

»Si quis autem episcopo — esse communionem.«

»Alium.«

»Cum resedisset in synodo Constantinus — nuptam (sic) traditas.«

Haec postrema scripta sunt in pagina codicis prima, quam rasam esse apparet, ibique Knustius praefationem scriptam fuisse putavit. Sed cum nulla omnino litterarum vestigia ibi discerni possint, equidem eam vacuam relictam fuisse arbitror.

CXXV (Darmst. 2124 membranaceus in quarto, saeculi noni, foliorum 49.
Libri III a synodo Aquisgranensi a. 836 Pippino regi transmissi.
Editi sunt, hoc ipso codice adhibito, in Hartzhemii Collectione Conciliorum Germanicorum II, 91—126.

CXXVI (Darmst. 2125) membranaceus in folio, saeculi XII, foliorum 137, in fine mutilus.
GREGORII CARDINALIS Collectio Canonum Policarpus dicta.
Primo folio manu sacc. XV inscriptum est: »Gregorius cardinalis tytuli sancti Grisogoni ad Dydacum sancti Iacobi ecclesie episcopum.« Desinit in libri VII titulo de hereticis et scismaticis, in verbis »vel etiam pro Christo sanguinem.«

CXXVII. (Darmst. 2513) membranaceus in folio maximo, foliorum 309, sacc. XII binis columnis eleganter scriptus. Vetus quod in hoc codice mansit, coopertorium ita comparatum est, ut corii, quo asseres tecti sunt, laciniae margines tegant eosque a pulvere defendant. Funiculi, quos registra olim appellabant, insunt complures.

GRATIANI Decretum.
Folio secundo supra praefationis initium scriptum est: »Ista sunt decreta beati Petri in Colonia.«

Fol. 9, ubi ipse operis contextus incipit, littera capitalis pulchre picta exhibet archiepiscopum, qui ab imperatore per sceptrum investitur.

Inter annotationes marginibus inscriptas, fol. 38 ad XV dist. 37: »Quare prohibetur christianus poetica figmenta legere« haec leguntur: »nisi fiat pro necessitate intelligentie.« Et f. 39 ad dist. 38: »Nota membrum esse diaboli qui discere recusat.«

Formatae, quae fol. 61v. in dist. 73 omissae sunt, in fine operis sunt suppletae. Folio ultimo arbor consanguinitatis delineata est.

CXXVIII. Darmst. 2524) membranaceus in folio maximo, foliorum 300, sacc. XII binis columnis eleganter scriptus.
GRATIANI Decretum integrum.
In folio membranaceo quod tegumento libri agglutinatum est, legitur: »Si decreta romanorum pontificum non habetis, de neglectu et incuria estis redarguendi. Si habetis et non observatis, de ignorancia et temeritate culpandi estis.«

CXXIX. Darmst. 2126) membranaceus in folio, saeculi XII vel XIII, foliorum 162, mutilus in principio et in fine.
GRATIANI Decretum.

Sex quaternionibus amissis incipit in medio XII dist. 81. Litterae capitulares et pleraeque inscriptiones capitum desunt. Liber binis columnis sat bene scriptus, diversorum librariorum manibus continuatus, iam perdita ultima parte desinit in 5 XXXII qu. 1.

CXXX. (Darmst. 2127) membranaceus in folio maximo, foliorum 342, saec. XIV in membrana Italica manu Italica scriptus.
Decretalium libri V cum glossa.
Praefixum est folium, in quo Gregorii X papae constitutiones (Mansi XXIV, 81) scribere librarius coeperat, rescriptum scilicet, quo magistris et scholaribus Bononiae commorantibus eas dirigit, cum titulo primo. Initium est: »Cum nuper in generali concilio«. Primae litterae loco vacuo alius aliquis haec scripsisse videtur: »........ scrissit male scrissit.«

Alibi in eadem pagina inter plurima ibi scriptitata legitur »buccadurus equs«, et in summa pagina sequenti: »Ista est pulvis utilis stomacho. Primo masticis uncia meza semis. anisi untia semis. Macis uncia una. sene libra meza. spica nardi uncia una. Zucari uncias iiij.«

Fol. 338 in fine textus legitur:
    Explicit liber decretalium deo gratias. Amen. Amen. Amen.
    Qui scrixit scribat. semper cum domino vivat.
Quibus alia manu haec sunt interposita:
    Qui mel in ore gerit et me retropungere querit,
    Eius amiciciam nolo michi sociam.
Et paulo inferius:
    Qui scripsit scripta sua dextera sit benedicta.

Apparatus, in cuius fine legitur: »Explicit apparatus quinti libri decretalium.« alia, sed non multum diversa manu ita scriptus est, ut margines tegat; quas ut compleat, haud raro ultimi versus inaequaliter scripti sunt, et in ultima linea vel simplices calami ductus vel verba sensu carentia subiuncta, ut e. g. fol. 160v. (ubi in principio pauca erasa sunt): »........ umdumbrumfrimbumblacumfundumbrimmrotuutubi | ..... nitudinitatibus bornagangowagn. biassyrae. wadaldaridramb.« Sed in imo fol. 162 versus legitur:
    Omnibus omnia non mea sompnia dicere possum.
Et in f. 163:
    iac wet en frugha iwaeraeldet waere haenna lif tha wil iac acra.

De quo verso veteri Suedorum lingua scripto, conferas quae V. C. K. Maurer dixit in annali Germania dicto XVII, 444. In folio ultimo legitur: »Caucio Iohannis de colonia ac hilger de Colonia et theoderici de ...... exposita in cista de langehonm pro tribus marcis in die commemoracionis omnium animarum anno domini M° CCC° lviij. et tradatur Iohanni predicto vel eius procuratori.«

CXXXI. (Darmst. 2186) membranaceus in folio, saec. XIV male et anguste scriptus, foliorum 191.

Decretalium libri V; sed principio codicis perdito incipiunt in medio titulo nono libri primi.

Margines lati, apparatui recipiendo apti, vacui relicti sunt. Folio 148 legitur: »Explicit liber quartus.«
    Laus tibi sit Criste quoniam labor explicit iste.

Idem versus etiam f. 193 in fine operis scriptus est; sed illo loco alia quaedam sequuntur, inter quae et haec aenigmata:
    Arbor inest silvis que scribitur octo figuris;
    Inde tribus demptis mulier vix una manebit.
            — (est castanea)
    Est animal parvum quod nunquam pascit in
            agrum arvum *(sic)*,
    Quod si vertatur, quadrupes ferus inde ligatur.

CXXXII. (Darmst. 2128 membranaceus in folio, saec. XIV et XV, foliorum 106.

Statuta ecclesiae Coloniensis.

Folio 1v. inscriptum est: »Hunc librum legavit quondam dominus Fredericus de Scheytterhusen al. de Nuss. Canonicus ecclesie Coloniensis ecclesie sue.«

Fol. 2. »Incipiunt Capitula statutorum ecclesie Coloniensis a bone memorie domino Conrado archiepiscopo Colon. edita. Primo de manifesta cohabitatione clericorum.« Incipiunt ab a. 1260. Quaternio tertius, alia manu scriptus et postea insertus, continet statuta Wicboldi. Eodem modo etiam ultima Walrami statuta resecta sunt et denuo scripta, additaque statuta Wilhelmi et successorum eius usque ad a. 1491. Finem facit in ultimo folio statutum Hermanni archiepiscopi s. d. de executoribus testamentorum.

CXXXIII Darmst. 728 membranaceus in folio, saec. XIV, foliorum 45, in tegumento antiquo, aeneis munimentis ornato; corii laciniae dependentes latera tutantur.

Statuta ecclesiae Coloniensis.

Codex hic vel in singulis ornamentis praecedenti est simillimus; desunt autem statuta illa Wicboldi, finemque facit statutum Wilhelmi de a. 1354. In folio tegumento agglutinato legitur: »Liber statutorum synodalium Colon. Reynerus de dalen al. de orselen ?).«

CXXXIV (Darmst. 2129 membranaceus in quarto, saec. XV, foliorum 162.

Statuta ecclesiae Coloniensis.

In folio 1v. libro praefixo Officium scriptum est: »Sic recipiuntur fratres est sorores. Ecce quam bonum« etc.

Libro ipsi praemittitur WILHELMI DE MONTE LAUDUNO **tractatus de interdicto**, fol. 2: »De modo observandi quotlibet interdictum. Memoriale quoddam pro simplicibus colligendo et correctioni subiciendo. Sciendum quod quando universus locus vel terra ecclesiastico subposita (sunt) interdicto, secundum iura que vigent et viguerunt a. d. Mill. ccc. primo hij articuli sunt tenendi, prout inferius probatur, idest tempore Bonifacii pape octavi — Et sic a iure. Wilhelmus de Monte Lauduno.« Sunt articuli 49 cum probationibus suis.

Deinde fol. 15 incipiunt capitula statutorum usque ad Henrici cap. 83 de pauperibus mendicantibus in ecclesiis. Primum est f. 20v. Conradi statutum de libertate clericorum de a. 1216, quantum scio ineditum.

In imo fol. 21 scriptum est »woneholthusen«.

Fol. 87 post caput illud 83, ubi in margine scriptum est »usque ibi«, sequitur »Constitucio dudum vel super cathedram«, scilicet famosa Bonifacii constitutio per Clementem V XII kal. Martii anno pont. sexto promulgata. Deinde post Walrami et successorum eius statuta usque ad a. 1379 alia manu addita sunt statuta a. 1381—1389. Sequuntur a f. 118 edicta pontificum Romanorum de festi visitationis b. Mariae V. institutione et nativitatis eiusdem cum ieiunio celebranda vigilia; postremo **tractatus de modo faciendi confessionem**, qui incipit: »Hec sunt illa in quibus instruimur.«

In ultimo folio 162 scripta est confessio fidei: »Ich geloyue in got vader — ewelich leynen.«

CXXXV (Darmst. 2130) membranaceus in folio minori, saec. XIII vel XIV in membrana Italica manu Italica scriptus, foliorum 134.

Primo folio inscriptum est:

Summa GOFFRIDI DE TRANO.

Sunt libri quinque super rubricis decretalium, ut ipse ait.

CXXXVI chartaceus saeculi XV, qui nunc desideratur, teste Hartzheimio **Sessiones nonnullas Conciliorum Constantiensis et Basiliensis** continebat; deinde p. 146 **Historiam Caroli Magni** in officio divino recitandam, cum antiphonis et missa; postremo **Tractatum de praerogativis Romani Imperii** Anonymi, et de eadem materia tractatum MAGISTRI IORDANI. Quibus pag. 151 additur in membrana scriptum **Manuale Magistri** PETRI CANCELLARII CARNOTENSIS **de Mysteriis ecclesiae**, et chartaceum fragmentum **de officio missae**, collectum in universitate studii Lipsiensis sub a. 1440 per aestatem.

CXXXVII Darmst. 2131, membranaceus in quarto, saeculi IX, foliorum 183. Margines multorum foliorum abscisi sunt et postea resarti.

Folio 2 manu recenti inscriptum est: »Liber S. Petri metropolitanae Coloniensis Ecclesiae.«

Liber Sacramentorum.

Hoc codice praecipue usus est Pamelius in libro: Liturgica Latinorum. Col. 1571, II p. 179 sqq. ubi additiones antiqua manu in margine scriptas lectionesque varias commemorat.

Folii primi primae paginae manu paulo recentiori inscriptum est: »Deus qui non mortem — te miserante propitiabile.« Quae Pamelius omisit. Textus antiquus folio 1v. incipit verbis »Vere dignum«. Litterae capitales V et in principio canonis missae T ornatae sunt eo modo, qui Scottorum morem refert, avium capitibus et lineolis varie implexis, sed atramento tantum subfusco pictae, non, ut ait Hartzhemius, litteris aureo-albis in membrana purpurea.

Folio 92 GRIMOLDI continuatio incipit (Pam. p. 388, sed nec nomine eius addito, nec inscriptione ulla distincta. quod falso Hartzhemius retulit. Ea scilicet leguntur in codice 88. Virgulae, quibus Grimoldus particulas aliquas post Gregorium additas ingulatas esse dicit, in libro nostro non apparent, nam qui fol. 11v. nunc videntur obeli, plumbo multo post appicti sunt.

Folio 153v. sine inscriptione, sed indice capitum praemisso, missae duodeviginti sequuntur, quas Pamelius edidit p. 517—544. Folio 169 ad verba »martyris tui« adscriptum est »Reginoldi«, et mox iterum »Reginoldo«.

Fol. 174 nulla distinctione facta »Benedictio ramorum in die palm.« scripta est; deinde Benedictiones a Pamelio p. 544 sqq. editae. A folio 179 Benedictiones aliae manu non eadem, sed aequali scriptae leguntur, et fol. 181v. manu alia eiusdem fere temporis **Letania**, cuius Hartzhemius meminit. Ibi martyres post Cyprianum soli commemorantur Alexander, Gereon, Victor, Cassius. Florentius; virgines solae Felicitas. Perpetua, Petronilla, Agatha, Agnes, Cecilia, Lucia, Praxedis, Columba, Iuliana, Cristina, Regina. Maxime memorabiles preces sunt hae:

»Ut Formosum apostolicum et cunctum eclesiasticum ordinem in sancta religione conservare digneris, te rogamus.

»Ut Arnolfum regem perpetua prosperitate conservare digneris, te rogamus.

»Ut Herimannum antistitem nostrum in sancta religione conservare digneris, te rogamus. Audi nos.

»Ut clerum et plebem sancti Petri conservare digneris, te rogamus.«

Ex quibus cum Formosus m. Sept. a. 891 electus sit, m. Maio a. 896 mortuus, Arnolfus m. Apr. a. 896 imperator factus, tempore satis angusto eae preces circumscribuntur.

Folio 182v. **Missa votiva pro amico vivente** aliquanto post inscripta est.

Marginibus inde a f. 138, quo preces pro defunctis leguntur, persaepe nomina hominum inscripta sunt, defunctorum ut videtur, quae App. XVII damus.

CXXXVIII Darmst. 2132 membranaceus formae quadratae, foliorum 41, saeculo nono in membrana male praeparata atramento pallido per librarium scribendi satis imperitum scriptus. Folio primo inscriptum est: LIBER SANCTI PETRI COLONIEN.

Ordo Romanus.

Folio 1v. inscriptio est rubro ornata: »In nomine domini Incipit ordo librorum qui in ecclesia Romana ponuntur ad legendum. In primis in septuagesima — Augustini legunt.«

Fol. 5. »Ord. processionis ad ecclesiam sive ad missam. Primo omnium — Sicut diaconus.«

Fol. 19. »Incipit ord. vel denuntiatio pro scrutinio ad electos qui tertia ebdomada in quadragesima secunda feria initiantur. Scrutinii diem« etc.

Fol. 44. »Incipiunt laudes festis diebus.« Editae sunt in Hartzhemii Catal. p. 103. Ibi legitur: »Domno nostro a deo decreto summo pontifice (sic) et universali papae vita.«

»Domno nostro il. augusto a deo coronato magno et pacifico imperatori vita et victoria. Eiusque procellentissimis (sic) filiis regibus vita. Exercitui Romanorum et Francorum vita et victoria.«

Quae Caroli Magni temporibus conveniunt.

CXXXIX (Darmst. 2133) membranaceus in quarto vel folio minori, foliorum 132, saeculo XII eleganter scriptus.

Pontificale ecclesiae Coloniensis.

Folio 1 manu paulo recentiori scripta est »Benedicto ad lintheamina altaris.«

Folio 1v. in principio ipsius libri »Ordinatio episcopi.«

Ibi fol. 4v. »Incipit examinatio in ordinatione episcopi secundum Gallos.« Ubi f. 6 hae occurrunt interrogationes:

»Vis beato Petro suaeque ecclesiae cui a deo data est potestas ligandi atque solvendi. eiusque vicario. successoribusque eius fidem. et subiectionem per omnia exhibere? Volo. Vis sanctae Coloniensi ecclesiae. michi. et successoribus meis. fidem et subiectionem exhibere? Volo.«

Fol. 21. »Incipit ordo ad regem benedicendum.«

Quem hoc ipso codice usus edidit V. C. Waitzius in commentatione sua: Die Formeln der Deutschen Königs- und der Römischen Kaiser-Krönung (1873) p. 33—45.

Fol. 39v. »Ordo qualiter in Romana ecclesia sacri ordines fiunt.« Ultima est »Benedictio super consecratos vel ordinatos«; paulo post addita est »Benedictio novae domus«.

CXL. (Darmst. 2441) membranaceus eiusdem formae saeculi XII foliorum 138. Folio 1 scriptum est »Liber sancti Petri ecclesie Coloniensis.«

Pontificale ecclesiae Coloniensis, altera scilicet pars, praecedenti per omnia aequalis.

Incipit fol. 1v. »In purificatione Sanctc Mariae. Benedictio super Candelas.« Singula in hoc et in priori illo volumine contenta Hartzhemius enarravit.

CXLI. (Darmst. 2136) membranaceus in folio minori, ciusdem fere cum duobus praecedentibus formae, foliorum 188; saeculo XI ut videtur, vel, ut Waitzio visum est, decimo exeunte, magnifice scriptus est, coloribus praeter nigrum rubro, caeruleo et viridi. Initiales litterae variis coloribus, auro et argento ornatae sunt.

Folio primo manu saeculi XV inscriptum est: »Liber sancti Petri ecclesie Coloniensis.«

Liber pontificalis.

In folio olim tegumento agglutinato, non numerato, scripta est »benedictio caltiamentorum et caligarum«, fol. 1: »In ordinatione episcopi quando induitur sandaliis dicatur haec oratio ab aliis episcopis« etc. Quae manu non multum recentiori postea addita sunt.

Liber ipse folio 2v. incipit his verbis: »In nomine domini incipit liber episcopalis. Capitula sequentis libri.

»1. Ordo ad pueros consignandos« etc.

Ultimum est »L. Ordo qualiter agatur synodus.« Sed hoc in ipso libri textu non scriptum est.

Indicem hunc capitulorum, qui totus litteris uncialibus variisque coloribus scriptus est, Hartzhemins edidit. iterumque Waitzius in commentatione supra commemorata p. 15.

Folio 5v. in principio textus S. Maria cum filio picta est, quae totam paginam implet; iterumque f. 77v. in adventu domini tota pagina picta est; ibi annuntiatio quae dicitur S. Mariae V. cernitur.

In ordine benedicendae ecclesiae fol. 56v. inter confessores post Martinum et Nicolaum Benedictus et Vedastus scripti sunt litteris uncialibus; deinde S. Gaugericus, qui Cameracensium episcopus fuit.

Folio 124v. in ordinatione episcopi haec leguntur: » Vis fidem et subiectionem sanctae ecclesiae matri Remensi omnes dies vitae tuae servare? Volo.« Haec causa fuit Hartzhemio, ut librum hunc pontificalem Remensem appellaret, cum Cameracensis potius esse videatur. Nam in Remensi S. Remigius omitti non potuit.

Fol. 153 legitur »Ordo qualiter consecretur Romanus pontifex«, f. 153 —165. »Ordo ad consecrandum regem,« quem Waitzius edidit l. c. p. 76—87.

Fol. 166—168 »Ordo Romanus ad benedicendum imperatorem,« editus ap. Waitzium l. c. p. 62—67; f. 168v.— 171 »Ordo ad benedicendam reginam,« ed. ib. p. 45—48; f. 171v.—171 »Ordo ad armandum ecclesiae defensorem vel alium militem« legitur.

Ultima est f. 185 Benedictio novi vini; folio verso alia manu scripta est Benedictio crucis: Benedic domine Iesu Christe hanc crucem tuam« etc. Ubi in summa pagina legitur: »Istud non scribatur usque in finem.«

Fol. 158. manu recentiori preces aliquae in presbyterorum ordinatione adhibendae scriptae sunt.

CXLII. (Darmst. 2137) membranaceus in quarto, foliorum 36, saeculo XIV eleganter scriptus.
Ordo ad visitandum et unguendum infirmum.
In letania f. 20 et 22 inter martyres Lambertus et Quirinus, inter confessores Severinus, Heribertus et Kunibertus invocantur, inter virgines Coloniensium nulla mentio.

CXLIII. (Darmst. 2138) membranaceus saeculi X in folio minori, foliorum 158, quorum primum et ultimum asseribus agglutinata fuerunt.
Lectionarius.
Fol. 2 manu saec. XV scriptum est: »Liber sancti Petri ecclesie maioris Coloniensis quem Euergerus archiepiscopus dedit, continens epistolas Pauli quantum ad missas per annum.«
Folium 3v. totum pictum est: in campo superiori, purpura tincto, litteris aureis magnis scriptum est:
Nexus alme pater uitiorum solue potenter.
Paule deo lectus pariter tu solue reatus.
Consequar ut ueniam Christo donante supernam.
EVERGERVS ARCHI EP̄C̄
In campo inferiori Evergerus ipse pictus est, humi prostratus, manibus manipulum aureum tenens.
Fol. 4 e regione altera imago est, pannienlo linteo interposito munita, quod aliis quoque locis in hoc et in aliis codicibus factum est.
Ibi Petrus et Paulus sedentes picti sunt, nominibus graecis litteris adscriptis:
ΑΓΙΟC ΠΙΠΘΡΟC
ΑΓΙΟC ΠΑΥΛΥC
In circumferentia tabulae legitur:
PRESVL EVERGERVS CVIVS SVM NOMINE SCRIPTVS
HOS VOCAT ESSE SVOS DEVOTA MENTE PATRONOS.
Evergerus sedit ab a. 985 ad a. 999.
Fol. 5v. ornatissime scriptum est: »Lectio epistolae beati Pauli apostoli ad Romanos«; fol. 6 nihil nisi FRS; f. 6v. »Paulus servus Christi Iesu.« Fol. 7 initium textus ipsius auro intra margines coloribus ornatas scriptum est; deinde reliqua atramento, sed omnia pulcherrime scripta in membrana vitulina optime praeparata. Litterae omnes capitales forma simplici quadrata, sed auro scriptae sunt, cuius nitor ubique quasi recentissimus splendet. Passim etiam capitum principia ambitiosius ornata sunt.

CXLIV. (Darmst. 2139) membranaceus in quarto minori, foliorum 133, eiusdem ut videtur temporis; nam plane eodem modo exornatus est, etsi simplicior et tabulis carens. Asseri anteriori tabula vel eburnea vel aurea inserta quondam fuit.

Evangeliarius.
Fol. 1 manu saec. XV. scriptum est: »Liber sancti Petri ecclesie Coloniensis continens euangel.«
Textus incipit: »Inde ab illo tempore cum esset desponsata«. Inde a f. 131v. recentiora quaedam nullius momenti scripta sunt.

—

CXLV. qui nunc desideratur, Hartzhemio teste similis **Evangeliorum** liber fuit, saec. XII.

CXLVI. nunc perditus, Hartzhemio auctore p. 125, saeculi X fuit, hisque verbis describitur: »Inc. capitula lectionum. (Index »In nomine domini nostri Iesu Christi in hoc continentur explanationes excarpsatae lectionum sine epistolarum dominicis diebus seu festinitatibus nec non et ferias a vigilia de natiuitate domini hora nona usque in ascensa domini. Idest **Pars prima Lectionarii.**«

Quae iterum eisdem fere verbis occurrunt in codice CLXXII. Sed in illo praeterea inerat in extremo codice litania saec. VII vel VIII usitata, ut Hartzhemius p. 139 ait. »Quo et librum refero, nisi ad saeculum nonum promovendus cuipiam videatur.« Porro teste eodem p. 145 tabula epactarum et Calendarium eidem inerant.

CXLVII. **Missalis Coloniensis pars hiemalis,** saec. XIV.

CXLVIII. **Missalis Coloniensis pars aestiva,** saec. XIV. Uterque liber nunc desideratur.

CXLIX. (Darmst. 2135) membranaceus in folio, saec. XIV, foliorum 74.
Canon seu ordo missae solemniter cantandae cum praefationibus multifariis, ut ait Hartzhemius. Foliis 1 et ultimis duobus orationes quaedam manu alia inscriptae sunt. Textus ipse magnis litteris pulcherrime scriptus notisque musicis instructus est, et admodum eleganter exornatus colore rubro et caeruleo, addito etiam in litteris capitalibus maioribus violaceo. Folio 51v. Crucifixi imago magna cum diligentia picta est, f. 52 minor quaedam tabula sacerdotis hostiam elevantis imaginem exhibet, margine splendide ornata.

Fol. 1 haec leguntur: »Anno domini Millesimo Trecentesimo Quinquagesimo septimo .X. Kal. Marcii Obiit dominus Conradus de Rennenberg, Decanus Ecclesie Coloniensis, qui legauit hunc Canonem Ecclesie sue predicte pro memoria eterna, cuius anima per dei misericordiam requiescat in pace.«

In ima pagina haec scripta sunt:
»Hunc librum ego Gosuinus Gymmenich Vicarius Metropol. Ecclesiae Colon. obtinui per heredes D. Georgii a Zonß olim Cantoris dictae ecclesiae et Sacellarii R^{di} D^{ni} Gerlaci Comitis ab Isenburgh, Scholastici eiusdem ecclesiae. A. d. 1583.

CL. (Darmst. 2141) membranaceus saec. XIV. foliorum 43.
Canon missae. Preces nonnullae manu recentiori additae sunt. Codex superiori simillimus, minus ornate scriptus est.

CLI. (Darmst. 2142) membranaceus in folio minori, saec. XV, foliorum 82.
Canon missae, notis musicis carens. Variae missae de tempore et de sanctis, et alia nonnulla addita sunt, in fine etiam inde a f. 69 Sequentiae, quarum ultima est »De patronis huius ciuitatis. Gaude felix Agrippina — patroni propicii.«
Fol. 10v. imago Crucifixi picta est.

CLII. (Darmst. 2143) membranaceus in quarto, saec. XIII male scriptus, foliorum 42, initio mutilus.
Libri missalis fragmentum.

CLIII. Darmst. 2144) membranaceus in oct., saec. XII binis columnis nitide scriptus, foliorum 31. in fine mutilus. Folio 1 manu coaeva inscriptum est LIBER SANCTI PETRI. Recentior quasi tituli loco scripsit »Septuagesima.«
Inest **Ordinis Romani explicatio** quaedam.
Fol. 1v. nulla inscriptione praemissa incipit: »Septuagesima computatur secundum tytulationem sacramentarii et antiphonarii VIIII ebdomadibus — (fol. 27v.) in aduentu domini nostri Iesu Christi. Expl. de libro primo. Incipit de libro II. De XII lectionibus. Sex lectiones ab antiquis — fol. 31) acceptabilem. Ex libro tercio. De signis quibus congregamur in idipsum. Signum quod in nostra — chrysma dicitur unctio.«

CLIV. qui nunc desideratur, chart. in folio, Hartzheimio teste fuit **Ordinarius Maioris Ecclesiae Coloniensis,** sive **Director Rubricarum.** Folio primo inscriptum erat: »Hunc libellum ego Io. Schalhorn alias Speys de Andernaco, Vicarius Altaris S. Alexii in Maiori Ecclesia Coloniensi, practicavi et ordinavi in istas regulas inferius scriptas ex meo ingenio et arte. Incepi pro a. d. 1488 finivique a. d. 1493.« Inerat etiam Kalendarium teste Hartzh. p. 140.

CLV. chart. **Missale**, et

CLVI. chart. **De officio Missae**, nunc desunt.

CLVII. (Darmst. 2206 membranaceus in quarto, foliorum 207, saeculo XII splendide scriptus. Codex vel ignis calore vel humore in marginibus foliorum laesus est, qui hic illic etiamnum tanquam conglutinati firmiter cohaerent.

Ordo missarum per annum.

Initio deest quaternio, si numeros sacc. XV quaternionibus inscriptos spectas. Verum is completo codici originali postea demum additus fuisse videtur. Scilicet f. 110 ad Kal. Maias haec legitur adnotatio: »Eodem die Waburgis (sic). quere in prima pagina libri.« Et f. 114v. »Nonas Iunii Bonefatii. quere in prima pagina libri.« Quibus supplementa quaedam indicari videntur, quae cum codex denuo colligaretur, iam deerant.

Folio quod nunc primum est, sed nullo numero insignitum, rubro inscriptum est: »In quatuor temporibus quando ordines debent fieri, hoc ordine compleantur« etc. In eiusdem folii pagina altera nihil scriptum est nisi »Liber Sancti Petri ecclesie maioris Coloniensis«, manu recenti, quae eadem verba etiam in imo folio primo scripsit.

Fol. 1. »Lectio sequentis paginae. Si vis scire unde constet« etc. de cyclis solaribus, qui in sequenti tabula ad invenienda festorum tempora scripti sunt ab a. 1091 ad a. 1595.

Fol. 2 inc. **Kalendarium** admodum copiosum, in quo nulla dies sancti alicuius nomine caret: quod Leodiense potius esse quam Coloniense iam Hartzhemius perspexit, probaturque adscripta ad diem II Non. Sept. nota coaeva »Obiit Heinricus«, scil. Heinricus II Leodiensis, defunctus a. 1164, qui eidem huic diei adscribitur in Necrologio S. Maximini ap. Honth. Prodr. I p. 986, cum vulgo d. II Non. Oct. obiisse tradatur.

Fol. 8. inc. orationes vel preces sacerdotis ad officium missae se praeparantis: »Quando presb. se pectit, dicit« etc. Fol. 16v. est imago Christi in throno sedentis; f. 17 ubi ipse canon missae incipit, UD i. e. »Vere dignum« artificiose ornatum, eodemque modo f. 17v. TE; f. 18 imago crucifixi inter S. Mariam et S. Iohannem positi.

Fol. 24 inc. **Missale** seu Officium de tempore et de sanctis et ob diversas causas; Romanum est, sed Leodium spectat f. 137 Officium S. Lamberti cum vigilia. Praeterea f. 129 Officium S. Arnulfi conf. ad d. XVII. Kal. Sept. ad partes nostras pertinet.

Inde a f. 186 sequuntur benedictiones variae, f. 190—203 benedictiones in missis per totum annum.

Postremo foll. 205—207 alia manu preces scriptae sunt:. »Summe sacerdos et vere pontifex — sitiam in aeternum.«

CLVIII—CLXI. et in hac collectione desiderantur, et in catalogo Hartzhemiano non commemorantur.

CLXII. (Darmst. 2146) membranaceus in folio, saeculo XII binis columnis pulcherrime scriptus, foliorum 119. Capitales litterae in singulorum librorum principiis elegantissime ornatae sunt rubro, caeruleo viridique colore. Singulis paginis titulus libri inscriptus est. Quaterniones ita numerati sunt, ut sextum excipiat quintus decimus, cum nulla in contextu lacuna sit.

IOSEPHI Antiquitatum Iudaicarum libri I—XIII.

CLXIII. (Darmst. 2147) membranaceus in folio, foliorum 221, praecedentis omnino similis.

IOSEPHI Antiquitatum libri XIV—XX.

Fol. 101—224. **IOSEPHI de bello Iudaico libri I—VII.** Fol. 172 ad libri IV verba: »sed aperte quid esset pontificatus, propter rusticitatem penitus nescienti«, nota marginalis, quales per totum librum frequenter apparent ab ipso librario factae, legitur: »Ruralis homo pontifex statuitur.« Ibi saec. XIV haec verba quidam addidit: »Nota pro nobilibus canonicis.« In fine libri scriptum est: »Belli iudaici a Flauio Iosepso luculentissime digesti. liber septimus explicit.« Et manu saeculi XV: »liber iste pertinet ad Capitulum Coloniense.«

CLXIV. (Darmst. 2147) membranaceus in folio minori, saeculi IX inc., foliorum 115. Librarii alius alium in scribendo exceperunt. Verborum coniunctio et distinctio admodum mendosa est.

Gesta Pontificum Romanorum.

In primo folio nihil scriptum est, nisi manu satis recenti: »Liber S. Petri Colon.«

Fol. 2. »Inc. epistola beati Hieronimi presb. ad beatissimum Damasum episcopum urbis Romae. Beatissimo — papa. Rescriptio beati Damasi papae ad Hieronymum presb. Damasus — feliciter.«

»Incipiunt nomina beatorum pontificum sanctae apostolicae sedis. Beatus Petrus — XCVIII. Leo.« Deinde alia manu additus est XCVIIII Stephanus (816—817) et porro alii deinceps; ultimus »CVIII Iohannes« (VIII, 872—882).

In ima huius paginae margine scriptum est: »Si quis dei et ecclesiae sanctae amator erit scribat in ante.«

Fol. 3. »In dei nomine incipiunt gesta suprascriptorum pontificum.« Deducuntur ea usque ad Stephanum III, ubi ultima verba (Murat. III, 176) sunt: »probatissimos viros scilicet.« Paginae ultimi quaternionis extremae pars vacua relicta est.

Fol. 23v. ad vitam Innocentii I manu eiusdem temporis adnotatum est: »hic archadii tempore filii theodosii gothi ital. innaduut. unandali et halani gallias. et alaricus rex gothorum romam inuasit. partemque eius cremauit. post edificationem eius millesimo. C. LXIIII. anno.«

In margine pluribus locis posita est nota, quae »hic« significat, nonnunquam (foll. 31v., 81, 83, 96v.) addito rq. (require?).

Fol. 75 in vita Gregorii II, ubi obsessae per Agarenos urbis Constantinopolitanae mentio est, in margine legitur: »hucusque (quod nota significatum est) Beda presb.«

CLXV. (Darmst. 2149) membranaceus in folio minori. foliorum 118, saeculo vel VI vel VII scriptus littera unciali quam vocamus proxima, illius, cuius specimen ex Hilarii codice a. 510 scripto Mabillonius dedit, simillima, in membrana crassa et male praeparata; paginae aliquot, ubi atramentum effluebat, vacuae relictae sunt; foramina aliaeque membranarum inaequalitates passim occurrunt. Ruber color, quo sententiarum verba prima scripta sunt, fere plane evanuit.

Insunt **Patrum veterum verba**, scilicet operis, quod Vitas Patrum ab antiquis appellatur, in editione Heriberti Rosweydi (Antw. 1615) liber V a p. 562 usque ad p. 603, ubi post libelli decimi § 68 verba ultima codicis nostri textus in media pagina finitur. Non igitur, ut Hartzhemius ait, mutilatus est codex, sed priorem libri partem solam continet. Libellorum antem divisio in codice nulla est.

Pagina prima vacua relicta est, alteri in summa margine litteris evanidis inscriptum: . . . . . PATRUM. Deinde rubro: »Incipiunt adhortationes patrum.«

Folio 49 ad verba lib. V, 31 p. 577 Rosw. »Quia ex quo factus sum monachus, non sum saciatus pane« etc. in margine saeculo IX vel X aliquis adscripsit: »bonum est.«

In pagina ultima inter alia nomina et verba inania, manu antiqua bis scriptum est »hilduinus episcopus,« eius ut videtur nomen, qui 842—849 ecclesiae Coloniensi praefuit.

CLXVI. (Darmst. 2191) membranaceus in folio minori vel quarto maiori, foliorum 262. Primo folio inscriptum est LIBER SCI PETRI.

Codex uncialibus quas vocamus litteris scriptus in membrana aequali, firma et bene praeparata, etsi foraminibus sat multis perforata, Carolo Halmio saeculi VII esse visus est. Scriptura pulcherrima est, verba singula plerumque iam intervallis exiguis disiuncta. Graeca specie a latinis non multum differunt, sed mendis plurimis scateut; pro Θ saepe th ponitur. Corrector coaevus eodem scribendi genere usus est, alius vero cursiva quam vocant littera et quam Merowingicam vocare possis, aetatis ut mihi videtur fere eiusdem. Hic quae scripsit, Halmius editor modo glossematis loco habuit, ut f. 93 p. 172, modo textui inseruit, ut f. 230 verso, p. 302. Singulis his locis inter textus verba scriptum est h̄d (hic deest) et in margine h̄p (hoc pone?).

Litterae initiales alio quidem ornatu carent, sed punctis minutis rubris circumdatae sunt, more Scottis usitato.

Quaterniones in ultimo folio verso numerati sunt, sed errore quodam inde a quarto quaternione uno plures numerantur quam oportebat; quod mature, ut videtur, animadversum est et correctum; quaterniones autem XXVIIII. XXVIII. XXVII. ordine hoc inverso, cum liber compingeretur, positi sunt.

Textui orationis multis locis interposita sunt schemata, quorum aliquot servavit editor, scripta atramento alio, pallido, particulis quibusdam lucidis splendente, quod alius cuiusdam coloris olim fuisse suspiceris.

Primum locum occupant
CHIRII FORTUNATIANI artis rhetoricae libri II.

Quos novissime hoc nostro codice adhibito edidit Carolus Halm inter Rhetores latinos minores, Lips. 1863 p. 79—151.

Duo priora quaternionis primi folia desunt, quo factum est, ut liber capite carere videatur. In summo folio primo pictum est schema:

Genera ciuilium quaestionum tria.

Demonstratiuum.   Deliberatiuum.   Iudiciale.

La   Uitu   Sua   Diss   Accu   Def
v   per   si   ua   sati   eusi
s   ati   o   si   o   o
     o   o

Deinde sequitur rubrica haec: INCIPT CONSULTI ARS RHETORICA. »Quisquis — callem.« Versus scilicet operi praemissi, minio continue scripti. Fol. 21 verso post verba ultima »aput litigantes« rubro:
SCHOLICA. C̄ CHIRII A̅D̅ E̅X̅P̅ LIB. I.
FORTUNATIANI. EX̅PL. ARS. CONSULTI
RHETORICA. INC̅P̅. LIBER. II. FELICITER.

Quod sequebatur folium, ultimum scilicet quaternionis secundi, excisum est; nihil tamen deesse videtur. Fol. 22 inc. ID »Reperto — septem«, quae rubro scripta sunt, primi scilicet versus duo.

Fol. 40.   C̄. CHIRII. FORTUNA
                TIANII. ARS. RHETORI
                CA. SCHOLICA. LIB. II.
                EXPLICIT.
                INCIPIT. LIBER. III. FE
                LICITER.

Puncta, quibus verba distinguuntur, terna vel quaterna posita sunt.

Fol. 50 finito Fortunatiani libro, sed nulla in codice distinctione facta, nisi quod scriptum est NOTABILE FINIT, alius liber sequitur, ut iam L. Carrio olim in margine adnotavit.

»De officio oratoris. Oratoris officium — exorsus est.«
            AURELII AVGVSTINI de Rhetorica liber, ed. C. Halm l. c. p. 135
—151: in ed. Maur. Vol. I. App. p. 33—38 inter spuria Augustini opera.

Fol. 62.   ARS. RHETORICA. LIB. III.
                EXPLICIT
                INCPIT DEDIALECTICA.
                LIB. IIII

»Dialectica est bene disputandi« etc.
            AURELII AUGUSTINI Principia Dialecticae, in ed. Maur. Vol. I. App. p. 15—22 inter spuria. Novissime edidit et Augustino auctori vindicavit W. Crecelius in Progr. schol. Elberfeld. a. 1857.

Inter folia numeris recentibus 70 et 71 signata folium unum perditum est, iterumque aliud post fol. 71, quod terminatur verbis »fit aliud ex nominatiuo. aliud«, quo facto periit illius libri pars ultima, simulque eius qui sequitur, inscriptio et initium; hunc tamen qui sit, recte iam perspexit I. G. Graevius, et qualiter res se habeat, in margine adnotavit. Sunt autem
            VICTORINI explanationum in Rhetoricam M. Tullii Ciceronis libri II; ed. C. Halm l. c. p. 153—304.

Verba Ciceronis litteris quas capitales vocamus, scripta sunt, sed initio tantum; ea enim scriptura cum librario molesta esset, mox tantum crassius delineata prima littera lemmata distinxit.

Fol. 184v. atramento nigro et rubro alternatim scriptum est:
            .Q. FABII LAVRENTI EXPLATIONVM (sic INRHE TOC.
            LIBER. PRIMVS. EXPLICIT.
            INCPT. LIBER. II FELICITER.
            DE   ADTRIBVTIS   PERSONAE.

Ubi sequuntur tria capita »Cum sint .XI. attributa — gestione proueniunt.« edita ad calcem Victorini ap. Halm. p. 305—310. Deinde f. 189v. nulla distinctione facta, Victorini liber II.

Fol. 222 ad locum de translatione, verba »supponere exempla« (ed. Halm 276, 7) manu illa 2 haec scripta sunt, quae a scribente intellecta fuisse vix putaverim: »Deliberatiua sic facta sepe ratione et eius beneficii quod ammisit. ac postrema deducenda est. ad formam deliberatiuae. ut ita agatur. quasi suadeat aut dissuadeat orator faciendum. aut non faciendum:

5 *

quoniam accusatoris partes utique ut dissuadeat, defensoris uero, haec omnia contraria actione connertat: cum ille accusator ausus fuerit coniecturali respondeat. item ira finem adsumat argumenta officii. ipsius autem conpensationis contra nos.«

Idem fol. 231 scripsit: »hd. Lege desuper in summo Incernario.« addito signo. Quae hic supplenda erant, in summa margine paginae praecedentis inuenies. Folio eodem verso scripsit: »lege in capite paginae« scilicet ad verba »aut hominum«, quibus liber olim finiebatur, addita subscriptione:

EXPLICIT LEBER (sic) ARTIS RHETORICAE.

Quae hic deerant, manus illa 2 suppleuit, et rubrica illa partim deleta, subiunxit FINIT.

Fol. 232. INCIPIT LIBER ALIUD. (rubro). »Munera ex auro« etc.

CENSORINUS de die natali.

Codex primarius, ex quo Vaticanum sacc. X descriptum esse demonstrauit Martinus Schanz, in Specimine critico Gottingae a. 1867 edito.

In hac codicis parte multa correcta sunt unciali littera. quae primi librarii aequalis esse videtur, sed ab editoribus nouissimis ea reprobantur. Folio 234 manu, non sacculi X, ut Hultschius editor putabat, sed aequali, littera unciali minori, haec adscripta sunt p. 70 l. 20 ed. Hultsch.

Uerg. hin (sic) lapides
pirrei actos satu
rinia (corr. ruia) rgna (sic) et alibi
quo tempore primum
deucalion nacuum
lapides. i. a. e. t. n.
i. o l i.

Et hunc igitur librarium, quae in exemplari suo videbat, minime intellexisse patet.

Fol. 256. »MEDIANOX >} DE NATURALI« etc.

Ibi abrupto Censorini libro incipit fragmentum, quod etiam cum illo in editionibus coniungi solet; finitur in calce folii 262. quod quaternionis XXXIIII tertium est. Ita mutilatum codicem iam L. Carrio ante a. 1583 vidit.

Spicilegium e codice Censorini Coloniensi nuper edidit W. Crecelius in Annalibus scholl. Elberfeld. a. 1872.

CLXVII. (Darmst. 2150) membranaceus formae quadratae minoris vel octavae, foliorum 131, saecc. XII—XIV.

Legendae Sanctorum.

Fol. 1. »**Passio sancti Iacobi apostoli maioris.** Apostolus domini nostri — cum Iacobo martir effectus perrexit ad dominum.« Ultima enim verba, quae in omnibus legendis fere eadem sunt, hic omisi.

Fol. 6. »**Passio apostolorum Simonis et Iude.** Simon Chananeus et Iudas — et ultima de decimo.«

Fol. 17v. »**Passio sancti Andree apostoli.** Passionem sancti Andree — ad cognitionem veritatis venire.«

Fol. 25. »Incipit **passio beati Bartolomei apostoli.** Indie tres esse — pax legentibus et custodientibus.«

Fol. 31v. »**Passio sancti Mathei apostoli.** Quoniam cura est deo — dominari peccatum.«

Fol. 41. »**Passio sancti Iacobi apostoli.** Sanctus apostolus domini nostri — celestibus signis glorificatur.« Haec scilicet a praecedenti, folio primo scripta, diversa, alia manu exarata est in duobus foliis postea insertis.

Fol. 43. »**Thebeorum martirum** sacratissimam — corum iungamur consortiis.«

Fol. 50. »Lectio evangelii secundum Lucam. In illo — et reliqua. **Omilia ven. BEDE presbiteri.** Electurus apostolos — fide curavit. Tu autem«

Hoc loco folia 12 inserta sunt, manu saeculi XIV exarata; f. 51: »**In natali sancti Francisci.** Apparuit gratia — in cruce pependit.«

Fol. 53. »**In natale sancti Alexii.** Alexius fuit filius — XVI. kal. Augusti.«

Fol. 56v. »**De sancto Dominico.** Ethymologia nominis. Dominicus dicitur — peciit et accepit.«

Deinde alia 14 folia inserta sunt, manu aliquanto antiquiore exarata; in quorum uno 73' eadem, ut foll. 2, 17, 18, saeculi XV manu margini inscriptum est: »Hic incipient ad refectorium.«

Fol. 63. »**De invencione sancte crucis.** In anno sexto — cum sancta dei genitrice Maria. **De exaltacione sancte crucis.** Tempore illo postquam Constantinus — Christum induistis.«

Fol. 76 vacat; deinde sequuntur folia 9, in quibus saec. XIV scripta est **Passio sanctae Margaretae:** »Post passionem domini — que in suas preces memoretur vos apud dominum nostrum.«

Fol. 86 vacat; sequitur iam codicis primi, saeculo ut videtur XII excunte scripti, pars altera.

Fol. 87. »**Thome apostoli** XII Kal. Ian. Patriarcha regionis Indorum — operari non desistit.«

Fol. 92v. **Homilia in nat. domini.** »Haec est dies quam fecit dominus — ad regnum caelestis vitae.«

Fol. 93v. »**Stephani** . . . . . . VII. Kal. Ian. Beatus levita — post pas« ubi in fine paginae codex desinit. Sequitur quaternio, alia saeculi XII manu scriptus.

Fol. 94. »**Passio sancte Barbare virginis et martiris.** Temporibus imperatoris Maximiani — et preside Martiano.«

Fol. 97. »**Vita sanctissimi Egidii.** Sanctus Egidius patre Theodoro — inferri impetret celestibus.«

Postremo foll. 102—131 addita est **Legenda sanctae Mariae Magdalenae cum translatione et miraculis,** alia saeculi XII manu scripta: »Quamquam per quatuor — sua largiflua pietate.«

CLXVIII. (Darmst. 2151) membranaceus, forma quadrata, foliorum 230, a. 1399 in membrana Italica scriptus.

Praecedit folium indicis capitum mutili: sexterni singuli in folio ultimo et numeris et primis sequentis sexterni verbis insigniti sunt.

Foll. 1—169, quae antiqua manu numerata sunt:
IOHANNIS BOCCACII DE CERTALDO **de casibus virorum illustrium ad insignem militem Maghinardum de Cavalcantibus, praeclarum regni Siciliae marescallum, libri IX.**

Quibus finitis librarius haec subscripsit:
    Nomen scribentis si tu cognoscere velis,
    Bor statuas primo, medio char, dns sit in ymo.
    Qui scripta vitiat, scriptorum sufflat in ersgat.

Sed postrema verba verecunde erasa sunt. Subiunxit grandiori littera: »Anno domini Millesimo CCC° Nonagesimo nono completus iste liber per manus et cetera .B. de hoya.« et minori littera addidit: Pontificatus pape Bonifacii Noni Anno Nono Iud. Sexta Rome in mense Septembr.«
Sequitur alia manu scriptum:
»In hoc libro sunt colligate .xiij. pecie.«

Quae peciae sive sexterni non eiusdem omnes sunt ambitus; constant enim ex foliis 10, 12, 11, 15 et 16. In ima pagina legitur: »Mauritius Comes de Speyghelberghe Canonicus Coloniensis est dominus libri.«

Nunc vero cum hoc libro alius compactus est foliorum iam olim numeris signatorum LIX, eodem fere tempore, sed paulo elegantius scriptus:
IOHANNIS BOCCACCII DE CERTALDO **liber de mulieribus claris.**

Post ipsum librum incipit tabula eius, quae in altero folio non numerato ad finem perducta est. Librarius nihil adscripsit, sed qui librum hunc cum praecedenti emit, haec subiunxit:

»Hunc librum emi pro precio competenti in civitate Coloniensi Ego Mauritius Comes de Speighelberghe Canonicus Coloniensis anno domini M cccc liij ipso die sancti Panthaleonis.

      a   r
       R
      v   v

Quos characteres compendium nominis esse apparet.

CLXIX. (Darmst. 2152) membranaceus et chartaceus in fol. minori, foliorum 91, saec. XV.

I. Pars eius prima foll. 1—61 ita comparata est, ut singulorum sexternorum folia et exteriora et media membranacea sint, reliqua chartacea.

Sexterni in ima ultimi folii margine primis sequentis sexterni verbis distincti sunt.

IOHANNIS HILDESHEIMENSIS historia translationis trium regum.

Nomen auctoris, quod soli Trithemio debemus, hic non legitur, nec inscriptio ad Florentium ep. Monasteriensem directa, quam editio per Iohannem Guldenschaff a. 1486 publici iuris facta praebet. Capitum tabula, quam editor in fine posuit, hic praemittitur.

II. Foll. 62—66 chart. manu eadem scripta

HENRICI LANGENSTEYN dicti de Hassia epistola ad Everhardum de Ypelborn, ecclesiae Moguntinae decanum, de modestia in praelatura servanda.

Scripta est, cum Everhardus a. 1383 decanus factus esset, inedita adhuc, sed in aliis quoque codicibus obvia. »Amicorum sincerissimo — prudenter determinans.« Folia 67—71 vacant.

III. Foll. 72—91 alius sequitur codex chartaceus, manu, ut videtur, paulo antiquiore binis columnis scriptus.

ALPHONSI BONI HOMINIS HISPANI epistola ad Hugonem ord. Praed. magistrum, cum translatione epistolae Raby Samuelis de adventu Messiae. Quae pluribus locis impressa est. Anni numerus hic ponitur 1330, cum alias sit 1339.

CLXX. (Darmst. 2181) membranaceus forma maxima, foliorum 135, saeculi XV.

Sermones in quadragesima legendi.

Incipit: »Feria quinta lectio sancti evangelii secundum Matheum. In illo tempore etc. Omelia b. Augustini. Audivimus cum evangelium« etc. Folia 13—17 transposita sunt et confusa.

Ultimus est sermo in passione domini. Quos sermones Hartzhemius a. 1400 scriptos esse ait, »ut in extremo libro adnotatum leges.« Sed ibi nihil inveni, neque vero liber in tegmine numero aliquo notatus est; reliqua autem, quae de cod. 170 Hartzhemius refert, in nostrum hunc codicem quadrant.

CLXXI. (Darmst. 2153) membranaceus, forma quadrata, foliorum 97. In primo folio legitur:

CODEX SCI PETRI SVB PIO
PATRE HILDIBALDO SCRIPTVS.

»**Omelia excerpta** (*sic*) **diuersorum patrum de diebus festis.**«

Folio 2 textus libri incipit. »De admonitione ante diem natalis domini. Sancti Faustini. Propitia divinitate — sed neglegunt lectionis studium.«

Praeter Faustinum ter Gregorii papae, semel Augustini nomen adscriptum est; plerisque in locis auctorum nomina omissa sunt.

CLXXII. Darmst. 1254 membranaceus in fol. min., foll. 132, saeculo decimo, ut videtur, in membranis male praeparatis scriptus.

Homiliarius.

Post indicem capitulorum fol. 3v. haec leguntur:

»In nomine domini nostri Iesu Christi in hoc codice continen. explanationes exscarpsate lectionum sine pistolarum dominicis diebus seu festiuitatibus nec non et ferias a uigilia de natale domini hora nona usque in ascensa domini. id est pars prima.«

Fol. 4. »In vigl. natl. domini de nona. Lec. epl. b. Pau. apostoli ad Rom. Fratres Paulus seruus — secundum carnem et rel. Oml. lec. ciusdem. Gaudeamus fratres« . . . . .

In margine adscriptum est AUG.

Multis in locis manu satis recenti in margine scriptum est »Haimonis episcopi.«

CLXXIII. (Darmst. 2155) membranaceus oct. min., foll. 76, saeculi XII.

Foll. 1—42. ALCUINI de virtutibus et vitiis liber ad Widonem comitem (Opp. ed. Frob. II, 128—145).

Fol. 1 minio scriptum est:

    Liber cintillarum . . . .
     . . . . m. pro salute
    animę. ita dicens.

Quae punctis indicavi, diligentissime erasa sunt. »Dilectissimo filio (hic recenti manu scriptum est: Wiedoni, humilis (lenita Alchuninus — cerba crasa quidem, sed ita ut legi possint) salutem. Memor peticionis tuę — dilectissime fili.«

»Incipiunt capitula sermonum.«

»I De sapientia — De nirtutibus quattuor. Expliciunt capitula. De sapientia primum capitulum.«

»Primo omnium — dignus efficitur. Explicit. Hęc tibi dulcissime Wido — coronabitur gloria.«

Fol. 42 sequitur: »Hęc sunt instrumenta bonorum operum. Inprimis dominum deum diligere — diligunt eum.«

Fol. 44. »Incipit sermo S. AUGUSTINI episcopi. Apostolica lectio fratres karissimi hunc sonitum redidit (sic). Tempus breue est. reliquum est. ut et qui habent uxores (I Corr. VII, 29) — gaudere valeas. Quod — amen.«

Quem sermonem inter S. Augustini opera frustra quaesivi.

Fol. 47. »Vita sanctę Marinę uirginis. Erat quidam secularis nomine Marinus — Marinę uirginis.« Desumpta est ex libro, qui Vitas patrum inscribitur, ed. Rosweyd. p. 393.

Fol. 48v. »Incipit libellus sancti CYPRIANI episcopi de gradibus abusionum. Duodecim abusiva — in futuro. Expliciunt gradus abusionum.« Editus est inter Cypriani opera spuria.

Fol. 69v. »Incipit **sermo sancti CESARII.** qualiter verbum dei vel desiderari debeat. vel audiri. Inter reliquas beatitudines« etc. Editus in Bibliotheca maxima Patrum Lugd. VIII, 845.

Postremo lectiones aliquot ex evangelio secundum Lucam scriptae sunt. In folio ultimo, quod olim tegumento agglutinatum fuit, manu saec. XV scriptum est: »Orate pro magistro Iohanne de Wachendorp sacre theologie pro . . . . i eximio.«

CLXXIV. (Darmst. 2156) membranaceus forma octava, foliorum 65. saeculo vel nono vel decimo satis rustice, atramento pallido scriptus.

ALCUINI de virtutibus et vitiis liber, omisso prologo et epilogo, nulla inscriptione munitus. »Primo omnium — efficietur. Auxiliante — sçeulorum.«

Fol. 45v. »Explicit libellus salutaris.

Nomina archangelorum.

»Gabrihel archangelus cum tonat habe in mente. et non nocebit tibi. Michahel cum te mane lenas in mente habe et letum diem habebis. Orihel, contra aduersarium tuum in mente habe et omnia uincis. Raphahel cum panem tuum et potum intaminas in mente habe et omnia habundabit (sic) tibi. Raguhel cum in itinere exieris in mente habe prospera agebis. Barachahel cum indicem alicum (sic) potentem salutare nolueris in mente habe et omnia explicabis. Pantasaron cum in conuiuio ueneris in mente habe et omnes congaudebunt tibi.«

Fol. 46. »**Oratio sancti GREGORII pape,**« nescio quae, certe apocrypha. »Dominator domine deus — seculorum amen.« Deinde quatuor versus crasi sunt.

Fol. 19 manu alia multo elegantius scriptus sequitur **ALCUINUS de animae ratione,** sine auctoris nomine, ita inscriptus:

»In nomine sanctae et indiuiduae trinitatis. Incipit libellus de origine animae uel situ eius atque eiusdem natura seu exitu ipsius ualde utilis ad legendum feliciter. Lege in pace fili karissime.«

»Igitur carissime fili sanctae sollicitudini tuae — meritorum claritate.«

»Explicit feliciter libellus de ratione animae deo gratias amen.«

Fol. 63v. **Orationes** ad matutinas ceterasque horas canonicas.

In folio primo, indici capitum praemisso, nomina quaedam manu satis antiqua scripta sunt, haec scilicet:

». . . . . Rodingus. Starenlfus. Hurmarus. Lesunnus. Uuiliorus.

 . . . . . . Raginbertus. Engelboldus. Hartbertus. Uulferus.

Feria III. Blithelmus. Hedenoldus. Uuoldradus. Uulherus. Herradus.

Feria IIII. Uuinedulfus. Amulricus. Teodericus. Rotmarus. Elifridus.

Feria V. Amulbertus. Tentboldus. Rotfridus. Erchenbertus. Engles.

Feria VI. Uitalis. Rodoldus. Adelmannus. Fragibertus. Hargerus.

Feria VII. Fulcradus. Trasmarus. Rohingus. Reginfridus. Ansboldus.«

Aliorum quoque sub istis nominum vestigia rasa, alia in inferiori paginae parte evanida apparent; in summo folio 26 scriptum est: »Constantinus Doda.«

CLXXV. qui nunc desideratur, teste Hartzhemio chartaceus fuit, continens **homilias** in evangelia per annum, inchoatas a dominica proxima ante septuagesimam. Ultima erat in natali sanctorum apostolorum Philippi et Iacobi. »In vestibulo liber a quopiam vicario scriptus et donatus dicitur anno 1137.«

CLXXVI. qui nunc desideratur, teste eodem item chartaceus fuit, continens **sermones sacros** ex variis patribus collectos a magistro IOANNE DE SEGOBIA, sed in alio loco collectio attribuebatur IOANNI DE COROLLA. Initium erat: »Omnes qui aliquod opus, quod volunt esse stabile, proponunt construere«. In fine: »Liber Ioannis Weidenfeldt Coloniensis. Orate pro eo. Hunc librum scribi feci Basileae, Concilio generali in octavo eius anno ibidem perdurante 1438.«

CLXXVII. deperditus. Teste Hartzhemio chartaceus in quarto. »**Sermones ascetici** latini per dominicas et festa habiti. Circa annos 1490. 1500. 1506.«

CLXXVIII. deperditus. Eodem teste chartaceus in quarto. »**Sermones ascetici** in varia Scripturae loca, ex quibus nonnulli ad Universitatem Coloniensem dicti fuere.«

CLXXIX. (Darmst. 2157, membranaceus forma maxima, foliorum 233, saeculo XIII eleganter scriptus, marginibus amplissimis, qui scribendo commentario apti essent, sed vacuis.
PETRI LOMBARDI **Sententiarum libri IIII.**

In summa primae paginae margine scriptum est: »Liber Sententiarum Maioris ecclesie in Colonia, pro quo habent primum et secundum Sententiarum fratrum.«

CLXXX. (Darmst. 2158) membranaceus, forma maxima, foliorum 172, sacc. XIII.
PETRI LOMBARDI **Sententiarum libri IIII.**

Codex praecedenti simillimus. Folia bina in initio et fine adnotationibus repleta sunt, quae nec legi commode possunt, nec nullius pretii esse videntur. Marginibus quoque passim adnotationes inscriptae sunt. In pagina ultima haec leguntur:

»Iste liber datus est ecclesie Coloniensi perpetue ibidem permansurus per quendam bone memorie dominum Iohannem pastorem in Elsich, cuius anima in pace requiescat. Amen.«

CLXXXI. Darmst. 2189; membranaceus forma paulo minori, foliorum 216, saeculo XII pulcre scriptus. Auctoritates in marginibus minio scriptae sunt.

In prima pagina legitur: »Liber Sanctorum Martyrum Primi et Feliciani atque Pancratii Pleyse«, in loco scilicet nunc Oberpleis vocato, ubi tunc fuit praepositura coenobii Sigebergensis. In verso folio primo textus libri incipit.

PETRI LOMBARDI Sententiarum libri IIII.

Quibus finitis eadem manu f. 215v. alia quaedam adiecta sunt: »In concilio apud Vermeriam. Si quis cum matre et filia — coniugii maneat. In concilio Tribnriensi. In lectum mariti — privetur. De peccatis nolentium. Augustinus in libro questionum — breviter dicimus.« Sequitur de peccatis criminalibus et venialibus, aliaque nullius momenti.

In fine libri subscriptio diligenter et accurate erasa est.

CLXXXII. (Darmst. 2159; membranaceus in fol. min., foll. 160, a. 1347 scriptus in membranis male praeparatis, quae ab altera parte candidae sunt, ab altera subflavae, quales Italorum esse solent. Sexterni singuli in fine et cifris et primis sequentis sexterni verbis insigniti sunt, folia quoque cuiusque sexterni singula cifris.

THOMAE HIBERNENSIS Manipulus florum.

In folii olim tegumento agglutinati fragmento manu sacc. XV scriptum est »Dominus Wilhelmus de Duren, olim Rector Capelle beate Margarete Coloniensis, legavit hunc librum ecclesie Coloniensi, ut ad novam librariam ipsius ecclesie ponatur, et ibidem cathenatus perpetuo remaneat. Orate pro eo.«

Folio 2: »Incipit tabula originalium sive manipulus florum secundum ordinem alphabeti extracta a libris XXXVI auctorum edita a Magistro Thoma de Ybernia quondam socio scolarium domus de Serbona (sic) Parisius civitatis. Abiit in agrum« etc.

Fol. 151: »Explicit manipulus florum Deo gracias (*hic aliquot verba erasa sunt*) Hoc opus est compilatum a Magistro Thoma de Ybernia quondam socio domus magistrorum de Sarbona (sic) Parisins.« Sequitur tabula.

Fol. 156 Enumeratio librorum quibus auctor usus est.

Fol. 160: »Explicit consignatio librorum sanctorum doctorum ecclesie et aliorum quorundam auctorum, penes sua inicia seu principia et fines, manipulo florum annexa. Finita anno domini 1347. mensis Februarii die sexta, ad laudem Dei omnipotentis, gloriose virginis Marie et omnium

sanctorum, et utilitatem legentium in eo et proficientium. Deo graciarum actio per infinita seculorum secula. Amen.«
Opus hoc plus semel typis expressum prodiit.

CLXXXIII. (Darmst. 2145) membranaceus, forma maxima, foliorum 171, saeculo XIV eleganter scriptus. Littera capitalis T in principio libri pulcherrima est.

GUILIELMI PERALTI Summa de vitiis, inedita quantum scio.
Fol. 1: »Tractatus iste continet IX partes« etc.
Fol. 6: »Dicturi de viciis incipiemus de vicio gule« etc.
Fol. 171v. »tacere vero nunquam.«
»Explicit summa de viciis.«
Alia manu additum est: »compilata et edita per fratrem Wilhelmum Burgundum ordinis fratrum predicatorum.«

CLXXXIV. (Darmst. 2160) membranaceus in forma quadrata, foliorum 135, saeculo nono exeunte egregie scriptus in membranis optime praeparatis.

IONAE AURELIANENSIS EPISCOPI libri tres de institutione laicali. Editi sunt in Dacherii Spicilegio I, 258—323 editionis secundae.

Folio primo verso prologus incipit: »Dilecto in Christo« post quae verbum 1 vel 5 litterarum erasum est; pariter erasa sunt quae sequuntur »Mathfredo Ionas«, sed legi possunt. Post prologum sequitur index capitum, deinde in folio quinto verso, praeterea vacuo, scriptum est INCIPIT TEXTUS. Finitur f. 135 his verbis: »in aeternum vivamus. Explicit liber tertius feliciter amen.«

In prima pagina manu saec. XIV scriptum est: »Iste liber est ecclesie Coloniensis«, in ultima litteris uncialibus: »Liber sancti Petri.«

In marginibus passim invenitur r vel R nescio qua de causa positum. Liber diligenter emendatus est per correctorem, qui notis Tironianis usus est; plerumque erasae sunt, remansit foll. 21, 42 et 80 nota, quae »huc usque« significat. Foll. 53 et 115 versus aliquot, qui omissi fuerant, suppleti sunt signis hd et hp positis, ut in cod. 166.

CLXXXV. (Darmst. 2176) membranaceus, forma quadrata, foliorum 96, saeculi X.

BOETII de Arithmetica libri duo, cum figuris et cum glossis simul cum textu descriptis. De quibus hanc f. 65v. ad l. II c. 32 additam, ita ut scripta est, apposui:

»AMNA. Conveniens et apta rerum omnium dicitur commissa conexio et cum fistulę organi per ordinem copulate legitime tenent graciam cantilene et cordarum aptus servatus ordo armoniam suam, nuptie non habent quando christiano viro gentilis mulier non legitime copulatur ubi nupcie armonia ubi armonia deus iungit ubi non est pugna atque diffensio est quia non est adeo quia deus caritas est.«

Quae et mendose descripta et satis antiqua esse patet.

Textus in folio primo verso incipit his verbis: »INCIPIUNT DUO LIBRI DE ARITHMETICA. ANITII MANLII SEUERINI BOETII. UC ET INL. EXCSL. ORD PATR. DOMINO SUO PATRITIO SYMMACHO. BOET. In dandis accipiendisque« etc.

In margine passim posita est nota vel monogramma, cui elementa insunt XP, quibus alibi adduntur NO. Quae χρἠζιφον significare notum est.

CLXXXVI. (Darmst. 2161) membranaceus forma quadrata, foliorum 120, saeculo nono, ut videtur, litteris minutis scriptus: sed nec eadem manu nec eodem tempore omnia exarata esse videntur.

Foll. 1–69. BOETII de Arithmetica libri duo. cum glossis numero paucioribus et figuris minus eleganter delineatis, quam in cod. 185.

Incipit fol. 1 versibus alternatim minio et colore viridi scriptis: ANICII. MANLII SEUERINI. BOETH EX CONSULARIBUS ORDINARII. PATRICII LIBER PRIM INCIP INSTITUTION ARITHMETIC ARTIS

»Domino patri Simacho Boetius. In dandis« etc. Correctum est »Domino suo patricio Simmacho« et in inscriptione »Manilii« et »ordinariis«.

Haec libri pars male scripta est in membrana bibula. Sequitur fol. 70: »Si vis scire in naturali numero, quotam summam eligeris, quot fiant; si numerus est par« etc. scilicet numerorum multiplicandorum ratio, adiectis tabulis.

Foll. 71v.—119v.

CICERONIS Somnium Scipionis cum commentario MACROBII.

Commemoratur hic codex in L. Iani editione operum Macrobii, Prolegg. p. LXXI.

Qui in medio Somni textu incipit quaternio, numero 1 notatus est, unde apparet, commentarium solum prius scriptum fuisse, Somnium postea praemissum, in membranis rescriptis, in quibus fol. 73 inscriptio apparet: ANICII MANLII SEUERINI BOETII EXCONS. ORD . . . . Puto Boetii Arithmeticam ibi vel scriptam fuisse vel inchoatam.

Inscriptio operis haec est: »Somnium Scipionis. M. Tullii Ciceronis excerptum ex libro sexto de re publica. Cum in Africam — solutus sum.«

Fol. 75. Commentarius incipit: »Inter Platonis et Ciceronis libros, quos de re .p. utrumque constituisse constat«. Quae verba Hartzheminum in errorem duxerunt, cum p. 157 codici inesse dicat »Collationem inter libros Platonis et Ciceronis de Republica«. Praeterea numeros 185 et 186 confudit.

Fol. 119 finito commentario, qui manu satis antiqua passim emendatus est, sequuntur **Carmina** Anthologiae Latinae ab Al. Riese editae n. 639,

394. 395 de mensibus, mendis plurimis scatentia; deinde aliud: »Item de duodecim signis«, »Ianus adest — ludere pisces.« quod in Meyeri Anthol. Lat. n. 1028 legitur.

Fol. 120 claudit agmen **Notitia provinciarum Galliae**, quam in App. XV cum altera codicis CVI coniunxi. In summo folio 120 scriptum est »sanctae Coloniæ«.

CLXXXVII. (Darmst. 2160) membranaceus vere maximus, foliorum 56, sacculi undecimi ut videtur, certe non septimi, ut ait Hartzhemius. Codex humore laesus, deinde resartus, sed ita ut foliorum ordo misere turbaretur. Scriptus est satis bene, passimque variae lectiones manu antiqua in marginibus additae sunt, inter quas etiam nota illa .r. saepe apparet: verum figurae et schemata ubique omissa sunt, spatiis vacuis relictis.

Folio 1v. scribi coeptus est Prologus infra f. 5 repetitus: »Hiemantis — recubantem.« Inferius legitur versus:

Ingenium mores cunctos lucrantur honores.

In media vero pagina manu saeculi XIII scriptum est: »Liber maioris ecclesię in Colonia.«

Folio 1v.—5: »**Isagogae** PORPHYRII **translatae de greco in latinum a** VICTORINO **oratore**. Cum sit necessarium Chrisaori — communitatisque traditionem.«

Foll. 5 - 10. 16. 15. 18. 17. 11. 12. 23. 24. 13. 14. 19. 20. BOETII **in Porphyrium dialogi duo.** »Hiemantis anni — tractabitur.«

Foll. 20v. 25. 26. 32. 33. 21. 22. 27. 28. 34. 35. BOETII **in Porphyrium commentorum libri.** »Secundus hic arreptae — neque individua de speciebus.« Quae sunt verba libri tertii, p. 77 ed. Venetae. Magna deinde patet decem quaternionum lacuna; nam enm haec folia sint 32 sive quaterniones 4 hisque numeris insigniti, sequens quaternio f. 44v. XV numeratus est.

Foll. 43. 29—31. 36—38. 44. 39—42. 45—56: BOETII **de musica libri.** Inscriptio initio posita est: »Incipit musica Anitii Mallii Seuerini Boetii.«

Fol. 56v. in pagina libri ultima, cuius pars maior vacua relicta fuerat, manu saec. XII hi versus scripti sunt:

Omne quod est esse cum primum tendit ad esse,
Esse petit simplex, esse nouand (*sic! an* nouando?) duplex.
Sic pater Heinricus, patris omnipotentis amicus,
HCYKHFCN (*sic pro* HCYXHN dando polo, reddidit ossa
solo.
Huius preteritam qui uult cognoscere uitam,
Percurrat breuiter carminis huius iter.
Condidit hanc sedem, post sedem condidit edem.
Quasque uides alias condidit ęcclesias.

Inter varias »probationes pennae« legitur: »Lautbertus Christi alleta (*sic*) commendans curam ouium Christo.« In ima vero pagina litteris minutis scriptum est:

»Reverendissimus et amplissimus Dominus Iohan. Gehlenius vicarius in spiritualibus vidit et visitavit. 1628 27 Maj.«

CLXXXVIII. (Darmst. 2162 membranaceus in folio saeculi XI, foliorum 120.

BOETII Commentarii in Porphyrium a se translatum, ed. Basil. a. 1546 p. 46—111.

Folio primo manu eiusdem fere temporis hi versus inscripti sunt:
Hic labor est nostris vox dum sonat ore legentis.
Ille levat alium. prurit quis molle labellum.
Alter ut aegrotus nausat ne sit studiosus.
Dum quis hoc studium. puerum qui queris honestum.
Nudus honor docto. laus. gloria. tempore multo.
Sed quid ais? reeave perdas ne nomen inane.
Hoc tibi sit lucrum. hoc merces. spesque salutis.
Cum fervent studio. fastidiunt (*corr.* fastidunt). curre legendo.
Tempora condentur. nam ludrica plura petuntur.
Sic sic perplacidos face. qui sunt nempe rebelles.

In quibus etsi quaedam obscura manent, audimus tamen scholasticum invitis pueris Boetii scripta exponentem.

In eiusdem folii pagina altera textus incipit, nulla inscriptione praemissa: »Secundus hic arreptae — praedicamenta servanti.« Sequitur f. 119v. tabula praedicamentorum, et in f. 120v. alia; praeterea probationes pennae.

CLXXXIX. (Darmst. 2163) membranaceus in quarto, saeculi vel X vel XI, foliorum 32.

BOETII in Porphyrium a Victorino translatum Dialogi, ed. Basil. p. 1—34.

Fol. 1 rubro scriptum est, manu saeculi tertii decimi: »Liber Ecclesie Beati Petri in Colonia.« Sequitur tabula quae in editione laudata p. 25 legitur.

In altera eiusdem folii pagina inscriptio posita est, versibus alternatim minio et atramento scriptis, litteris quas unciales vocamus, satis mendose exarata: »Anicii. Manlii. Severini. Boetii. n̄ c̄. et ills̄. cteons. ordinibus. aepatricii. etmagistri. offitiorum. inisagog̃. Porphirii. commentatorium. edicionis prime. Lib. II. edicionis secundae. libri .V. hoc habent exordium. Incipit edicionis prime liber primus.«

»Hiemantium — ad substantiam hominis efficiendam unaquaeque earum« (edit. p. 34 media). Ibi in fine quaternionis textus abrumpitur: reliqua perierunt. Textus diligenter correctus est.

CXC. (Darmst. 2864) membranaceus in octavo, saeculi XI, foliorum 22. littera admodum minuta scriptus.

Fol. 1—10 BOETII de syllogismo categorico libri II, ed. Col. p. 580—605. »Incipit liber Boetii de catheg. sillogismis. Multa Grai veteres — meditabitur.«

Fol. 11—19 BOETII de differentiis topicis libri III priores, ib. p. 857 —879. Quae hic in subscriptione libri I simpliciter Topica vocantur. »Omnis ratio disserendi — reservemus.«

Fol. 20v. adiectus est littera minutissima eodem fere tempore scriptus Commentarius in Canticum canticorum, qui finito fol. 22v. continuatur in foll. 19v. et 20 recto. »Tribus nominibus nuncupatus est Salomon, edida, ecclesiastes, Salomon — Mandragora herba est habens similitudinem cum omnibus membris humanis sine capite, per quam gentes accipimus, que cum essent rationales, caput tamen Christum non habebant.« cf. Cant. 4, 20.

CXCI. (Darmst. 2165) membranaceus in folio, saec. XI, foliorum 132; olim laesus et passim resartus. Textus multis in locis correctus est, et quae omissa erant, in margine suppleta, addita littera h, cui in ipso versu respondet littera d.

Fol. 1—22v. PORPHYRII Isagogae interprete VICTORINO. Legitur in editione Boetii Col. a. 1570 commentario ipsius inserta p. 5—111. »Isagogae Porphirii translatae de greco in latinum a Victorino oratore. Cum sit necessarium Chrisaori, et ad eam que est apud Aristotilem — communitatisque traditionem.« In marginibus et huic et sequentis libri priori parti commentarius additus est.

Fol. 23—70. ARISTOTELIS Categoriae, ea scilicet translatio, quae in Commentario Boetii p. 115—214 legitur. »Cathegoriae Aristotelis. Aequivoca dicuntur — omnes sunt enumerati.«

Fol. 71—99. »Inc. Liber perigermenias. Primum oportet constituere — inesse contraria.«

ARISTOTELIS περὶ ἑρμηνείας liber interprete Boetio, qualis legitur in Boetii commentario l. c. p. 216—288.

Fol. 99—124. CICERONIS Topica, omissis rubricatoris culpa inscriptionibus et litteris initialibus. In marginibus variae lectiones annotatae sunt, additis f. 111v. ad locum c. X § 45 his verbis: »In alio libro ita inveni.« Fol. 124 ad c. XIX § 76 adscriptum est: »huc usque commentum Boetii.«

Fol. 132 praeter alia quaedam parvi momenti scriptum est: »Iste liber est sancti Petri ?) in Colonia (?).« Quae verba erasa sunt, vestigiis tamen litterarum relictis.

CXCII. (Darmst. 2467) membranaceus in forma quadrata, foliorum 123, saec. XI ut videtur.

Folio 1v., quod olim involucro agglutinatum fuit, haec inscripta sunt: »Restitutus bybliothecae S. Petri maioris ecclesie Coloniensis die 1 Octobris 1540 per Hieronymum Vnicornium eiusdem ecclesie subcustodem.« Et in ima pagina: »II mar.«

CHALCIDII in Platonis Timaeum commentarius.

Fol. 2 manu saec. XV scriptum est »Calcidius super Platonem.«

Fol. 3 incipit vetus codex: »Socrates in exhortationibus — ad affectionem institutionis ingenue.

Chalcidius in Timaeo explicitur (sic) feliciter.«

Textus figuris mathematicis, varietate lectionis et glossis instructus est. Quae passim a librario omissa fuerant, in margine suppleta sunt, addito signo d, ubi verba omissa inscrenda sunt, et h, ubi suppleta sunt.

CXCIII. (Darmst. 2168) membranaceus in forma quadrata, foliorum 201. saeculo X ut videtur, distributis inter librarios singulis quaternionibus, exaratus. Margo inferior hic illic abscisus est.

MARCIANI CAPELLAE de nuptiis Philologiae et Mercurii et de septem artibus liberalibus libri.

Breviter de hoc codice egit C. F. Hermannus in praefatione editionis Koppianae a. 1836 p. VIII. — Fr. U. Kopp codice, qui Federi benignitate ipsi transmissus fuerat, in adornanda editione usus est.

Folio 1v. praemittuntur quaedam de auctore operis ipsoque libro: »Iste Martianus genere Cartaginensis fuit — desiderat propagari.«

Deinde scriptum erat: »Incipit liber.« Quibus deletis alius aliquis scripsit: »Incipit Martianus.«

Glossae plurimae, sed quae sensim rariores fiunt, cum ipso verborum contextu descriptae sunt, aliae manu et ipsa satis antiqua additae esse videntur; etiam lectionis varietas adnotata est, praemissis foll. 11v. 16 et 33 verbis: »quidam codices habent«.

Foll. 98. 119v. 120v. locis et versibus, qui vel non suo loco positi vel interpolati sunt, signum ÷ praemissum est.

In fine codicis addita est tabula similis eius, quam e codice Monacensi F. U. Kopp p. 726 dedit.

CXCIV. (Darmst. 2169) membranaceus in forma quadrata. foll. 157. saec. X vel XI diversorum librariorum manibus scriptus. Sed quaterniones septem priores aliquanto antiquiores esse videntur, in membrana male praeparata minus eleganter scripti, et usu detrita est ultima eorum pagina fol. 56v. Insunt

Glossae operis MARCIANI CAPELLAE in cod. 193 contenti.

Continue scriptae sunt, interpositis Marciani verbis. Inc. f. 1v. »Titulus iste« — sed is omissus est — »quatuor nomina dat auctori suo.«

Expl. f. 155v. »in principio et in fine istorum sunt.« Sequuntur sententiae e Iuvenalis et Persii satiris excerptae.

CXCV, qui nunc deest, teste Hartzheimio continebat »**Abbreviationes et declarationes in libros Physicorum et Metaphysicorum** ARISTOTELIS«. saec. XVI.

CXCVI. (Darmst. 2440) membranaceus in forma quadrata, foliorum 63, saeculo XI eleganter scriptus. Margines foliorum passim abscisi sunt.

Libellus Prorae et **Libellus puppis**, inediti, auctore E. quodam presbytero, qui eos dedicavit Alboldo episcopo, Adalboldo scilicet Ultraiectensi a. 1010—1027, cuius in scholis Notkeri Leodiensis episcopi, ut videtur, socius fuerat. Egit de hoc codice collega coniunctissimus C. Bartsch in annali qui inscribitur Germania XVIII, 310—353.

Initio fol. 1 scriptum est:
»Incipit libellus prorae distinctę.
Secundus vocatur puppis erata. ad Alboldum episcopum.«

Sequitur dedicatio:
»A. Gratia dei episcopo. litterarum studiis admodum instituto. E. Servorum dei humillimus presbyter. ut eam cui pręest ecclesiam digne in dei oculis regere. et in extremis verbo. et opere cum grege suo summo pastori possit placere.«

»Ambo olim a pueris apud scolares alas in uno auditorio militavimus. quo magis novimus nos inter nos. et ideo confidentius privatumque magis alloqui te. quia fretus de te. hoc rustici sermonis opusculum. emendandum audeo commendare. In communi enim sermone. multi sepe multa loquuntur. et plurimis ad usum necessariis exemplis. illa vulgi sententia profertur. quod quidem hausi. mecum id reputans. quod in his plurima versarentur utilia. et si aliquatinus retineri possent perspicua. quę quoniam usquam scripta fuissent. quo magis memori pectore servarentur indiligentes propterea facerent auditores. Unde ego quę comminisci per horas interdiu noctuque potui. singulis ea versiculis sepe duobus. interdum tribus. uti in ordine scriptos videbis. preterea novis atque vulgaribus fabellis. aliquid divinisque paucis intersserens. in duobus tantum coacervavi libellis. Nam non his qui sunt assidua lectione ad virile robur exculti. sed formidolosis adhuc sub disciplina pueris. operam dedi. ut dum absentibus interdum pręceptoribus illa manus impuberum. quasdam inter se nullas tamen in ré nenias aggarriret. uti in his exercendis et crebro cantandis versiculis ingeniolum quodammodo acueret. tum istis potius uteretur. Quo circa si ad hanc rem utcunque opus sit codicello. eo iure in tuam sinceram commendo fidem. ut errata corrigas. superflua reseces. ut in te primo post deum permanendę securitatis quęrat asilum. Non enim quisquam ita ut sciam. et tu perliquido nosti. inventum hinc aliquid scriptitans. posteris monimentum de se ullum reliquit.«

Sequuntur versus:
> Nilus ut Egyptum perfundit flumine dextro,
> Sic tua percurrat peto lingua diserta libellum.
> Lintris foeta iocis diversa aplustria portat,
> Cuius prora nitet vario distincta colore.

Inde initium faciunt sententiae singulis versibus comprehensae. quarum prima est:
> Sic me invisti velut ardens flamina tectum.

Glossae plurimae additae sunt; foll. 13 et 14 magna ex parte abrasis alia vel diversorum hominum manibus vel eadem diversis temporibus scripta sunt; eodem modo passim plurima emendata sunt et suppleta.

Fol. 16v. »Hic sensus in duobus invenitur versiculis.«
Fol. 26: »Modo sensus in tribus versibus«. quorum ultimus hic est:
> De Martyrio hodierno.
> Martyrio iam non potes istud tradere corpus.
> Quid prohibet saccos habiti vacuare peculi?
>   vel bona dilapidare
> Martirium crucis est hodie collecta dedisse.

Manu recentiori additum est aliud epigramma quatuor versuum
> De malo studio.
> Ut nunquam studium sic friget ubique scolare.
> Quippe domi sollertia militiceque negatur.
> Lectio quid preter plorare ministrat alumnis?
>   scil. lectio   inutilis
> Rara quidem: nauci, cum venerit, et salis expers.

Sequitur f. 28 »De quatuor versiculis« et f. 28v.
»De quatuor versiculis et reliquis indifferenter.«
Fol. 47: »Incipit secundus libellus Puppis aerate.«
> Comminus aerate succedunt postera puppis,
> Cuius non dolabro est sed cesa crepido securi.

Finiuntur f. 63:
> Et que Martinum cepisti pars pia quondam.
> Huc assis cadem forma fugiente cruenta.

Nulla distinctione facta subiectus est hymnus de nativitate Domini: »Dulce melos cum organo sonet — gaudens efficitur Iherusalem.« cum notis musicis. et fol. 63v. »Oratio pulcra.« »O lux mentium — deus unus in saecula saeculorum amen.«

CXCVII. (Darmst. 2170) membranaceus forma octava minori, foliorum 49. sed parte postrema perdita mancus; saeculo XI vel XII littera admodum minuta scriptus, mendis scatens.
Commentarius in Ciceronis Rhetorica.

Fol. 1 manu recentiori s. XV inscriptum est: »M. Tullii liber Rethoricorum primus incipit.« Sed ipsum Tullii opus libro non inest. Prima Commentarii verba sunt haec:

»Quam Greci vocant rethoricam, Latini dicunt artificiosam eloquenciam. Unde etiam liber intitulatur: Incipit liber rethor. id est preceptorum datorum in artificiosam eloquenciam.«

Fol. 10v. haec leguntur in l. I c. VIII § 10:

»Aut cum causa pendet ex eo, quod non aut his agit quem oporteret, sicut si quis exigeret a canonico quod non fuerit in matutinis, preter decanum, vel is agit quem oportet, sed non cum eo quicum oportet, ut si decanus reprehenderet alium de negligencia epistole, quam illum cuius septimana esset. Vel et is reprehenditur quem oportet et a quo oportet, sed non apud quos. Ut si canonicus iudicetur apud laicos. Quo tempore, ut in quadragesima. Qua lege, Longobardorum vel Romana.«

Quae iam nostri temporis vir doctus nescio quis signo appicto memoratu digna esse observavit: ostendunt enim explicationem hanc operis Tulliani in canonicorum aliquo collegio Italico fuisse propositam.

Fol. 47v. ad l. II c. XIV § 45:

»Quod factum sit quod non oportuit, hoc est signum alicuius rei. Ut si monachus invenitur alicubi collectis sarcinis, hoc factum, quod non oportuit, signum esse fuge.«

Fol. 48 ad l. II c. XIV § 46:

»Questio in hoc loco valet tantum quantum tortura. Inde questionarii vocantur, qui in urbibus aliquem torquent aut verberibus aut per aliam penam ad hoc ut ab eo veritatem exquirant. Testimonium est quod sine tormento sapiens aliquis testatur, aliquit esse factum aut dictum.«

Ultima verba sunt haec in l. II c. XV § 49:

»Dignitas est in ornatu verborum et sententiarum. Et hos tres ornatus notat hic in communibus locis, ubi dicit: In quibus et suavitatis id est elegantie, et gravitatis id est compositionis plurimum consistit. Et omnia que in inventione sententiarum et verborum a. etc. hic dignitas intelligitur.«

Quibus in locis exscribendis menda aperta sustuli et correxi.

CXCVIII. (Darmst. 2171) membranaceus fol. min., foliorum 98, saeculo X vel XI in membrana male praeparata scriptus.

Primo folio scriptum est: »Gloria in excelsis deo« etc. additis notis musicis. In eiusdem folii parte altera Prologus libri Topicorum Tulliani scriptus est: »Maiores nos res — accedere.« manu satis antiqua. Subiecta est tabula de partibus philosophiae. Sequitur f. 2. BOETII **Commentum in Topica Ciceronis.** Inscriptio in codice nulla est. Sed praemissa sunt haec:

»Incipientes quamcumque rem scribere, ante quam scribamus, eam commendare debemus ut Virgilius (Ge. IV, 3):

Ammiranda tibi levium spectacula rerum.

Sed errant qui hoc dicunt. Non enim laus in isto principio, sed diffinitio continetur. Orator quippe ea quae sibi gravia sunt, in principiis solvere aut curare debebit. Ut in (oratione de) domo sua caput illud videtur esse commune, sed vide quem admodum facit illud Tullius speciale: *Cum multa divinitus, pontifices, a maioribus nostris inventa sunt.* Poterat hoc et Clodius dicere. Clodius enim solo religionis iure certabat, Cicero iure puplico, quia nec poterant pontifices contra religionem ferre sententiam. Res enim consecrata fuerat, et Clodius religionis iure pugnabat. Videamus quomodo illud solvit. Bene inquit maiores nostri, qui nos (*leg.* vos) non solum de iure religionis, sed et de iure puplico, iudices instituerunt, ut tam vobis ius puplicum, quam ius religionis tuendum sit. Et cum eos dicit de iure puplico iudicare, illud estimandum relinquit, sine causa Clodium consecrationis iure pugnare, quod ad pontifices pertinet, cum illi etiam hoc iudicaturi sint, utrum deberet consecrari, quod pertinet ad ius puplicum. Modo ergo Tullius scripturus de arte rethorica, quae sunt gravia necesse habet in principiis purgare. Que sunt igitur gravia? Sententia Platonis et Aristotelis. Plato enim eloquentissimus fere omnium philosophorum, dicebat artem rhetoricam non esse artem, sed esse civilis scientię partis umbram. Hoc enim asserebat in illo dialogo quem Gorgiam vocavit. Quicquid, inquit, omnes faciunt, non est industria sed natura.« Cf. Cic. de Or. I c. 11.

Inde sola rubrica, sed nulla inscriptione distinctum sequitur opus Boetii abunde notum, quod finitur f. 74 his verbis: »Talis est enim (*ibi supra lineam additum est:* vis) fortuitarum rerum.«

Passim ubi verba vel sententiae omissae fuerant, in marginibus suppletae sunt, appositis litteris d et h linea transversa notatis, quod iam in aliis eiusdem aetatis codicibus plus semel observavimus.

In pagina cuius dimidia pars vacua fuerat, infra Boetii commentarium manu non multo recentiori haec scripta sunt:

»Sume ordines indictionum ut puta mortuo Heinrico imperatore Leodie LXXIII. indictione XIIII. hos per quindecim multiplica. adde semper regulares XII. et indictionem illius anni de quo queris. ut puta in presenti .XV. et annos domini invenies.« Quae vitiis scatent. Sed folio quoque 76 in margine scripta est tabula annorum ab a. MCV. ad a. MCXXXII. cum indictionum, epactarum et concurrentium numeris litteraque dominicali, ubi soli anno MCVI nota addita est: »Heinricus imperator mor.«

Fol. 74 manu aliquanto recentiori subinncta est explicatio mystica verborum: »Expoliavi me tunica«, Cant. V, 3. Altera eiusdem folii pagina vacua relicta est, quae fuit ultima quaternionis VIIII.

Sequuntur f. 75:

CICERONIS **Orationes Philippicae** splendide scriptae, sed imperfectae. Post fol. 97, quod finitur his verbis Or. II. c. XXXI § 77: »Ergo ut catamitum neque opinato cum os« . . . . folium intercidit: in sequenti folio 98 scriptum est: »acta Dolabellę — requiro.« scilicet extrema capitis XXX verba. Maior eius folii pars abscisa est, sed nihil amplius ibi scriptum fuisse apparet; nam in aversa pagina, olim vacua, manu recentiori scripta sunt quaedam nullius pretii, argumenti mythologici.

In summo folio 76 manu satis antiqua haec scripta sunt:
»Ad furtum inveniendum. In pane subcinerio scribe et da comedere reo. AKPICA. KPOKA. PICKAPIT. APICAPIT.«

CXCIX. (Darmst. 2623) membranaceus forma oct., foliorum 63, binis columnis littera minutissima diversorum librariorum manibus, sacc. XI ut videtur scriptus.

Fol. 1—26. »Incipiunt **Glose Lucani**. Expulsis regibus ob sui superbiam — calcantem id est contempnentem eos qui ibi servabant vallum quod putabat se ibi facilius transiturum quam in alio loco valli. Explicit opus Lucani.« Quae in scholis Leodiensibus proposita esse videntur: excerpta damus infra App. XVIII.

Sequuntur f. 26 quaedam quae referenda sunt ad eum qui sequitur Commentarium in Macrobium: »Ordinem tractandi talem habet Macrobrius sic) — verba somnii.«

Fol. 26v.—38v. **Commentarius in Macrobii librum de Somnio Scipionis.** Inscriptio omissa est negligentia miniatoris, qui et capitales litteras omisit: recentior manus scripsit »Macrobii.«

Initium est hoc: »Loco prologi premittit quedam que nisi prius exponendo solveret, somnii expositionem interrumpi oporteret.«

Finis in extremo folio 38 hic est: *non esse te mortalem* (II c. XII . Mors diversa dicitur esse secundum philosophos. Mors enim alia separatio, alia vite privatio, alia de non esse ad esse *sic*) transitio. Alia de substantiali differentia ad aliam transitio. Mors separatio convenit tam anime quam corpori, quia utrique separantur ab invicem. Mors vite privatio convenit corpori tantum, quia anima inmortalis est. Mors de esse ad non esse transitio propria est accidentium, nam substantia numquam transit ad non esse penitus. Mors id est de substantiali differentia ad aliam transitio sic de« . . . . . . Reliqua perierunt. Fol. 38 ad locum Macrobii II c. VII § 15 haec annotata sunt: »Thebaidos´ non de illis Thebis dicit Cathmi, sed de Thebea provintia. unde beati fuit Mauricii exercitus.«

Fol. 39—58. **Commentarius in Satiras Iuvenalis:** »Materiam habet Iuvenalis et modum et intentionem communem omnibus satiricis. Materia satyricorum sunt vicia non singulariter alicuius determinate persone, sed tocius populi communiter. Videndum quid sit et unde dicatur satyricus id est reprehensor. Dicitur autem satyra a satyra scutella que diversis ciborum ferculis repleta in sacrificiis deorum apponebatur ita iste diversorum vicia reprehendit. — pertinet ad summum ducem remunerare milites faleris et ornamentis equorum. Torquibus id est aureis circulis quos ponebant in capitibus. Expliciunt Glose.«

Fol. 58v.—63v. **Commentarius in Satiras Persii:** »Satire˙ proprium est ut verba humiliter dicat. — Ergo poeta hoc dicit: Quantacumque avaro habundantia crescat, non saciatur. et sic infinitum cupiditatis desiderium extendit, ut qui eius avaricie finem voluerit ponere, facilius videatur etiam silogismum Crisippi diffinire.«

Sequuntur quaedam de origine vocis Satira: »S . . . . . lancis — satira vocabatur.«

In utroque opere miniator nec titulos nec initiales litteras apposuit; recentiori manu initio scriptum est »Iuvenalis« et f. 58v. »Persii«; alia in fine: »Expliciunt glose«, et: »Glose Lucani. Macrobii. Iuvenalis.«

Utriusque commentarii excerpta infra damus App. XIX. Quos in scholis, in Gallorum Germanorumque confiniis positis, Leodii fortasse, ortos esse existimo.

CC. (Darmst. 2190) membranaceus formae vere maximae, foliorum 170, scriptura pulcherrima exaratus, quae Carolorum aetati proxima, saeculo decimo certe non inferior est. Tabulae, quae codicem continent, corio albo inductae sunt aeneisque laminis et ornamentis munitae. Margines hic illic abscisi sunt. Manu saeculi XV in loco raso scriptum est: »Liber Mauricii comitis de Spigellenbereh prepositi Embricensis.«

PRISCIANI ars grammatica, libri I—XVIII.

Additae sunt glossae plurimae tam interlineares quam marginales, quarum maior pars una cum ipso libro descripta est, quod vel mendis admodum frequentibus, quae in eis apparent, probatur. Notae quas Tironianas vocamus, a librario adhibitae sunt f. 3v. ad I, 11 »Quod si esset verum«, ubi adscriptum est: ut f esset semivocalis«; f. 4v. f. 5, 5v. 7v. 11, 12v. f. 130v. »proavus quasi pro avus.« Fol. 131 glossa quae perperam in contextum verborum irrepserat, erasa est et ab ipso librario repetita in margine, signo quodam appicto. Sententiae „Focae grammatici" foll. 45v. 46v. 47, »Servii expositoris« foll. 65v. 132. 135 in margine appositae sunt.

Glossarum specimina pauca, eas vero quae Germanica lingua scriptae sunt omnes, in App. XX exhibemus.

Inscriptio libri nulla est: in capite primi folii manu aliquanto recentiori scriptum est:

»Me legat antiquas vult qui proferre loquelas.
Qui me non sequitur, vult sine lege loqui.«

Graeca ita mendose scripta sunt. ut librarium eius linguae ignarum fuisse appareat; litterae sunt maiusculae, latinis simillimae: supra verba illa linea transversa ducta est. Voces vel sententiae omissae litteris d et h positis supplentur, quod in huius aetatis codicibus frequenter fieri vidimus. Praeterea hic illic in margine $\cancel{R}$ (χρήσιμον) et r (require) scriptum est.

In nova Prisciani editione M. Hertz Praef. p. XX huius codicis mentionem fecit, quem perperam saeculo XII scriptum esse putavit.

Fol. 43 in fine libri quinti versibus alternatim rubris et nigris scriptum est:

»Artis Prisciani Caesariensis uiri aeloquentissimi grammatici. Lib. V. finit. Incipit VI. feliciter. Scripsi ego Theodorus Dionisii U. D. Memorialis

Sacri Scrinii epistolarum et adiutor U. M. Questoris S. Palatii urbis Romae Constantinopolio Libro. UC.«

Fol. 87: »Artis Prisciani uiri dissertissimi grammatici Cęsariensis doctoris urbis Romę Constantinopolitanę pręceptoris mei liber .VIII. de uerbo explicit feliciter. Incipit ciusdem lib. VIIII. De generali uerbi declinatione.«

Fol. 120v: »Explicit liber .XII. de pronomine. Incipit liber tertius decimus. Teodorus memorialis S̄S̄. (*superscr*. id est sacri scrinii) epistolarum. et adiutor questoris sp̄i. scripsi manu mea. in urbe Roma Constantinopoli. Non. Feb. Mauortio consul.

Fol. 139v. in calce libri XVI: »Prisciani grammatici partes orationis de nomine libri .VII. de uerbo libri .III. de participio liber .I. de pronomine libri .II. de praepositione liber .I. de aduerbio et intericction liber .I. de coniunctione liber .I.«

Sequuntur f. 140 fragmenta duo, quae M. Hertz edidit in calce libri XI et libri XIV: »Pronomina — addebat finit. Paulisper — perniciter.« Ibi olim libri finis fuit; in averso folio quondam vacuo, manu saeculi XI ut videtur, scripta est FULGENTII **expositio sermonum antiquorum**, edita in Mythographis latinis cur. A. van Staveren p. 767—783: »Sandipilam *sic*) — delenifica. Fxplkekt fxefrptxm fxlgfntkk fpkseppk bdeblekdkxm grbmmbtkexm.« i. e. Explicit excerptum Fulgentii episcopi ad Calcidium grammaticum.

Inferius scriptura illa elongata, qua in privilegiis primus versus scribi solet, pictum est: »Subdiaconus Uolfridus malus est propter peccata sua.«

Foll. 141—169 manu alia, quae iam in praecedentis libri marginibus passim quaedam adnotavit, saeculi XI ut videtur, inaequali, atramento pallido, scripti sunt Prisciani libri XVII. XVIII. praemisso fragmento illo, quod ex hoc ipso codice M. Hertz edidit II, 107: »Flavius Lucius Theodorus .V̄D̄. memorialis sacri scrinii epistolarum et adiutor VM questoris sacri palatii scripsi manu mea astem (*corr. in* artem) Prisciani viri disertissimi grammatici doctoris mei in urbe Roma Constantinopoli. die quinto Kal. Mar. Mauortio .V̄C̄. pp. Vt uel — amare ut inter se.«

Prisciani librorum XVII et XVIII, qui hic in unum contracti sunt, nulla inscriptio est; sed in summa foll. 149 et 161 margine legitur: »Liber Prisciani de constructione.«

Et in fine: »Explicit liber .XVII. Prisciani V̄. D̄. grammatici de constructione siue de ordinatione partium orationis. Priscianus grammaticus Simmacho. (Fol. 170) Omente (*leg*. Omni te) Simmacho — culminis. De figuris numerorum. quos antiquissimi habent codices. Sciendum — duabus quam sunt.« Quae l. c. p. 406 et 407 leguntur; sed hic in media sententia et in media pagina textus abrumpitur. Loco versuum graecorum scriptum est ḠR̄.

Paginae ultimae manu quadam saeculi XIII vel XIV inscriptum est: »Evernandus solvit 2 geltas et dimid. de agris iacentibus in monte.

Gerlacus 2 (? geltas. Albertus et Otto 12 gelt, et dim. Helias 2 et dim. Sifridus et idem Helias duas et dim.«

CCI. (Darmst. 2182) membranaceus forma octava alta sed angusta, foliorum 71, saec. XI binis columnis eleganter scriptus littera admodum minuta. Frequenter lacunae occurrunt, ubi librarius de exemplaris lectione dubius fuerat; fol. 58v. tota pagina cum dimidia praecedenti vacua relicta est. Rubricator codicem non attigit, quem a nemine unquam lectum fuisse apparet.

Commentarius in Prisciani libros I—XVI.

Fol. 1 manu recentiori minio scriptum est: »Liber iste vocatur ars grammatica«. prima scilicet contextus verba, quae cum arcano quodam scribendi modo, tum macula postea illita obscurata sunt. Eorum forma haec est:

»L : b : r : st : u :: e . . . . t : c. ex quo nomine materia eius demonstratur. Gramma enim grece. littera latine interpretatur. Inde grammatica vel litteralis ars nominatur. quia de litteris tractat. Set quatuor diversis modis« etc.

Finis hic est: »Alię autem pene omnes. Pene dicit quia istę duę coniunctiones .et. atque. non possunt postponi nisi poetica auctoritate. Equidem, saltem, et alias huiusmodi preponere et postponere licet tam poetis quam oratoribus. Ast. autem. eiusdem sunt potestatis. copulatę scilicet atque. equidem. diversę sunt potestatis. Nam equidem approbativa est.«

CCII. Darmst. 2172, membranaceus. formae maximae, saeculo XI splendide scriptus, foliorum nunc 204.

PRISCIANI de arte grammatica libri I—VII usque ad verba c. 91 incipientis »ut hic senatus«. Excisa sunt folia. quae olim primum et tertium fuerunt, in quibus et praefationis initium usque ad verba c. 2 »vicia quecunque antiquorum«, et libri I initium usque ad verba c. 1 »litteralem vocem quasi« scripta erant. Utroque loco pauciora verba desunt, quam quae in ceteris singulis foliis leguntur; ex quo apparet, initia haec diligenter fuisse ornata. In fine quaterniones post XXVII reliqui desunt.

Glossae adscriptae sunt multae, quarum pars maior cum ipso textu descripta esse videtur. Excerpta quaedam damus App. XXI.

Graeca admodum perverse scripta sunt.

Fol. 112v. in calce libri quinti rubro scriptum est: »Artis prisciani grammatici cęsariensis. uiri eloquentissimi libri .V. corr. liber V^{tus}) id est quartus de nomine explicit. liber .VI. id est quintus de nomine feliciter incipit. Scripsi ego theru (corr. theodorus dionisii. uiri disertissimi me-

morialis sacri scrinii aepistolarum et adiutor uiri magni questoris sacris
'*corr.* sacri palatii. in urbe roma constantinopoli olibrio. VCS.«

CCIII. (Darmst. 2173) membranaceus forma quadrata, sacc. XIII, foliorum 85.

PRISCIANI libri XVII—XVIII, c. 157, usque ad verba: »gloriari student doctrine.« Quibus verbis multi codices terminantur. Margines ampli relicti sunt, sed passim abscisi. Glossae adscriptae sunt paucae; multis vero in locis plumbo notae adscriptae sunt, sed plurimae postea deletae: pars littera minutissima atramento repetita. Titulus in principio scriptus est: »Incipit liber Prisciani de constructionibus.«

Foll. 72v.—80v. Liber de accentibus eidem attributus, ed. Keil III, 519—528.

Foll. 81 usque ad finem DONATI: liber de barbarismo etc. ib. IV, 392 usque ad verba p. 400: »Perifrasis est circumlocucio que fit aut causa turpis rei celande. aut ornande que pulchra est. ut iam post (*sic* novo spar« . . . Reliqua perierunt.

CCIV. (Darmst. 2175) membranaceus in quarto. saeculi X, foliorum 226.

Ars grammatica, e Prisciani aliorumque operibus collecta, littera grandi et satis eleganter scripta.

Fol. 1v. rubro inscriptio posita est:
PARTIUM HIC TEXTUS
BREUITER DIGESTUS HABETUR.

»Grammatica est scientia recte loquendi et origo et fundamentum liberalium litterarum. vocata a literis. quas Greci gramma vocant« etc. usque ad fol. 24v. »quod producit penultimam.«

Caetera quae superant scioli supplere laborent.«

Litteris rubris maioribus additur:

»Primus hic accubitus tendat sua castra libellus,
Ut maiora doceus alius documenta sequatur.
In quo tardilegis veterum quos tedet alumnis
Multa manent breviter studio collecta laboris.«

»Comparatio est nomen intentionis« etc. usque ad fol. 202v. »non immerito preponuntur.«

»Incipit exceptis lector constructio verbis
Nominis et verbi reliquis in partibus istic.«

»Quoniam in supradictis de singulis dictionum vocibus eligantiora succincte discernimus« etc. Finitur f. 226v. verbis his: »Non enim potest duplex possessio construi sine genitivo possessivi.«

Quae adhuc restabant, manu alia, littera minuta, scripta sunt in libri pagina prima et in ultimae paginae extrema parte. Pertingunt usque ad Prisciani libri XVIII caput CXXXVIII. »Nominativum et dativum et abla-

tivum invenimus pro accusativo — Invideor tamen Horatius ponit in arte
poetica. Tu antem domine miserere nobis. deo gratias.«

In marginibus libri passim adscripta sunt excerpta quaedam alia eiusdem generis; glossae praeterea. ut e. g. fol. 59v. »Incolumis tractum est a columnis quae mortuis superponebantur. dictum quasi sine columnis. id est vivens.«

Fol. 85v. »cerimoniae sacrum Cereris vel lex frumentorum.« et in margine: »non ceremoniae ut quidam volunt a Cerere. dictae cerimoniae quasi carimoniae. quod his careat mortalis.« Conf. Isidori Origg. VI, 36.

Fol. 100 »Como id est capillo. unde comatus. capillatus. geharider.«

Addimus quae in Catalogo Hartzhemiano sequuntur de codicibus nunc deperditis:

CCV. chartaceus, alt. 11, lat. 8 unciarum.

Dictionarium pauperum clericorum, quo verba difficiliora Scripturae, etymologia. grammatica explicantur. De interpretatione. orthographia. accentibus varia adsperguntur.

CCVI. chartaceus. alt. 12, lat. 9½ unciarum.

Mammotrectus cum duplici prologo.

CCVII. chartaceus. **Orationes quodlibeticae, in Facultate Artium Coloniae habitae.** Prima a. 1483. quae fuit Iacobi de Stralen Vicecancellarii pro Salentino Isenburgico, ut in fine lego.

CCVIII. **Variae Orationes habitae in Promotionibus Universitatis Coloniensis.** Liber magistri nostri Henrici de Horse.

Sequuntur reliqui codices, in veteri catalogo non contenti, qui cum olim ad ecclesiam Coloniensem pertinuerint, cum illis quos Hartzhemius descripsit, redditi sunt.

CCIX. App. 1 (Darmst. 2140) membranaceus fol. min., saec. XIV. foliorum 8 et CLXI, quae manu antiqua numeris insignita sunt, cum aliis quatuor foliis, quae vacua manserunt. Manu viri docti, nescio an Hartzhemii, folio primo vacno inscriptum est: »Codex 145. Continet **Officium Canonicorum Ecclesiae Colon.** Scriptum a. 1260 a Ioanne Canonico Coloniensi de Arevilre. Olim 125.« Quae minus accurate dicta sunt. Nam in principio ipsius codicis fol. 2 ubi in summa pagina scriptum est »Dufahel« legitur **Tabula paschalis,** quae his verbis incipit:

»Anno domini .M⁰. CC⁰. lx⁰. Incepit hec tabula IOHANNIS **sacerdotis canonici Coloniensis dicti DE ARWILRE.** Que distincta est per rufas et nigras litteras alphabeti« etc. Ipsa vero tabula manu aliquanto recentiori scripta esse videtur. Sequitur foll. 3—8 **Kalendarium** saec. XIV, cuius primae paginae inscriptum est: »Spectat ad ecclesiam Coloniensem.« Annotationes quasdam saeculis XIV et XV adspersas App. XXII damus. Praeterea in ima folii 2 margine legitur Receptum quod vocant, Chuchiae vel Cuchiae conficiendae, saec. XV. scriptum.

Sequitur Officium illud, usu continuo nonnullis in locis detritum, his verbis incipiens: »Per modum infrascriptum unusquisque horas canonicas devoto legendas sic incipere potest dicendo: Pater noster« etc.

CCX. App. II (Darmst. 2178, membranaceus oct. vel fol. min., foliorum 151, saeculi VIII. Quaterniones nonnulli rubro distincti sunt, alii non; manus librariorum diversae. Litterae capitales multae piscium aviumque formis exornatae sunt, aliae opere quasi musivo. Primis in quaternionibus et aurum adhibitum est, sed male praeparatum, quod paene totum evanuit, materia quadam viridi remanente. In margine plurimis in locis positum est signum ☧.

Contenta libri in principio eius brevissime Knustius indicavit, qui etiam in Annalibus a Pertzio editis VIII, 628 eius fecit mentionem, sub n. 127, qui numerus manu nescio an ipsius Knustii tergo inscriptus est, mutatusque in 128.

Foll. 1—121. **Collectio Canonum Hibernensis**, de qua egit V. C. Maassen in libro: Geschichte der Quellen des kanonischen Rechts I, 877. Folio 1 inscriptum est: CANON DE DIVERSIS CAVSIS. Folio 2 textus libri incipit: »EPISCOpus nomen a greco ductum. os. sillaba. in us. convertens. quod latini. superspeculator. sive superintentor. dicitur.«

Finitur fol. 121v. »De eo. quod considerandum doctori quid cui quando qualiter loquatur. Gregorius ait. etenim doctor — dicunt mihi euge euge.« EXPLC. DEO GRATIAS. Amen.« Nec prologus adest, neque index capitum, nec divisio ulla librorum. Maxime autem convenire videtur cum codice illo Carnotensi, quem V. C. Schulte descripsit in Commentariis Academiae Vindobon. LIX. 158—160.

Foll. 122—151 alia legitur **Canonum collectio**, quae innititur THEODORI libro poenitentiali. »De homicidis vel adulteris vel furibus ut canones et lex romana constituit — repellentur ut arausicarum. finit.« Egit de ea V. C. Wasserschleben in libro: Die Bussordnungen der abendländischen Kirche (Halle 1851) pag. 35.

CCXI. App. III (Darmst. 2180 membranaceus oct., saeculi IX, foliorum 81. Manu recentiori inscriptus est numerus 183.

Fol. 1 manu saec. XV scriptum est: **Rara vocabula tocius biblie.** In altera eiusdem folii pagina vetus inscriptio est:

IN XPI NOMINE INCIPIUNT GLOSAE IN GENESIM.

»Prologus. idest prelocutio. Prohemium est initium dicendi« etc.

Glossae collectae sunt ex Commentariis Hieronymi, Ambrosii, Augustini, Cassiodori, aliorum; plurima ex Isidori Etymologiarum libro. Pauca quaedam, quorum originem non inveni, vel quae notatu digna videbantur. cum glossis teutonicis in App. XXIII proponuntur.

Fol. 77. Glossae in Apocalypsim finiuntur his verbis: »execratis. maledictis. detestabilibus. Sequitur GENNADII. ut fertur, **liber de ecclesiasticis dogmatibus**, qui legitur in Augustini operum edit. Maur. Tomo VIII App. p. 75—80. Sed initio quaedam est diversitas, ultimaeque sententiae desunt. Ita enim ibi scriptum est:

INCIPIT EXPOSITIO FIDEI.

»Credimus unum deum esse patrem et filium. et spiritum sanctum. Patrem eo quod habeat filium. Filium eo quod habeat patrem. Spiritum sanctum. eo quod sit ex patre procedens patri et filio coaeternus. Pater ergo — (fol. 83v.) mutabilitate prevaricatricis naturae.« Sequitur nulla distinctione facta: »Haec nomina fortium. si quis vult dispensare — XXVIIII. Iareb. XXX. Urias.«

CCXII. App. IV Darmst. 2326; membranaceus qu. mai., foliorum II et 170, saec. VII litteris quas unciales vocamus, scriptus, humore passim maculosus.

Collectio Canonum.

Liber accurate descriptus est per V. C. Maassen l. c. p. 574—585, quare singulis enumerandis hic supersedemus.

In folio primo vacuo inter alia scriptum est »In dei nomen hildibaldus«, quod cum ad Hildibaldum episcopum Coloniensem merito referri possit, codicem iam tunc ecclesiae Coloniensis fuisse indicat.

In fine huius codicis, in extremo folio 167v. scriptum est:

SIGIBERTUS: BINDIT. LIBELLUM.

id est ligavit. ut videtur. Cum libro quaternio primus deesset, reliquos XXI signavit; verum postea, ut apparet, perditus ille repertus est et cum ceteris coninnetus.

Annotationes in marginibus foll. 1v. 9. 14v. 15. 15v. 16 notis Tironianis calamo festinanti scriptae sunt. Praeterea saepissime positum est signum ℟, ut videtur — nam forma aliquantum discrepat — id est χρή ζημον, quod nonnumquam in litteram R linea transversa sectam transire videtur. Litterae capitales plurimae piscium figuras referunt. Quae in summa quaque pagina posita erat inscriptio, multis in locis bibliopegi cultro periit.

Fol. 10 locus qui omissus fuerat, manu aequali suppletus est. appositis signis illis iam saepe commemoratis. Sed cum alibi hd et hp posita videamus, hic h̄D et hS. i. e. fortasse »haec supple« vel »hoc scribe«, reperiuntur.

Fol. I verso librarius ineptus indicem canonum apostolorum admodum mendose scribere incepit, sed ultra c. 3 non produxit.

Folio quod nunc II numeratum est, inter columellas quasdam satis elegantes scriptus est index capitum, productus usque ad »LXIIII Can. Grangensis« (sic). Additi sunt numeri LXV—LXX, sed vacui.

Deinde f. 1 colore rubro et viridi inscriptio posita est: Incp̄ Prologus de canonibus scorum apostolorum. Domno venerando mihi patri Stephano Dionesins (sic). Quamvis carissimus« etc.

Fol. 108 legitur **Notitia provinciarum Galliae**, cui hic solum, quod sciam, praemissus est quidam quasi prologus. Damus eam App. XXIV.

Cum codice hoc nostro in fine coniuncta sunt folia duo, quae olim antiquioris cuiusdam codicis sacc. VI principium fuerunt. Praemissum est in folio 168, ut nunc numeratur, tabula, quam Maassenius edidit l. c. p. 967, sed non integram. Initio omisit signum illud ☧ quod hic positum Chresimon significare non potest, sed quod postea Chrismon depravato illo vocabulo dictum est, et invocationem divini nominis continere putabatur. Quod sequitur signum litterae R linea obliqua transfixae, Rubricam significat. Loco numeri VI positum est signum illud a Graecis sumptum, quod hic cifra expressi. Leguntur ibi haec:

»☧. R. In canonū apost.	tit̄ XX61	q̄ .I.
R. In canonū Niceni	tit̄ V	q̄ II
R. In canonū Osii ep̄i	tit̄ 6II	q̄ III
R. In canonū Cartagenensis	tit̄ III	q̄ IIII
R. It In cañ Cartaḡ	tit̄ 6II	q IIII
R. If In cañī Cartaḡ	tit̄ XLVI q̄ IIII	☧ It tit̄ LV Cart
R. In cañī Uasensis	tit̄ VII	q̄ V
R. In cañ Agatensis	tit̄ VI	q̄ VI
R. It In cañ Agatensis	t̄ XXXI	q̄ VII
R.—In cañ Arelatenēs	tit̄ L	q̄ 6III
R. In cañ Aurilianenss	tit̄ XXII	q̄ XIII
R. It In cañ Aurilian	tit̄ II	q̄ X6«

Sequitur **Pontificum Romanorum Catalogus**, qui olim substitit in Agapito papa, qui sedit a. m. Iunio a. 535 usque ad m. Sept. a. 536: deinde manu aequali deductus est usque ad Gregorium I. Catalogum hunc proponimus App. XXV.

In summa pagina 168v. scriptum est: »semper. idest ingiter. promo. idest berbo.« manu recentiori quidem, sed satis antiqua.

In folii 169 parte aversa manu saeculi VII scripta est Dionysii exigui praefatio altera, a verbis »inviolabilis permanens« usque ad finem, signo praemisso, quod ostendit, hanc in foliis sequentibus, quae iam dudum perierunt, fuisse insertam, sed propter spatii angustias hic suppletam. Finis est in extrema pagina: »compendium alequod adtolesse (l. attulisse) videamur. Expl̄e praefat.«

In folio ultimo, quod cum tegumento coniunctum est, manu saeculi

VIII vel IX scriptum est: »audite cuncti canticum almificum audite carmen canticorum cantica laudes resona angelorum cetibus de sponsa agni difusa per orbus folsita rosis et uallata liliis. Golies inezie preparantes prelium germine nobilis cula per manusancti dauiit sex sa in fronte limortis et indolens nobilis quis fecerit Benedictus dei filius dominus christus et meritans sacra uirgo sum« Quae quid sibi velint nescio; in fine abrupta esse videntur.

CCXIII. App. V (Darmst. 2336) membranaceus in folio, foliorum 143. In primo folio vacuo, quod ad ipsum codicem non pertinet, manu saeculi XV scriptum est: »Liber S. Petri Colon.« Liber, quem saeculo VIII tribuit Maassenius, ego nescio an septimi dicere malim, hibernico more scriptus est et ornatus; pagina prima tota miro artificio picta est. Scriptura est hibernica illa, quam semi-uncialem dicere solemus; sed in unaquaque pagina versus bini vel terni extremi alio litterarum genere, angustiori scilicet et magis acuminato exarati sunt ideo, ut paginae exemplaris quod describebatur, pagina ad amussim responderet. In fine libri Sigibertus ille, quem iam supra p. 93 commemoravimus, nomen suum posuit: SIGIBERTUS SCRIPSIT. Verum non hunc codicem eius manu exaratum fuisse, quam certissime affirmare ausim.

Collectio canonum,

de qua videndus V. C. Fr. Maassen in libro: Geschichte der Quellen und der Literatur des canonischen Rechts im Abendlande, 1, 509.

CCXIV. App. VI Darmst. 225³/₅, membranaceus in folio minori, foliorum 164, binis columnis saec. XIII ex. in membrana Italica scriptus. Compactus est ex fragmentis diversis iisque mutilis.

Postille super quatuor ewangelistas,

prout in medio libro fol. 93 manu aliquanto recentiori scriptum est.

Quaternione primo perdito, foll. 1—8 scriptus est commentarius in Matthaeum, e diversorum patrum dictis collectus, a II, 16 ad V, 2. »annum. et IIII. vel ibi. actu. ut dictum est. vel prosequenti causa aliam causam dilectionis habes in alia glosa. § 15 forsitan sollicitius id est solertius — In datione siquidem veteris testamenti audita sunt fulgura et tonitrua circa montem. et sonitus buccine. In«. Verbum »datione« quod tertii quaternionis primum esse debebat, in ima pagina scriptum est.

Sequitur autem alia manu scripta foll. 9—40 pars commentarii eiusdem a V, 24 ad XXVI, 19. »vitatem octo beatitudinum quia que subdita sunt post illam brevitatem sermonis — et fecerunt. preterit brevins quod.«

Foll. 41—144 quatt. I—XIII, sequitur alia manu scriptus commentarius in Marcum totum et in Lucam usque ad XXII, 42. In summa folii

.il margine scriptum est »Postille« et »Marcus«, deinde: »Spiritus assit nobis gratia.« »(Vidi et ecce quatuor quatuor quadrige — (f. 84v.) Marchus longe inferius. id est a predicatione Iohannis. De hoc habes Glosas. Nota quod Marchus« — nec plura; reliquum paginae spatium vacuum relictum est. Fol. 85: »(P.edes eorum pedes recti — G. in hoc mistice pater si vis. q. si est in beneplacito tue.«

Fol. 145 alia manu scriptus et novis quaternionum numeris signatus incipit commentarius in Iohannem usque ad VIII, 44: »(O)mnia poma nova et vetera — quia mendax est. et nondum est argumentum sufficiens.«

CCXV. App. VII (Darmst. 2192) membranaceus in folio, foliorum 279. marginibus passim truncatus et in fine mutilus, saeculo XII satis eleganter scriptus. Foll. 82v. 83r. Coena Domini turpi modo picta est, f. 88v. mulieres sepulcrum Christi visitantes. Folio 206 spatio vacuo inscriptum est: »Wilhelmus dei gratia sancte Colon. Ecclesie.« scil. archiepiscopus a. 1349—1362. Vir doctus quidam initio contenta codicis indicavit his verbis: »Cod. 154 olim 107. **Breviarium Franconicum**, forte Wurceburgense-Benedictinum« et quae sequuntur. Certe f. 119 Officium S. Kiliani ornatius quam reliqua scriptum est.

Praecedit **Kalendarium**, in quo practer cetera ad d. Id. Iul. scriptum est »Regensinde virginis«, et manu recentiori ad d. XII Kal. Dec. »Regentledis virginis et mart.« Quae apud Colonienses colebatur, nec desunt alia, quae mature hunc librum Coloniam venisse ostendant.

Sequitur f. 6v. »**Compotus beati Ieronimi Presbiteri**. Domino adiuvante dicturi sumus qualiter per radices et articulos, inflexiones et summitates digitorum sinistre manus interius et exterius omnium mensium inicia« etc. Quae Hieronymo perperam sunt attributa.

Fol. 10v. incipiunt Officia ecclesiastica cum notis musicis, quas neumas vocant. Deinde f. 209v. **Tonarius:** »Omnis cantus primi toni incipit in .C. D. F. G. cuius principalis tonus in .D. F. G. cantum suum inchoat. sicut in ipso tonario declarabitur.« etc.

Fol. 212v. »Incipiunt ymni quos poscit circulus anni. Primo dierum omnium« etc. Postremo a f. 217 sequitur **Psalterium**, manu aliquanto recentiori scriptum, in fine mutilum.

CCXVI. App. VIII (cuius codicis nulla in catalogo Darmstad. mentio) chartaceus foliorum 387, a. 1470 binis columnis scriptus. Rubricator operi suo defuit.

Folio primo inscriptum est manu satis recenti: »Liber hic pertinet ad Ecclesiam parochialem S. Laurentii in Colonia.«

Quarta pars Tractatus super Salve Regina, qui an editus sit nescio. Laudatur in eo practer alios Vincentius Bellovacensis. Incipit: »Hic est ultima huius cantici particula. In qua extollitur virgo beatissima a collectiva bonitate.« Terminatur his verbis: »dignitas et excellencia exprimitur per hoc nomen Maria. Et sic terminatur et finitur lectura ista super Salve Regina. Deus sit benedictus et gloriosa virgo mater eius Maria. Amen. Hic feliciter terminatur et accompletur quarta pars super Salve regina etc. Anno domini 1470 in die beati Benedicti.«

Asseribus tegumenti agglutinatum est folium membranaceum, quo Fridericus Romanorum rex Kal. Sept. a. 1444 in Nuremberge, Roberto de Newenar, advocato hereditario Coloniensi, examinandam committit causam, quae agitur inter Florenciam de Gaure, relictam Iohannis domini locorum de Sue et de Cauroy in comitatu Cameracensii (sic) et Amatum dicti Iohannis germanum.

CCXVII. ,Darmst. W. 5591/3) Liber in membranis magnifice impressus, in cuius tegumento anteriori legitur: »Ad Ecclesiam Metropolitanam Coloniensem.«

»**Missale Diocesis Coloniensis** de novo recognitum, adauctum quoque, et in alium ordinem redactum. Venditur Colonie in pingui gallina.«

In fine legitur:

»Missale ad usum diocesis Coloniensis, a variis mendis ad limam redactum: Atque impensis Francisci byrckman, in ampla Parisiorum Academia, a Vuolffgango hopylio impressum.«

1520.

In limine libri in quatuor foliis membranaceis insertum est Instrumentum publicum de a. 1525 Nov. 26., quo Degenhardus Vuytte, artium et iuris pontificii doctor, canonicus Coloniensis, memoriam sibi fundat ad altare S. Annae in ecclesia Coloniensi. In ima margine scriptum est: »Notandum quod solum octoginta floreni annuatim solvendi, empti sunt in usum horum trium officiorum, ut patet ex copia obligationis in fine huius missalis asscripta.«

Quae copia ibi inserta est in duobus foliis membranaceis.

CCXVIII. membranaceus fol. min., foliorum 217, saec. XI in membranis candidissimis elegantissime scriptus, auro et coloribus ornatus.

Hunc codicem beatae memoriae Iohannes Guilelmus Knott, parochus Heimerzheimensis, qui 17. Iul. 1872 obiit. testamento 19. Oct. 1869 facto, bibliothecae Capituli Coloniensis legavit.

Quatuor Evangeliorum codex.

Folio primo, olim vacuo, manu saeculi XII ut videtur, haec inscripta sunt: »Notum sit tam presentis quam futuri temporis fidelibus hunc librum sacrosancti euangelii, labore ac diligentia cuiusdam sacerdotis et monachi huius cenobii hoc parno sceinate decoratum, et sanctorum Laurentii mar. Pantaleonis. Mercurii. Leonis pp. sanctarumque uirginum XI. reliquiis uenerabiliter insignitum. Proinde omnibus hunc ipsum librum a presenti Linburgensi ęcclesia fraudulenter seu uiolenter abalienare nitentibus. uel in uadimonio exponere nolentibus. sanctorum quibus oblatus est offensionem. et dininam denuntiamus et optamus ultionem. quia et si sacrosancti enangelii codices auro uel gemmis ornati interdum solent innadiari. sancti tamen qui olim uincula et carceres pro Christo sunt perpessi. in scriniis feneratorum rursus dedignantur captiuari.«

Eiusdem argumenti inscriptio fuit in ultimo codicis folio, sed ea tam diligenter erasa est, ut tenuia tantum eius vestigia appareant.

Tegumenti asseres soli supersunt, quorum anteriori foramen inest, cui reliquiae illae insertae fuerunt. Codicem olim celebris abbatiae Limburgensis, in Spirensi dioecesi sitae, cimelium fuisse arbitror.

Fol. 2. »Incipit Epistola S. Hieronimi presbyteri. Beatissimo papae Damaso Hieronimus. Nouum opus — (f. 4) papa beatissime. Explicit Epistola S. Hieronimi presbyteri.«

»Incipit Prologus Quatuor Euangeliorum.«

»Plures fuisse — f. 6) acceclesiasticis niuis canendas. Explicit Prologus Quattuor Euangeliorum.«

»Incipit Epistola Eusebii presbyteri.«

»Eusebius Carpiniano — (f. 7, dixisse repperies.«

»Hieronimus Damaso papae.«

»Sciendum etiam — f. 7v.) beatissime papa.«

»Incipit Argumentum secundum Matheum.«

»Matheus ex Iudaea — (f. 8v., non tacere. Explicit Argumentum secundum Matheum.«

»Incipit Breuiarium.«

»I Natinitas — (f. 11) de baptismo. Explicit Breuiarium.«

Deinde foll. 11v.—17 sequuntur Canones, quibus Evangelia inter se comparantur, more solito scripti inter columellas satis eleganter coloribus auroque delineatas et exornatas.

Textus Evangeliorum picturis multis, pro illius temporis indole satis eleganter factis, ornatus est, quae pannis subtilissimis muniuntur, foll. 1Sv. 21. 22. 24. 31. 34. 35. 73v. 103v. 104v. 108v. 163v. Praeterea litterae capitales auro optimo, maiores etiam coloribus scriptae sunt, et in singulorum evangeliorum initiis totas pagellas occupant.

Fol. 204. »Incipit Capitulare Euangeliorum per circulum anni In nat. domini ad S. Mariam secundum Lucam — (f. 217) Cap. LXV. Item alia (scil. agenda mortuorum) secundum Iohannem. et turbis Iudeorum. Ego sum panis uiuus qui de celo. Usque recuscitabo cum ego in.« Quae ad urbem Romam et pontificem Romanum pertinent.

APPENDICES

I.

Codici VIII praefixum est folium, cui manu recenti inscripta sunt quae sequuntur.

Sigibertus rex vir inluster
... linms nos anno superiore pro remedium an. matris nostrae seu assidua beneficia qua viri apostolici patris nostri dom ...
.. qui nostri tam in ... quam in reliquis .... nostris ... strenuo ordine invigilare non cessant Villa cuius vocabulum est grib .... Brunechildae reginae vel postea a precelso avo nostro Chlotario seu domno et genero .... possessa ad Ecclesias Coloniense Domni Petri seu Metense Domni Stephani promartyris ubi suprascripti patres .... officium plenissima voluntate ad integrum concessisse modo suprascripti Pontifices suggerente quod Goti qui sem .... administrata villa aspexerunt et ibidem ad locis qui pro fisco et tempore egerunt et quaslibet causas vel conditiones potestate super eosdem egissent, et nunc a vobis vel a reliquis exinde abstrahantur ad to (*sic*) data presenti preceptione..... omnino debent ut cum vos missi memoratis Pontificibus venerint, vos vel reliqui de ipsis gotis ad agendum vel de quaslibet eos dili ... gentes ...... domno Chuniberto et Abbone Episcopis aspiciant et recurrant Et quidquid ad iudicis antedictis principibus se dediderunt h ... partibus suprascriptas Ecclesiabus aut agentibus ..... reddere et adimplere procurent.

Tabulae veteris, ex qua haec descripta esse apparet, fragmenta duo membranacea adhaerent tegumento codicis XI, quibus iunctis et a charta alteri eorum agglutinata solutis, versus quatuor non integri legi poterant, scripti pulcra aevi Merowingici manu, qualem ex regiae auctoritatis tabulis novimus. Sunt autem hi:

Lin. 1. Recolimus nos, anno superiore pro remedium anmae (*sic*) nostrae
   seu assidua beneficia, qua viri apostolici patris nostri dom.....
2. gni nostri tam in palatio quam in reliquis utilitatibus nostris strenuo
   ordine invigelare non cessant, villa cuius vocabolum est Trib....

Lib. 3. . . . . omni adiacentia sua, sicut a fisco Brunichildae reginae vel postea a precelso avo nostro Chlothario seu domno et gene-tor'e *nostro Dago-*
1. *bereto conce*)ssa ad ecclesias Colonense domni Petri seu Metense domni Stephani ptomartyris ubi s . . . .

Autographum sincerae fidei a bibliopego mutilatum fuisse adnotavit Iaffeus, qui verba inclinato charactere expressu ex coniectura supplevit. Rescriptum Sigeberti III esse patet, qui a. 632 Austrasiae rex factus, a. 656 obiit. Chuniberto episcopo Coloniensi per totum regni sui tempus ministro usus est; Abbo qui et Goericus vocatur, episcopus Metensis, circiter a. 628 Arnulfo successit. Ceterum ab interpretatione verborum in solo transcripto dubiae fidei nobis conservatorum, abstinendum esse duximus.]

II.

Codex XV in fol. 99c. continet horologium quod sequitur, umbrae ut videtur longitudinem indicans.

Incipit orilegius.

Ianuarius et December	Aprilis et Sebtember
ora 1 et 11 pedes 29	ora 1 et 11 pedes 23
ora 2 et 10 » 19	» 2 » 10 » 13
» 3 » 9 » 17	» 3 » 9 » 11
» 4 » 8 » 15	» 4 » 8 » 9
» 5 » 7 » 13	» 5 » 7 » 7
» 6 » » 11	» 6 » 5
Februarius et November	**Madius et Agustus**
ora 1 et 11 pedes 27	hora 1 et 11 pedes 21
» 2 » 10ª) » 17	» 2 » 10 » 11
» 3 » 9 » 15	» 3 » 9 » 9
» 4 » 8 » 13	» 4 » 8 » 7
» 5 » 7 » 11	» 5 » 7 » 5
» 6 » 9	» 6 » 3
Martius et October	**Iunius et Iulius**
ora 1 et 11 pedes 25	ora 1 et 11 pedes 19
» 2 » 10 » 15	» 2 » 10 » 9
» 3 » 9 » 13	» 3 » 9 » 7
» 4 » 8 » 11	» 4 » 8 » 5
» 5 » 7 » 9	» 5 » 7 » 3
» 6 » 7	» 6 pedem 1

a) octava c.

III.

Codex XIX foliis quinto et sexto glossas continet, manu saeculi IX admodum mendose scriptas, quae vel omnes vel magnam partem ad Bedae historiam ecclesiasticam Anglorum pertinent. Verba germanica litteris inclinatis hic sunt distincta; quae uncis inclusa sunt, editor addidit.

Accomodans. prestans.
Armonican. consonancia musice artis.
Austrina. meridiana.
Actuarius. *drifskiffon*.
Afer. Africanus.
Anguiculum.
A circio. nomen venti.
Arceretur. excluderetur.
Animositas. iracundia.
Ad mediterreanea. loca inter maria iacencia.
Apocrisiarius. legatarius, responsalis.
Anchorita. recessor ab aliis.
Angoribus. augustiis.
Adelinis. obliquus.
Ascia. silacus.
Ab euro austro. nomen venti.
Adridebat. placebat. vel *inthagenda*.
Austrare. ad austrum ire.
Anticipare. pervenire (*l.* praevenire).
Bruma. hiems. a brevitate.
Bornetuari. gens.
Brucosa. a bruco.
Coeleac. que testes habent.
Coccineus color. rubicundus.
Collega. socius.
Cohors. LX milites.
Carina. navis.
Camisia. *hemithi*.
Caucos. petre.

Conmilitanes (*sic*). equemilites
Calculator. numerator.
Ceroti. cornu. vel color.
Climiterium.
Compos. socius.
Carabdi voraginem, vertiginem, devoracionem.
Calculandi. numerandi.
Comete tue;
Delfin. selo.
Dirimebantur. separabantur.
Discrimine, periculo. vel separacione.
Divorcium. separacio.
Divum. deorum.
Debachando. furendo.
Destine.
Danai. gens.
Exsufflaverit. edixerat.
Edax. *ganagandi*.
Externas. alienas.
Expeditos, paratos. sive (*an* sine?) coniugibus.
Emporium. mercatum.
Exulans. *uuallondi*. in exilio.
Extonse. quod non est acutum.
Et tecti fenei. a feno.
Eclipsis. defeccio.
Extimplo. statim.
Emigranii. iuncturam.
Epitomate. supraseripcione.
Emigranum. dolor capitis.

Farus. signum maritimum.
Frondibus. ramis.
Feretrum. caballarium.
Frivoli. vani.
Favonio. (no men venti, quod ducit flores.
Fontes salinarum. ubi sal efficitur.
Grassantis devartantis (*sic*). vel occidentis.
Hesperium. Italicum.
In contiguis. in propinquis.
Ifsicium. esox.
Instinctu. ammonicione.
Inprobitate. inportunitate.
Indere. inmittere.
Inpune. sine pena.
In auspicium. felicitatem.
Infulas. genus indumenti sacerdotalis.
Infaustus. infelix.
Inter medendum.
Internus testis. interior.
In margine dextro. in ripa.
In trocleis. genus tormenti.
Idros. serpens aquatitus *sic*.
Lacessitus. provocatus.
Litigio. contencio.
Luridoniensis. *longunin*.
Lentis febribus. moderatis.
Lena Anciriana. id est

tussia. genus vestimenti.
Lustra ferarum. circuitus.
Limpidus. purus.
Lingua Pelasga. Creca.
Maria. gessoria.
Madidus. humidus.
Metecursus. mensuratas.
Northanimbrorum. quedam pars Anglorum.
Nomisma.
Naso adunco curvo.
Naddit.
Naviter. velociter.
Opima. fecunda.
Ocius. cicius.
Obrutum. *biuuorfan*.
Obsecundare. hobedire.
Ovum glaniacium.
Obstinacionis complices. contrarietatis socios.
Promontoriorum. *uzskiezandero*.
Prefectus. comis.
Pretorium. palacium.
Palustri arundine. a palude.
Pernicitas. velocitas.
f. 5. v. 1. Poplite. geni.
Prerogativam. donum ante meritum.
Parsimonie. qui parce vivit.
Plect(r)o. unde percutintur *thara*.
Pertenui. valde tenui.

Parietum.
Perpetis corone. perpetue.
Perciminens. precellens.
Promeremur. proferemus.
Propaganda. dilatanda.
Redibitos. representatos.
Residens sub divo. sub celo. ubi tectum non est.
Reuma. humor.
Remotus locus. secretus.
Ruderibus. stercoribus.
Rancor. longa ira.
Rugini. nomen gentis.
Rebar. estimabam.
Rima.*thurachgilaz durio*.
Sollerter. prudenter.
Septemtrion. in aquilone.
Stadium. octava pars miliarii.
Sucinum. genus pretic.
Sudibus. palis.
Sumptus. *giciuh*.
Secundis flatibus. prosperis. tribunita (sic) potestas. que super milites esse videtur.
Spectator. speculator.
Suenm. suo.
Sequest r)antur. separantur.
Sicarius. qui cum sica bicipite aliquem percutit.
Sica. arma quedam biceps.

Stipites. *sebouma*.
Sarcofagus. carnem manducans.
Sub unde mortis.
Sopiverit.
Sinfari. maritimi signi.
Summiam. *spuniruns*.
Simbolum. conlacio. sive signum.
Sinaxeos. hore.
Stemmate. corona.
Scabredine. asperitate.
Scilla. petra in mare periculosa.
Tropolitanus. a tribus civitatibus.
Tugurium. parva marsio.
Turbo turbinis. procella et predo.
Tragica cede.
Theca. custodia.
Trabium. *balcono*.
Tedis. linamentum.
Tirio. purpureo colore.
Viva voce. id est non scripcione.
Venustus. honestus.
Vandali. a quibus Unascones.
Uncinata. que uncinos habet. id est *craffon*.
Virgeorum. a virgis.
Vernant. virescunt.
Uspiam. in ullo loco.
Vallata. circumdata.
Veternus. antiquus.

IV.

Codex XXXV saec. IX f. 224r. hymnum exhibet, quem hic sistimus.

1. Gratuletur omnis caro nato Christo domino,
qui pro culpa^a) protoplasti^b) carnem nostram induit,
ut salvaret, quos plasmavit Dei sapientia.

2. Verbum patris caro factum nascitur ex virgine,
non amissa deitate, formam servi suscipit^c),
ut peccatum de peccato damnaret omnipotens.

3. Magnam valde commendavit per Iohannem gratiam,
baptizatus in Iordane lavit mundi crimina,
ut credentium purgaret gentium piacula.

4. Quem vox paterna vocavit^d: "Ecce meus filius,
in quo conplacuit, dilectus, caeli terrae dominus:
ipsi^e) gentes oboedite, regesque subdimini."

5. Qui venit surdis auditum, caecis visum reddere,
claudis gressus restaurare, mortuos viviscere,
paraliticos sanare^f), demonesque pellere.

6. Leprosos quoque mundare, morbos omnes tergere,
fluctus maris mitigare, ire super latices,
et ignota demonstrare saeculis miracula.

7. Nam se^g) sponte immolare voluit pro omnibus,
colafis sputis infectus, coronatus sentibus,
lignoque clavis confixus in crucis patibulo.

8. Hoc in ligno vitis vera^h, pinguem botrum protulit,
ex qua nobis manaverunt sacramenta maxima:
sanguis roseus et aquae, que libantur mistice.

9. Mersus traxit victor antriⁱ) tetri laetus tartara,
terra tremuit ab imo, crepuerunt marmora,
et multorum tunc sanctorum surrexerunt corpora.

10. Virus^k) pepulit chelidri^l) et momordit inferos,
patriarchas captivatos longum post exilium
ab inferno liberavit, paradysum transtulit.

11. Claustra cetea disrupit et concussit tartara,
terra-tremuit ab imo, crepuerunt marmora,
et multorum tunc sanctorum surrexerunt corpora.

12. Exultate nationes plauso cordis intimo,
quia vicit leo fortis draconem pestiferum;
passus est et resurrexit cum triumpho nobili.

a) qui^a culpā c.   b) protoplausto c.   c) suscepit c.   d) vocat c.
e) ipsum c.   f) mundare c. (cf. versum sequentem).   g) et c.   h) vere c.
i) antrix c.   k) verus c.   l) illtri c., pro quo Iaffeus scripserat colubri.

13. Sedem caeli repedavit[a], dextra Patris residens;
inde creditur venturus in die[b] iudicii,
mundi molem inflammare, impios exurere.

14. Reddere sanctis mercedem digno de[c] certamine,
qui precepta servaverunt testamenti gemini[d],
ut effecti cives dei, socientur angelis.

V.
EX CALENDARIO COLONIENSI COD. XLV.

Quae in Calendario cod. XLV. fol. 8—15 manus prima medio saeculo decimo scripsit, litteris erectis damus, quae vergente eodem saeculo altera addidit, inclinatis; ea tantum, quae de Heinrico imperatore et Cunegunda inserta legimus, manu tertia addita sunt.

18 Kal. Febr.	Thiotmar comes	
8 Kal. Febr.	Idit regina	946
7 Id. Febr.	Huc	
5 Non. Mart.	Et obitus Cunegundae imperatricis	1033
7 Kal. Apr.	In Vuirduna sancti Liudgeri	
6 Kal. Mai.	Adventus sancti Liudgeri episcopi	
Non. Iun.	Bonifacii archiepiscopi cum aliis XII martyribus.	
3 Id. Iun.	obiit Evergerus archiepiscopus	999
6 Non. Iul.	Dedicatio sancti Otmari	
3 Id. Iul.	*HEINRICUS IMPERATOR OBIIT* .	1024
Id. Aug.	sancti Wigberti.	
15 Kal. Oct.	Landberti episcopi et martyris et Huperti.	
5 Kal. Oct.	Dedicacio eclesie sancti Petri in Colonia.	
5 Non. Oct.	In Colonia duorum Euualdorum.	
6 Id. Oct.	Sancti Gereonis et aliorum CCCXVIIII in Colonia.	
5 Id. Oct.	Gundolf laicus.	
2 Id. Oct.	Dendae sanctimonialis[e].	
Id. Oct.	Vigilia sancti Galli. Coloniae sanctorum Maurorum.	
17 Kal. Nov.	Deposicio sancti Galli confessoris.	
	et Lulli. et Elifii mart. in Colonia.	
16 Kal. Nov.	Dedicatio basilicae sancti Galli.	
12 Kal. Nov.	Sanctarum virginum.	
	XI mil. in Colonia.	
10 Kal. Nov.	Octava sancti Galli. Severini confessoris in Colonia.	
9 Kal. Nov.	Goaris conf.	
8 Id. Nov.	Willibrordi.	
6 Id. Nov.	Willehadi.	

a) repetavit c. b) diem c. c) di c. d) iemini c.
e) sm c.

2 Id. Nov.   In Colonia Cuniberti confessoris.
17 Kal. Dec. vigilia sancti Otmari abbatis.
16 Kal. Dec. depositio sancti Otmari.
11 Kal. Ian. In Colonia Gregorii martyris.

VI.

In codice XLV saeculi X, foliis 17v. et 18, leguntur versus de psalmis Davidicis, quos hic damus; quorum ultimi Floro debentur, nimirum docto illi diacono Lugdunensi. Eorum vv. 1—2 et 17—42 e codice Ambrosiano edidit Vallarsius in operibus Hieronymi Vol. VII, II p. XIV, omnes L. A. Muratori ex eodem codice Antt. Vol. III p. 856. Scripti sunt ad Eloradum quendam abbatem; A. Mai autem in Novae Collectionis Vol. III, 2, 251 edidit eiusdem Flori epistolam commentario praemissam ad Hyldradum abbatem, qui idem esse videtur, Novaliciensis scilicet monasterii abbas. Haec epistola cum aliis duabus inserta fuit Chronici Novaliciensis libro quarto, et commemoratur in argumentis partis eius libri perditae,
Monn. Germ. SS. VII, 107.

    Hic citharista sedens David rex atque propheta,
    Mistica dulcisonis depromit carmina fibris,
    Cuius ab ore sacro resonabat fistula flatu,
    Reddens mellifluum dulci modulamine cantum.
5 His in carminibus Dominum sonat undique mundus,
    Vespertinales mittens super aethera voces,
    Dumque matutinas persolvit carmine laudes,
    Hoc quoque Davitico ponit modulamina cantu.
    Faucibus oro tuis sint haec quoque dulcia lector.
10 Horum si dulces semper gustare sapores
    Eligis, ad vivum poteris pertingere fontem [a].

Fol. 18. Psallere qui docuit dulci modulamine sanctos,
    Noverat iste decem legis qui verba dedisset.
    Quot digitis, cytharam cordis totidemque dicavit:
    Nomina vel signum, numerum crux ipsa notaret.
5 Credere quid dubitas? Virtus regit omnia Christi,
    Qui varias iunxit uno sub carmine linguas,
    Ut pecudes volucresque Deum cognoscere possint.
    Sic sonus est fidei, mentes qui mulcet amaras,
    Sic creatura prior tanto pro munere gaudet:
10 Offerat in Domino, salvet quos gratia vocis.

  a *superscriptum est* id est Christum.

Nunc Damasi monitis aures praebete benignas.
Quique*a*) sitit, veniat cupiens haurire fluenta.
Inveniat latices, servant qui dulcia mella.
Sordibus expositis purgant penetralia cordis:
5 Cor quoque cum renovant, Christo servire parati,
Prophetam Christi sanctum cognoscere debes.
Pastorem puerum, multis de fratribus unum,
Angelus ex ovibus rapuit regemque dicavit.
Organa qui sciret manibus componere solus,
10 Psallere per cytharam populo caelestia regna,
Ingentem clipeoque gravi frustraque minantem,
Impia maledicum faleras et tela gerentem,
Surdorum demens coleret qui templa deorum,
Iactavit saxo teriti truncumque reliquit,
15 Indicioque Dei ingenti mox cede peracta,
Monstravit populis, tuleratque ex hoste trophea.
Haec Damasus scit, sancte, tuos monstrare triumphos
Hos ergo Hieronimus scripsi de paupere sensu
Veridicos Damaso versus*b*); vale pastor alumne.

Hos citharista puer lyricis concentibus ymnos
    Edidit in laudes, o bone Christe, tuas.
Egregius vultu, forma speciosus amaena,
    Viribus invictus, moribus almificus,
5 Numinis*c*) aetherei plenus, [sacro] modulamine doctus*d*),
    Inclitus aeterni rex sator imperii,
Quo*e*) cadit horrifici moles truculenta Philistei,
    Saxo fusa levi, trunca mucrone sui.
(U)rsorum rabies, feritas insana leonum
10   Sternitur et fracto gutture victa*f*) perit.
Cedit*g*) et obsesso fugiens e pectore demon,
    (C)omprimiturque pio regius ore furor.
His igitur modulis larbalia monstra*h*) fugantur,
    Vincitur hostis atrox, crimina dira ruunt.
15 Artubus auxilium, menti venit alma medela,
    Mors, morbus*i*) fugiunt, vita, salus redeunt.
Iugibus idcirco precibus cantuque perenni
    Haec, pater, ex vestro personet ore lyra,
Qua prisci cecinere senes, quos maxima Nili
20   Hostia et alticrepi horruit*k*) unda sali,

---

a) quisque c.   b) versos c.   c) Humilis codex; emendationem et hic et in sequentibus praestitit cod. Ambrosianus.   d) versus uno pede abundat; in Ambros. est: sacro ore melodus.   e) Cui Ambr.   f) vita Ambr.   g) Redit c.   h) montra c.
i) morbi Ambr.   k) ita Ambrosianus; alte crepit horret et c.

Quamque*) sacer longi corruptam erroribus aevi
Reddidit antiquo Hieronimus decori,
Ingenio cuius pulchris instructa sagittis.
Stellarum rutilo tota b) nitore micat,
25 Quas studiosa manus multi c) sudore laboris
Restituit priscis, te rogitante, locis.
Namque per incultas errat dum lubrica palmas
Dulcis et ambrosio tincta liquore lyra.
Perdiderat fulvi radiantia signa metalli,
30 Texerat et furvo d) fila canora situ.
Sed tamen Hebraica rursus ratione polita,
Ac e) simul Argolica denuo picta manu,
Mellifluas caeli spargens trans sidera voces,
Concrepat angelico carmina sacra sono.
35 Nunc cape correctum f) gratanti corde volumen,
Utque g) ita permaneat, da, pater, oro operam.
Nullus enim fructus conamina nostra sequetur,
Erasis h, viciis qui bona subdidimus,
Si i) vigil atque sagax studio, pater optime, vestro
40 Non servet scriptor, que modo recta manent.
Iamque vale, Florique tui sine fine memento,
Ut valeat culpis ipse carere suis.

VII.

In codice LII f. 177v. manu saeculi X scripta de organo haec leguntur:

Diaphoniam seu organum constat ex diatesseron symphonia naturaliter dirivari. Diatesseron autem est per quartanas regiones suavis vocum commixtio. Ergo ex hac conlatione una quidem principali lege producitur, ut in quartanis locis vox voci resultet, altera autem ut in plerisque particulis ad finem sese voces diversae coniungant, videlicet ubi cola in finali rectore consistit vel in lateralibus eius, id est in subsecundo ipsius aut in supersecundo. Verum ut in finalitatibus vox ad vocem apte convenire possit, tertia quoque lex accedit, quatinus ubi colon vel commatis positio ad finalem usque rectorem descendit seu in alium ex praedictis lateralibus suis organum inferius descendere non possit quam in illum usque sonum, qui a finali rectore fuerit subsecundus. Unde fit ut plerumque hec lex tertia primae legi obviet et hoc obstante limite organum non semper quartanas regiones optineat. Preterea organum tres sibi sedes constituit, ut sit organum medium, organum superius, organum inferius. Medium vocatur organum, quod moratur circa finalem rectorem; organum superius, quod circa

a) Quaque c.   b) toto c.   c) multo c.   d) fulvo c.   e) Hac c.
f) correptum c.   g) Atque c. *Quae omnia codicem Ambr. secuti emendavimus.*   h) Erasis c.   i) Ni . . . , Conservet Ambr.

socialem eius superiorem, organum inferius, quod circa socialem eius inferiorem. Constant singula autem organa eodem legum iure. Est interdum ubi deficientibus naturalibus spaciis tertiana et secundana etiam conlatione per quedam membra abusiuum organum ponimus. Poscit autem semper organum diligenti et modesta morositate fieri et honestissime sacris canticis adhibetur.

VIII.

In codice LXX saeculi XI folio 203 haec leguntur de Georgio patriarcha Hierosolymitano, qui Caroli Magni tempore illi ecclesiae praefuit.

De plaga quae facta est in Hierusalem eo quod dominicum diem non obseruauerunt.

In diebus Georgii patris summi fuit plaga magna facta in Hierusalem super Christianos et Saracenos et Iudeos. Primo anno uenit terraemotus a pascha usque in pentecosten cotidie tribus uicibus et ex ipso terremotu fuit tribulatio magna. Secundo anno uenit locusta et brucus, innumerabilis multitudo, et comederunt omnem fructum terrae et omnes cortices arborum et folia usque ad radices earum. Tertio anno uenit mortalitas, ita ut per unam portam Hierusalem exirent corpora hominum inter uiros et mulieres et paruulos LXXXVI. Quarto uero anno fuerunt interfecti circa Hierusalem propter unam cucurbitam de una parte LXXX, de alia uero parte LX homines. Quinto uero anno fecerunt Saraceni praedas per uillas et per monasteria et praedauerunt Iordanem et tria illa monasteria, et sancti Sabe monasterio monachos C plagauerunt, XXIV igne cremauerunt; et illo anno fuit siccitas magna et pro ipsa siccitate coeperunt Iudei laetaniam et postulauerunt pluuiam et uenit siccitas maior, ita ut homines mori putarent. Ut uiderunt Saraceni quod Iudei impetrare non potuerunt, coeperunt et ipsi eorum facere laetaniam, et uenit grando et tempestas. Tercia autem uice fecerunt Christiani triduanum ieiunium et misit deus pluuiam. Post haec uidit unus per uisionem angelum dei ad se uenientem, qui dixit ei: »Ista tribulatio et ista plaga uenit super homines eo quod dominicum diem non obseruauerunt.« Deinde ipse seruus dei uenit ad Georgium patriarcham et indicauit ei sicut illi reuelatum fuerat. Tunc quoque domnus patriarcha ascendit in ambonem et iussit custodire diem dominicum a uespera usque ad uesperam, et qui non custodiret eum anathematizaretur. Tunc ceperunt populi diem dominicum obseruare et uenit abundantia super terram.

EXPLICIT.

IX.

In codice Coloniensi LXV saeculi VIII cum libris S. Augustini de Civitate Dei descriptae sunt notae plurimae marginales admodum mendosae, ex quibus paucas quasdam selectas, quae aliquam utilitatem habere videbantur, hic proponimus.

f. 9 ad libri I cap. X § primae verba »*habentes autem rictum et tegumentum, his contenti simus.*« Legant hii qui inquiunt: quis tu qui mici hista prodices *(leg.* michi ista praedicas)? non meus sacerdos, non meus doctor etcetera.

f. 9 verso ad eiusdem capitis § sec. verba »*Non contemnendo veracissimum praeceptorem, et thesauri sui fidelissimum invictissimumque custodem.*« O divites qui timidi de vestra estis opulentia, demonstrantem vobis Agustinum aut gazofilatium intendite, ubi vestras recondatis opes, ubi fur at *(leg.* aut) tinea accessum habere nesciat.

f. 11 ad libri I cap. XII § primae verba »*et timeri debere post mortem ne corpus occisum sepeliri non sinant.*« Legenda haec pagina illis qui insepultos suos mortuos flent.

f. 14 verso ad libri I cap. XVIII § sec. verba »*obstetrix virginis cuiusdam integritatem . . . . perdidit.*« Nihil officit virginibus sacris qui *(sic)* non sua sed aliena polluuntur libidine, multas enim nostris temporibus a barbaris hoc pati videmus, in quibus virginitatis perseverantiam inesse non dubitamus.

f. 15 verso ad libri I cap. XIX § sec. verba »*ambo adulterium commiserunt, unus manifesta invasione, altera latente consensione.*« multequa (multae cum?) dominis suis taliter faciunt, et cum deactate *(sic)* fuerint, dicunt se ab eis invasas esse, qūū (quando?) hoc non solum invasione sed latenti faciunt consensione.

f. 16 ad eiusdem capitis § tertiae verba: »*Non hoc fecerunt feminae christianae.*« Consolatio illarum mulierum quiab hostemte *leg.* quae ab hoste invitae) vim patiuntur.

f. 22 verso ad libri I cap. 31 verba »*quanto studio iste ab urbe Roma ludos ipsos scenicos abstulisset.*« Luda scenica dicuntur quae pro comedios striones, temelicos, et mimos, prouoces saltationes libris organis vel variis artibus agitur. *Quorum emendationem legentibus relinquimus.*

f. 25 ad libri II cap. tertii verba »*proverbium: pluvia defit causa christiani.*« Hoc proverbium etiam nunc adversus christianos proferunt.

f. 28 verso ad libri II cap. octavi verba »*comoediae scilicet et tragoediae.*« Comedi sunt qui privatorum hominum acta dictis actis *(leg.* atque) gestu cantabant atque stupra virginum et amores meretricum in *(add.* suis) fabulis exprimebant. Tragoedi sunt qui antiqua iesta vel facinora sceleratorum regum luctuoso carmine spectante populo concinebant. (Isidori Origg. XVIII, 46. 45.)

f. 29 ad libri II cap. noni verba »*non tantum hominum, rerum et ipsorum deorum in scaenicis parabolis (correctum est: scenicis fabulis*).« De scenicorum turpitudine dicit, qui non solum mortuorum hominum sed etiam vivorum et deorum dearumque acta turpia in teatris publice decantabant.

f. 29 verso ad libri II cap. undecimi verba »*poetarum et histrionum.*« Striones sunt qui muliebri indumento gestos (*leg.* gestus) inpudicarum feminarum exprimunt (*leg.* exprimebant). Hi autem saltando etiam istorias et res iestas demonstrant (*leg.* demonstrabant). (Isidori Origg. XVIII, 48.)

f. 30 verso ad libri II cap. 13 verba »*quos enim coli minime deceret.*« Dignum legenda istoria libri huius Gassiae inlustri viro, ob roborandam fidem eius, qui nostris temporibus tanta fertur diruere simulacra gentium nuasconorum. *ib. ad verba, scaenicas turpitudines.*« Quid sint scenice turpitudines supra auricula bi lege, si vis.

Notas a correctore appositas petenti mihi V. D. Theodorus Sickel explicavit. Folio 11 verso ad verba (I, 12, 2) qui non habetur. Nam notatum est hic aliter distribuas, emendatumque habet urnam. *Folio 87 (V. 3) ubi verba illa bis mutata erant in illa ab his, iubente correctore bis melius vera lectio restituta est. Folio 168 (IX, 9) scriptum erat* Quum enim, *quod correctoris iussu in* Cum *mutatum est; ibidemque ad Sallustii nomen adscriptum:* per unicum l. *Folio 150 scriptum esse videtur:* usque hic libellus relectus est a (?* robinis, *quod quidem verbum per litteras est expressum. Praeterea notatu dignum est, quod verbis libri III cap. X* regnante Numa *recte scriptis adiectum videmus folio 48 verso litteris usitatis scriptum:* non num sed numa. de hoc si vis supra in XIIIIa folia lege. Vide diligens lector menias (*sic*) scriptoris, qui ubi debuit facere Numa, quod nomen regis romançe urbis, fecit Num, cum positura partiens secundam eius sillabam .ma. Quis non in talem (*sic*) scribture dissipatione sensu turbetur. ipse considera quantum inuitiatur (*sic*) verborum extitit qui divisor sillabarum fuit.

X.

In codice LXXXI, qui Prudentii carmina continet, glossae occurrunt saeculo XI, quo codex scriptus est, antiquiores. Ex his germanicas omnes, aliarum paucas tantum damus. Quae tecta scribendi ratione permutatis inter se litteris scripta sunt, C. Bartschii collegae amicissimi ope liberaliter adiuti transscripsimus. Interim vero, postquam haec scripsimus, glossas illas edidit E. Steinmeyer in annalibus qui inscribuntur: Zeitschrift für deutsches Alterthum XVI, 94—107.

Cathemerinon liber.

Praef. 10. lascina. geidelosa.   fol. 2.
          proternitas. farzartheit.
  11. petulans. ungestuoma.

Praef. 14. male pertinax. cinstridigo.
   15. studium. unillo.
I v. 13. strepunt. chrathement.
  14. culmine. firste.
  43. tenebrarum situ. thichi.
II v. 21. uersuta. hinterserenchiga.   fol. 3.
  32. nugator. bpsfri (boseri .
  33. senernm. grauiter. gethigeno.
  42. classicum. heribouchan.
  74. luctator. geringo.   fol. 4.
III v. 18. seria. gethigeni. *et in margine:* gſthigenhfkdi gethigenheidi).
      gethigfufr (gethigener). Serius. seria. um. g : th. g i n -
      h : kt (gethigenheit). Serium id est ipsa res.
    ludicra. spil.
    uerba. gecosi.
    iocos. lahter.
  42. pedicis. fuoz trohin.
  43. glutine *corr.* gluttine. *in margine:* glutten. lim.
  69. coit. gerinnit.   fol. 5.
  70. calatho. casicar.
  71. thymo. binisuga.
  82. flatibus. balgen.
    fidibus. seidon.
  97. madido. fûttemo.
  112. illicit. besueih.
  120. dedecus. honitha.
  130. suspiciat. timeat. unithersehe.
  152. domat. thoubot.
  153. inexplicitis. muerstrahten.
  180. icenr. lfn : rb lenera .   fol. 6.
  203. sarcofago. lichcar *corr.* char .
IV v. 12. perdomitor. thuonare.
  22. uapore. thouue.
  39. illapsis chomenen.
  41. expolita. fieloten.
  91. saporus. gfsxbhhafter gesuahhafter). *sic!*   fol. 7.
  97. insolens. nngestuoma.
V v. 3. ingrnit. anauallit.
  15. scirpea. biniz.
  18. linteolo. kerzstbllf kerzstalle .
  20. stuppa. chariz.
  59. hospita. gast.
  73. praecipiti. gaerouerdi.
  118. desudata. uzflozzenda.   fol. 8.
  123. modulis. leihchin.

V v. 147. temo. thihsla.
VI v. 140. praestigiator. serato. fol. 9.
116. liquesce. ffr x.n (fersnuint *ut videtur*).
VII v. 62. hirtis. ruen.
63. setis. burston. fol. 10.
86. insolenti. ungestnomero.
98. nugas. gebose.
100. substitit. gestulta.
119. offam. balla.
129. pumices. feima.
152. setasque. raginna.
153. impexa. ungestralit.
158. lapillos sutiles. thxrgbprbdun (thurgapradun'.
164. eunulae. uuagnn.
166. armentalium. hie et haee armentalis. sneiklih.
VIII v. 39. aprieo. sunnelium. fol. 11.
42. lappis. eleithon.
59. eratem. erates idest hurt.
IX v. 95. insueseeret. geuuenidi. fol. 13.
X v. 102. carpet. zuehot. fol. 11.
108. luet. ingildit.
141. cariosa. uurmazzie.
XI v. 34. nenias. funebria earmina. idest skfsxn (siesun,.
XII v. 199. rasum. gfsebxbn (geseauan). gfslkstlh (geslistlih?). [fol. 16.
dolatum. dolatura. idest bbrdo (bardo). inde uerbum dolo.
dolas. idest lechx ,lechu). lechx *potius legendum foret,
si ferri posset.*

Peristephanon liber.

I v. 42. defugas. de fuga. gae. flx . . . .
55. bipennem. bardb (barda).
74. inuidentur. erbunnen.
V v. 61. ungulae. elbmppn *corr.* er. 'crampon'. fol. 17.
70. follibus. bflgkn (belgin).
124. lacertorum. muse. fol. 18.
177. callum. duritia. suil.
199. bitumen. elfif 'eleie).
217. regula. éfin (eein).
221. rogum. saecheri.
227. punctis. blateron.
230. chauterem lauit. polz nazta. hie chauter. idest bpllp (bollo).
252. dinaricatis. zeseranten.
258. impolitis angulis. xngeefnpten eindkn (ungeefnoten eindin .
271. stipitis. stoehes.

V v. 316. conclauc. keminadu. *et in margine:* hoc conclauc. fol. 19.
   idest gkxxelui etho (giwelvi etho) *quae praecedere debebant vocem textui superscriptam. ut videtur.*
   457. sparteus. suertellin.
   458. culleus. chorp.
   469. funale. scilin.
   519. auram. chnoli.
   531. serram. segun.   fol. 20.
   551. ungulas. cramfou.
   552. stipitem. stoh.

II v. 14. Cossi. Cossus Affrorum lingua rugosus. a ruga. idest
   serxut islp (seruntislo) dicitur. Camillus ingenuus fertur.
   55. massis. gegozzan.
   56. monetae. percussura deñ. idest muniza.
   77. praedia. cigant.
   84. nudare. gearman.
   89. publicus. frono.
   190. rudera. arizi.   fol. 21.
   230. lepra. misalsxh (misalsuh).
   231. claudicat. henchit.
   254. prurit. chuzilot.
   255. scalpit. skebit.
   258. strumas. chelea.
   264. morbo regio. kelesut. *in margine:* golpmbsxh (golonasuh).
   282. muculentis. ruzzegen.
   283. mentum. chinni.
   317. furcifer. fuorscbltfrk (fuorscalteri).
   324. aeroma. sppt (spôt).
   474. quandoque. npeunbnue (noewanue).   fol. 22.
   557. uideor. mihûnkit.

XI v. 57. ungula. crafo.   fol. 23.
   63. unco. craf.
   107. instigant. stouptun.
   153. pomaria. idest domus pomorum. pomerium. idest   fol. 24.
        bpxngbr (bonngar).
   167. subterranea. erdhus.
   186. speculum. spkfgal spiegal).
   225. tribunal. lector.

XIII v. 77. calce. cale.   fol. 25.
XII v. 7. palus. strxph (struoh).   fol. 26.
   32. canens. canco. nes. canui. xxkzpn (wizon). grbxxpn (grawon).
   36. fluctnet. sneuo.
   40. musci. mies.

XII v. 42. lacunar. himilici (sed ultima littera propter attritum eo loco
membranam incerta est.
61. pontis. brxccx (bruccu).
IV v. 42. ferculum. fuora.
157. Ennoti. proprium nomen. heuuanti. fol. 27.
XIV v. 117. cristas. cambb (camba'. fol. 29.
III v. 62. milia. mkllxn (millun).
80. friuola. gfbpsf gebose.
VI v. 33. ter geminos. thrisexn thrtseun'. fol. 31.
65. gladiator. keimpp (keimpo).
132. uindicabat. gkfgnodb (giegnoda. fol. 32.
VII v. 20. quolibet. mit ein nuetheremo. mit iegiuufremo (iegiweremo
sic.
IX v. 15. pugillar. idest hbnt tafkl (hant tafil). fol. 41.
50. tumens. ccunerfante.
55. secatur. gkrizih (girizih.
X v. 1. assertor. monomocus. kfimphp (keimpho). fol. 42.
53. perduelles. milites gehieni. duellum. fknxxigk 'einwigi'.
56. conspirat. gfeinetaskh gceineta sih.
61. obstinate. einstrkdfgp einstridego'.
78. uentilator. zeuuisgelari. fol. 43.
79. procella. irrari.
90. signifer. zeichfueri.
111. apparitores. inknehta.
suggerunt. nuder zaltun.
117. extuberet. tuber. idest masbr (masar).
120. gradu. hertuomf (hertuome.
127. textu stemmatis. idest ehxnnkzale (chnnnizale'.
143. praetextae. gebrprtptf (gebrortote uestes.
togae. uestes militum. trembila.
156. lapis nigellus. agaht.
essedo. uehieulum gallicum. idest sambuc.
172. supinus. caffenter.
rigens. barénder.
182. amasionum. frxthklp (fruthilo.
187. ueruece. uuithare.
222. lydius. nomen toni musici. leih. fol. 44.
228. sccnica. spilich.
239. fusos. spinnilxn (spinnilun).
240. Dum Herculem in quadam textrina. idest dun .. (l. dunch
legitima coniunx reperisset cum Neera, illê ne agnosce-
retur ab ea, caput suum uelans more femineo simulabat.
nendo colum exercebat. ideo ludibrio fuit Neerę.
245. alga. idest semih.
260. caepe. sxirrpn (snirron'.

X v. 264. sarculatis. gegedenen.
267. officinis. smihthpn (smihthon).
269. forceps. thngb tanga.
271. efficax. frxmerkn (frumerin).
280. tyrso. stange.
284. crispo. strxnfra (strunera).
294. caminis. smithon.
296. pago. paganismo. heithſnisse (heithenisse. pagus idest
    gpkxxi (goiwi. pagnm. idest heithkukssk heithinissi.
299. trulla. chella. trxflb (truela).
303. circulator. rizzari. sculptor.
329. hesperos. bubut sterrpn (anaut sterron) fol 15.
383. offellis. braton. deriuatur de offa.
    bubulis. bos. inde adiectiuum bubulus. psinfr osiner;.
    bubalus. idest xxksxnt wisunt).
385. urnas. lkhebr (lihear).
136. pupilla. puppa. skp (sio). fol. 16.
167. catasta. hbrphb hárpha). in qua pendent homines.
185. pleurisis. lateris dolor. stfehfthp (stechetho).
188. coquit. blâtrkt (blâtrit).
189. papulas. bladrûn.
    excitat. frhexkh (erhenih).
190. chanteribus. bolzon.
495. podagra. fuotsuh. et in margine: podagra et podagria. idest
    fxptsxh.
    arthesis (sic. articulorum dolor. idest crampho.
500. scalprum. idest scrohisar. unde scalpellum diminutiue.
557. charaxat. rizza. fol. 47.
715. indulgentiae. zardungx (zardungu). fol. 48.
719. torna. erbolgena.
745. nagitibus. xxein.. weinin).
747. garrulorum. chroneinero mordo.
762. testa. gknklla (giuilla). gebel. fol. 33.
793. actum. gebph (geboh).
798. recrudescentibus. berafinten.
800. ignauos. zagun.
812. concitat. behicz.
818. appello. ihferthingo.
848. sarmenta. spachon.
    foeni. stroes.
861. maniplis. unichelinen.
890. nodis. geleichen.
    sarciens. zelgente. gesekuenti (gescinenti).
905. artis. gecläten. fol. 31.
918. abdomina. äbana nel nuauestb (wanesta).

X v. 932. torta. gfxxbrakthb 'gewaruitha).
981. calumniam. leithûn.
993. grunnitum. granoth.
1016. tabulis. thilon.
1025. setas. zaten. fol. 35.
1029. pontis. brnecnn.
1076. fragitidas. *in margine:* fragitida. prechpt prechot) in manu.
1080. stigmarit. stigma. hantmali.
1103. strangulatrix. stranguirinm. xxristfklli 'wristfilli.
1101. garrnli. krônuenden.
Epil. v. 17. fictilis. thbknb 'thaina). fol. 36.

Tituli historiarum. (Dittochaeum.

v. 130. eructat. erxxfgit (erwegit). fol. 37.
193. pateris. schlpn (scalon). fol. 38.

Apotheosis.

Praef. v. 19. lacessnnt. irrent.
30. sophystica. xxkslichxn (wislichnn).
46. amenas. durthb 'durtha).
54. recrementum. xngfunbs (nngewas,. sprin.
Apoth. v. 4. gestamen. fuora.
33. amiciciae. huldi.
95. relisis. scellenten. fol. 39.
148. sambucus. holanter.
209. argumenta. klfini kleini. fol. 40.
216. cane. hpuc xxbrtf 'houe nuarte).
293. cippo. stoche.
310. inserto. anegrabitotemo. fol. 49.
343. surculus. zuīc.
 exultans. geile.
344. unguine. errore nel salba nel sn . .
353. similaginis. simula.
360. plaga. harx . . seb . . (harnmscara).
388. chelis. hartb (harfa).
407. spiras. gennel.
 solue. enuuint.
430. Getae. Gothi qui prius feroces erant.
431. miscet. secnchit.
467. animę. idest uitae. xxeres (*sic*). fol. 50.
473. uerbena. isenina.
501. domini. hêrren.
515. caementum. uprtbri (mortari).
619. cancrum. erfukz (ereniz). fol. 51.
621. nillis. strâdpn (strâdon).

Apoth. v. 718. fercula. seuzilxn (seuzilun).   fol. 52.
       725. rudere. arize.
       750. chaos uel chao (superser. finistirnissitha) initium. nam illa
            informata et permixta mundi massa sic dicitur. unde
            inchoo.
       765. gleba. terra. scorso.
       817. tabentibus. moluuenten,
       822. oblita. circumdata corpore. bielenan.
       917. uena. ida.   fol. 53.
       923. concreta. gfxxbssbnkx (gewassaniu).
       953. atomi. gebosk (gebosi).
       984. uenam. ídun.   fol. 54.
      1002. sursum. uppport (sic).

Hamartigenia.

Praef. v.   6. certante. festino. idest iligemo.
Ham. v.   4. diuortium. xxfgfse: · t (wegeseeit).   fol. 55.
           13. coniicit. râtiscôt.
           50. inducere. mâchon.
          114. medicans. fundens. lupbônti.   fol. 56.
          140. irretire plagis. mâscon.
          201. micat. sprungêzta.
          216. lolium. râdo.   fol. 57.
          217. glebis. scorson.
          233. cicutas. secreling.
          259. scatebras fluuiorum. grioz.
          271. concharum. scalono.
          289. scutulis. seutulatis. uariatis. skibahten. et in margine: scu-
               tulatis nestibus. s nat en. Reliqua evanuerunt.
          291. stamine. xxbrff (warfe).
          295. telis. unébin.
          297. peregrino pulvere. museus. bisamo.
          303. fotibus. xxerminon (werminon).
          317. neruorum. seinten.
          322. ganeonis. urazes.
          329. attenuante. certentemo.
          364. perfurit. bksprbhnk .. f.   fol. 58.
          379. suspiria. snftunga.
          386. commendat. geliubit.
          397. obtrectatio. bksprbhnk (bisprahni).
          400. personat. callôt.
          430. nebulonum. nigrorum. nebulo. serbtp (serato).
          444. limat. figlot.
          464. pharaonis iniqui. qui nominabatur chendis.
          488. fragor. chrathum.   fol. 59.

Ham. v. 188. arietis. heithx (heithn).
   192. propugnacula. brusuneri.
   539. medicata. gflxppktk (geluppiti.
   555. concreta. gennahsana. *quod mutatum videtur esse in* gennah-
        sane.
   618. puerperiis. hoc puerperium. idest tnetgebor *sic*). fol. 60.
   650. damna aures. ferstopfo.
   658. taccam. fersnige.
   662. damna. xxeninen (weninen).
   689. inter utramque. ethuuetheremo.
   761. propolas. dranchus. Propole sunt loca. ubi post fol. 61.
        balnea bibere solebant.
   762. popinas. loca iuxta balneas sita. dicta quasi propinae a
        propinantibus. propino. nas. idest sefknex sceinen. al.
        loca potandi per totum diem.
   772. alterutram. cinxxfthfrfn (einwetheren).
   796. ditibus. rihlichen.
   807. uisco. bitumine. mistil.
   810. sactae. sciten.
   853. tenerisque. mamninden.
        oblectat. lihlochot.
   868. palla. tuhil. fol 62.
   873. sactis. burstxn (burstnn).
        ciliouc. slegebraxxb (slegebrawa).
   910. tacitis. fersnigeten.
   957. castrata. erfurrentin.

Psychomachia.

De octo principalibus vitiis
   v. 4. accedia. zurelxst (zurelnst). fol. 65.
Praef. v. 11. coningalem. sinhilih. fol. 66.
   31. greges equarum. stuoti. fol. 67.
       buceulas. genus nasorum. idest Interes. uel rantboga. uel
       cue. *Signum supra litteram* o *in* rantboga *positum num*
       u *significet. non liquet.*
   33. bagis. rachinzun. hals thruunku (thruwin). Baga enim fer-
       rum dicitur. quae (*l.* quo) saepe mancipia strictis collis
       et manibus aguntur. Bacas dicimus uincula. idest nuin-
       filxn (winfilun). et bacae dicuntur gemmae. nec non et
       olei fructus, et lauri bacas uocamus. *Ter* bace. *cor-
       rectum est*.
   46. mappalia rusticorum habitacula cum frondibus facta. taber-
       nacula pastorum. Magalia. louba uel hxtta (hutta).
   49. poenitens. scamenti.
Psych. v. 5. milite. kemphen. fol. 68.

Psych. 11. meliore manu. kesuntera henti.
31. labefactat. bislifta. fol. 69.
45. suffundere fumo. erthfmfbn ertbemfan).
66. matrona. idest itis. fol. 70.
116. conto. stbugb (stanga. fol. 72.
127. intortos. gfxxntinfn geuuntinen.
147. capulum. hilzk (hilzi. fol. 73.
151. missile. a mittendo dicitur. spirilin. idest arma.
186. coibat. sequebatur. nahzoteta. fol. 74.
187. nodum. chnopf.
188. limbus. soum uel finis.
194. madidis lapatis. fxhten mindilon fuhten mindilon.
216. ridiculum. huohlichaz. fol. 75.
217. calidos. checha
237. tepefacta. erslenuetin.
254. temeraria. frbnblkx frauuahn. fol. 76.
255. umbonis. rantbpgen rantbogen.
312. languida. zartontin. fol. 78.
314. petulanter. instabiliter. idest gftklpso getiloso.
    amoenas. unxunfsbmfn wnnuesamen.
318. litnos. heritrxnbxn (heritrunbun. fol. 79.
323. ales arundo. strblb strala.
324. neruo. senua. uel arcu.
    stridula. ruzonte.
325. ammento. leze.
326. lascina. getclosin.
331. ferratosque toros. brachia meretricum. Torus enim dicitur
    lectus. Ideo a cubando brachia sic uocata sunt.
337. radiorum. speichpup speichono.
339. flexnra. felga.
358. mitra. hxot (huot. fol. 80.
359. religamine. alligatione. idest gkbfntk (gibenti.
370. toreumata. uasa celata. Torcno. idest torno. unde torensis.
    idest tornatura. Torentes. idest tornator. Toregmata.
    idest Sebffrfitbn scaffreitan.
402. secures. pbrtxn partun.
407. feruentibus. carronten. fol. 81.
414. uertigo rotarum. ftlgb felga.
420. insigne. urmari.
426. offas. particulas. idest ballun.
431. haustus. suffa.
435. sistro. suegelxn suegelun. fol. 82.
440. peplo. pallio. idest tuhil.
444. noluptatem. zart.
448. crinalis acus. idest risil. uel spinula.

Psych. 118. redimicula. nestilxn nestilun.
 449. fibula. nxseb nusea.
  strophium. fascium pectorale. idest tuhil.
  monile. gesteini.
 453. coniuente. niuentemo.
 463. ungues. nbgbl: nagala.   fol. 83.
 471. commilito. herigfsfkllp herigescillo.
 475. bullis. gemmis. castpn caston.
 476. cingula. balteum. bblz (balz.
 500. classica. heribouchan.   fol. 84.
 507. laedit. rizta.
 526. monetae. idest percussura nummorum. idest muuiza.
 529. docta. gilerneten.
 532. parapside. sulz care.
 563. iactet. ruomta.   fol. 85.
 567. manicis. hals truen.
 594. palpitat. zauelot.   fol. 86.
 633. exfibulat. discingit. idest ingurta.   fol. 87.
 636. cornicinum curua aera. heribouchan.   fol. 88.
 689. sica. gladius in medio capulum habens. et hinc   [fol. 89.
  inde cuspidem.
 731. tumulus. hôg.   fol. 91.
 834. structile gksegpt (gisegot). gkhpuubn (gihowan).   fol. 93.

Contra Symmachum liber I.

Praef. v. 15. algidi. frostega.   fol. 96.
  39. acumina. chlamma.
  43. impetus. sueift.
  88. impetus. sueift.   fol. 97.
I v. 5. turbare. geirrbn (geirran.
 49. uitibus incuruum. rebesahs.
 58. adhinniuit. zuoeruuegota.
 65. pessulus. plochil.
 66. cuneis. uufeepn (weceon).
 67. imbricibus. tegulis. skintelon.
 70. catamitum. gislafon.
 71. pelice. kellun.   fol. 98.
 115. pudeat quem uisere ramo. vel pudor est illum uidere pendente ramo zgreg. *quod rerbum inusitato modo, sed perspicue scriptum haud dubie* zerse *significat.*
 117. transtris. sezzon.
 119. celeps. uuidillo.
 126. proluit. pfgpz (pegoz).
 159. ludibria. zuozechunga.
 234. Picus Saturni filius. qui propter potatum quod ei   fol. 99.

dederat uxor eius uenenum. uariis coloribus tinctus est.
et ideo in ancm sui uominis mutatus est. idest spfh
speh .
I v. 235. epotum. nzkitruchnaz.
257. saliente. sprungezentero.
259. uitricus. stkffbtfr stiffater .
260. priuigni. st.xfch.ndfs stiufchindes .
269. claras. mbrf tnare .
272. delicias. trût.
345. commenti. erdahton.   fol. 100.
366. succincta. xfgescorzptiu ufgescorzotiu .
436. brattea. pedela.   fol. 101.
476. indignatio. leid.
483. nictricia arma. tostisē molu sic .
490. concreto crine. feruualcheueuio.
510. assuescit. genuenita.   fol. 102.
609. Iouis puluinar. Puluinar est locus altus. ubi carnes peudent
in macello.
631. laruas. seratcu.   fol. 103.
638. rastris. egkthpn egithon .
640. ligouibus. segxn 'segnn .
643. vercor, ne. thaz.
653. petita est. kfbnfxbrtpt keauenartot .
654. sinuamine. uuanche.

Contra Symmachum liber II.

Praef. v. 44. tuta silentia. in quibus usque nunc fui in meis dictatiouibus.
57. intonat. brbhtit brahtit .
58. tumet. gcilisôt.
II v. 1. refellam. ferslaho.
in relat. Symmachi: in posterum. in futurnm. hinncu uure uuertes.
v. 9. calentes. eruuassente.
10. classica belli. hprntrxubxn horntruuban .
30. hastis. scafto.
37. strophio. txhilf tuhile .   fol. 104.
recincta. zizusotin.
38. papillas. txtt:n tutten .
283. rastri. hâcho.   fol. 106.
286. stictura (l. strictura . suuida.
119. clauum. sloz.   fol. 107.
455. fusis. spinulis.
456. tigillis. spbrrpn sparron .
457. fraxinus. bse 'asc .
516. Samnitis Marsusque. Samnitis et Marsus populi fuerunt Be-
neuentani.

II v. 577. limbum. spxm soum. fol. 108.
611. uadimonia. uuettk wetti.
696. Geticus tyrannus. Geticus de Gothis. idest Ra- fol. 109.
   degisus siue Alericus.
699. mastrugis. lûdiron.
716. Pannoniae. Schithiae.
730. Geticos. Scithicos.
808. Dana. Deue populi. fol. 110.
   Unandalus. uuinid.
   Hunus. Hun.
809. Getulus. Gothi.
858. tyrsigeri. quia tyrsum. idest dorson. gerit dicitur.
868. serapen. ehenele.
870. crocodillus. nichus.
1002. improba. ungemach. fol. 111.
1008. fasciolis. nestilon.
1013. sentix. thornahf thornahe).
1056. uelamine. xx l wilu?
1089. pilento. carruca. sambuch.
1106. litia. nestilon. fol. 112.

Argentaria. Strazburg. fol. 62.
Agrippina. Colina.
Nemidona uel Nemeta. Spira.
Basilea. Basila.
Aquasgrana. Achb Acha.
Radasbona. Regenesburg.
Magontia. Maginza.
Confluentia. Couelenza.
Turegum. Zurih.
Constantia. Costinza.
Torta aqua. idest Zurzacha.
Curia. idest Chura.
Cumae. idest Chuma.
Mediolana. *deest nomen germanicum. appicta eius loco littera v.*
   quae saepissime emendatione opus esse indicat.
Uosegus. Uasigo *corr.* Uuasigo.
Papigia. Pauiia.
Uerona. Perna.

XI.

In codice Coloniensi LXXXVIII fol. 3 sqq. manu saeculi XI vel XII Calendarium scriptum est, cuius excerpta hic damus. Quae manus altera non multo recentior addidit, litteris inclinatis indicantur.

Ian. 17. XVI. Kal. Feb. *Ribholf obiit.*
Feb. 1. Kal. Feb. *Miliz obiit.*
Mart. 19. XIV. Kal. Apr. *Poppo comes obiit.*
Aug. 27. VI. Kal. Sept. *Obiit Diotulfus.*
Sept. 27. V. Kal. Oct. Cosmae et Damiani. et dedicatio ecclesiae sancti Petri in Colonia.
Oct. 9. VII. Id. Oct. Dionisii episcopi. Rustici presbiteri. Eleutherii diaconi. Et in Colonia CCC.XVIII martyrum et Paulini episcopi.
» 10. VI. Id. Oct. In Colonia sancti Gereonis .CCC.XVIII. et sancti Victoris cum CCC. XXX. et Casii et Florentii cum aliis VII.
» 15. Idus Oct. In Colonia Maurorum .CCC.LX.
» 21. XII. Kal. Nov. In Colonia XI milia sanctarum virginum.
» 24. VIII. Kal. Nov. *Cunigunda obiit.*
Dec. 9. V. Idus Dec. *Depositio sancti Eucharii episcopi Trev.*
» 23. X. Kal. Ian. *Vigilia Nat. Christi. Eodem die Nat. sanctae Yrminae virginis Horreacensis ecclesiae.*

In ultimis eiusdem codicis foliis manu saeculi duodecimi Officium iudicii aquae scriptum est his verbis:

rubro: Cum hominem vis mittere in aquam ad comprobationem, ista facere debes. Accipe illos homines qui mittendi sunt in aquam, et duc eos in eclesiam, et coram omnibus cantet presbiter missam : et fac eos ad ipsam stare, et offerre. Cum autem ad communionem venerint, antequam communicent, interroget eos sacerdos, et coniurationem istam dicat :

atramento: Adiuro vos per patrem, et filium, et spiritum sanctum, et per vestram christianitatem quam suscepistis, et per unigenitum filium et per sanctam trinitatem, et per sanctum evangelium, et per istas relliquias, quae in ista eclesia sunt, ut nullo modo presumatis communicare, neque accedere ad altare, si vos hoc fecistis, aut consensistis, aut scitis quis hoc fecerit.

rubro: Si autem omnes tacuerint, et nullus ei responsum dederit, accedat sacerdos ad altare, et communicet eos quos in aquam mittere vult. Cum communicat eos, dicit per singulos:

atramento: Corpus et sanguis domini nostri Iesu Christi sit tibi ad comprobationem.

rubro: Expletis officiis faciat sacerdos aquam [1]) benedictam, et vadat ad

---

1) Quae sequuntur, in altero folio scripta sunt, fortasse non multo post.

illum locum, ubi homines probabuntur. *(atramento:)* Postea vero coniuret sacerdos aquam, ubi illos mittere debet. Post coniuracionem aquae exuat illos vestimentis eorum, et faciat illos singulos osculari sanctum evangelium et crucem Christi. Et post de ipsa aqua benedicta aspergat super unumquemque et proiciat eos statim in aquam. Haec autem omnia facturi sunt ieiuni, neque illi qui ipsos mittunt in aquam, ante comedent cibum. Coniuracio aquae. *Ibi finis est.*

XII.

In codice Coloniensi CII Calendarium legitur, quod saeculo decimo scriptum esse existimo, originis Alamannicae potius quam Coloniensis. Quae praeter universalis ecclesiae dies festos ei insunt, hic edimus. Nullum ibi Octobri mense neque sanctarum virginum neque Maurorum restigium. Primo folio perdito mensis Ianuarius nunc desideratur.

Febr.	1.	Kal. Feb.	Sancte Brigide virginis.
Mart.	21.	XII. Kal. Apr.	Depositio sancti Benedicti abbatis.
Apr.	20.	XII. Kal. Mai.	Natalis sancti Genisii martyris [1].
Iun.	5.	Non. Iun.	Passio Sancti Bonefacii archiepiscopi.
Iul.	7.	Non. Iul.	Sancti Chiliani et sociorum eius.
	15.	Id. Iul.	Reginsuinde virginis [2].
Sept.	1.	Kal. Sept.	Uerene virginis [3].
	9.	V. Id. Sept.	Natalis Gorgonii martyris.
	11.	III. Id. Sept.	Proti et Iacincti. Alibi Felicis et Regule [4].
	17.	XV. Kal. Oct.	Lantberti martyris.
	27.	V. Kal. Oct.	Natalis Sanctorum Cosme et Damiani. Colonie Dedicatio aeclesiae Sancti Petri apostoli.
Oct.	1.	Kal. Oct.	Depositio sancti Remedii episcopi.
	2.	VI. Non. Oct.	Leodegarii martyris.
	7.	Non. Oct.	Marci episcopi.
	9.	VII. Id. Oct.	Parisius Dionisii episcopi Rustici presb. et Eleutherii diaconi.
	16.	XVII. Kal. Nov.	Depositio Galli confessoris.
Nov.	3.	III. Non. Nov.	Depositio Pirmini abbatis.
	11.	III. Id. Nov.	Rome Sancti Menne. Turonis Martini episcopi.
	12.	II. Id. Nov.	Coloniae Sancti CUNIBERTI confessoris.
	13.	Id. Nov.	Turonis Briccii confessoris.
	23.	IX. Kal. Dec.	Natalis S. Clementis. et depositio Sancti Columbani abbatis. et sancte Felicitatis.

1) Reliquiae S. Genesii, qui hic Genisius appellatur, a. 800 in monasterium Scinense Augiae vicinum translatae sunt; v. Zeitschrift für Geschichte des Oberrheins Vol. XXIV p. 1—21.
2) Haec a. 837 apud oppidum Laufen obiisse fertur.
3) Haec in oppido Zurzach colebatur.
4) Hi Turici colebantur.

XIII.

ANNALES COLONIENSES.

Annales in codice CII cyclis paschalibus in margine adscriptos primum incredibili errorum labe foedatos Hartzhemius edidit, deinde G. H. Pertz, Boehmeri apographo usus, in Monumentorum Germ. Hist. Vol. I. p. 97—99. Errores aliquos idem, inspecto codice, sustulit, alios intulit, Monn. SS. XVI, 731. Quare eosdem Annales integros correctos hic iterum edere haud superfluum visum est.

Inter varia autem, quae in margine scripta sunt, vetustissima ea esse existimo, quae de archiepiscopis Coloniensibus ad a. 953. 965. 967. 975 adnotata sunt, aliaque ad a. 1001—1008, deinde ex alio quodam codice prima manu ad a. 776—957, altera ad a. 961—999; haec enim, quia margo dextera iam occupata erat, ad a. 1008 sententiam aliquam in sinistra margine scripsit. Ea vero, quae priori illa manu ad a. 776—957 scripta sunt, sola reperiuntur in Ann. Dirionensibus, SS. Vol. V. p. 39. 40. Sequentia usque ad a. 1028 variorum manibus neque eadem omnia tempore scripta sunt.

Prior autem Annalium pars usque ad a. 939 ubique fere convenit cum Annalibus Alamannicis, Sangallensibus, Augiensibus, sed modo ad hos modo ad illos propius accedit, ut aliquando pleniorem fontem, ex quo omnes hauserint, extitisse suspiceris. Sequentia ab a. 941 Coloniensem produnt originem.

776. Conversio Saxonum.[1]
778. Karolus rex Spaniam intrat.[a]
779. Karolus in Saxoniam venit. Fames magna.
780. Saxonia capta est.
781. Karolus Romam perrexit. et Pipinus baptizatus.
783. Hildigard regina obiit.
786. Item Karolus Romam venit. deinde ad sanctum Benedictum [b] et Capua. et cruces apparuerunt in vestibus.
787. 788. Karolus[c] per Alomaniam venit ad fines Bauuariae.
788. 790. Tassilo dux venit in Franciam et Banuaria capta est.
789. 791. Karolus pergit in Slavos qui dicuntur UUilti.
791. 793. Karolus rex Ungrorum[2] regnum vastat.
801. Karolus a Romanis appellatus est Augustus.[3]

a) int. cod., *ubi ante* Spaniam, *ut mihi videtur, erasum est* hi.
b) Benedictum *in codice omissum est; legitur autem in Ann. Alamannicis.*
c) *In codice hic et infra aliquoties scriptum est* karl, *quod* Karolus *legendum esse puto; ita enim saepius scriptum legitur, nusquam vero* Karlus.

---

1) Haec verba ex Ann. Alamannicis, quales nunc habemus, repeti non poterant; leguntur autem in Laureshamensibus. Sequentia usque ad annum 793 conveniunt cum Annalibus brevibus S. Galli, Mon. Germ. I, 64.
2) Hunorum dicitur l. c.
3) His similia, sed non eadem verba l. c. alia manu inserta sunt.

809. Transitus sancti Liutgeri.
814. Karolus obiit[1].
822. Fames valida.
824. 823. Visio Ul:etini[2].
840[a]. Luodouuichus obiit.
841. Bellum inter fratres tres.
842. Divisio regni.
867. 868. Nicolaus papa obiit.
868. 869. Fames valida.
871. Ventus validus.
875. Nix valida.
876. Obiit Lutouuihe[3].
877. 878. Karlus Italeam ingreditur et eandem terram Karlomannus[b] per aliam viam intravit. inde Karolus teritus fugit. eodem itenere mortuus est.
879. Ludouuigus rex Saxonum adhuc fratre suo Karlomanno[b], vivente Baiuuariam ingreditur.
884. Sedes Norbmannorum in Diusburg[4].
888. Karolus imperator obiit[5].
896. Arnolfus Romae caesar efficitur. et audita[c] miseria famis mortalitatis et christiani[d], hominis alterius carnem commedentis.
899. Ungari Italiam ingressi multa mala fecerunt. et Arnolfus imperator obiit. et Luodouuigus in regem elevatur. Gundebolt rex filium Arnolfi occidit[6].
906. 904. Bellum inter Chonradum et Albertum Francos in quo Chonradus cecidit. Adalbertus capite plectitur[7].
908. Ungari Saxoniam et Thuringiam vastant.
910. Genohardus ab Ungariis occiditur[8].
911. Ludouuigus filius Arnolfi obiit. Burchardus[e] occiditur. Chonradus filius Chonradi in regem elevatur[9].

a) *In codice scribae errore hic positi sunt numeri 860—869.* b) *utroque loco* Kalom. *scriptum erat, sed ipse ut videtur librarius errorem correxit.* c) *ita codex;* in Augia Ann. Aug. d) xpia *codex.* e) *hic librarius fulso scripserat verbu* filius Chonradi (?) *quae erasa sunt.*

---

1 Anni 814 et 840—869 conveniunt cum Annalium Alamannicorum continuatione Augiensi, p. 49, et Sangallensi p. 51.
2, Idem legitur in Annalibus Augiensibus, in Jaffei Bibliotheca Rerum Germanicarum III, sed ad verum annum 824.
3) rex dictus Germanicus. Obitus eius memoratur in Annalibus Augiensibus.
4) Plenius haec in Reginonis Chronico narrantur.
5 Anni 888—908 conveniunt cum Annalibus Augiensibus.
6) Melius in Ann. Aug., ubi rex Cuutibold appellatur, ad a. 900 legitur: *filius Arnolfi occiditur.*
7) Hoc in Ann. Aug. desideratur.
8) Plenius haec clades narratur in Ann. Alamann. et a Continuatore Reginonis.
9) Et haec in Ann. Alam. leguntur.

912. Cometae visae sunt[1]).
913. Hatto archiepiscopus obiit et Herigerus successit[2].
919. Chonradus rex obiit et Heinricus successit[3]).
936. 935. Heinricus magnus obiit et Otto[a]) successit.
938. 937. Heinricus frater Octonis ab Enerhardo capitur.
939. 938. Gisalbertus et Enarhardus occisi sunt.
940. 939. Hiemps valida et mortalitas animalium[4]).
941. Rumoldus obiit[5]).
947. Astnide crematur[6]).
949. Heinricus[7]) dux magnus obiit et Liudolfo Alimannia committitur.
951. Otto Italiam ingressus eam sibi subiunxit.
                     953. Obiit Unicfridus archiepiscopus, cui successit Bruno[b]).
957. Liudolfus regis filius subiuncta sibi Italia ibidem obiit.
961[c]). Otto minor rex effectus est.
                     965. Brun archiepiscopus obiit[d]), cui successit Poppo.
                     967. Obiit Poppo archiepiscopus[8]), cui successit Gero.
968. Imperium suscepit.
                     975. Obiit Gero archiepiscopus, cui successit Unaruns.
978. Otto imperator exercitum duxit super Carlenses.
980. 979. Reconciliatus est imperator cum occid. rege.
980. Natus est imperatori filius.
981. Apostolicus in sedem receptus est[9]). Ugo rediit in gratiam imperatoris[10]).
982. Prelium commisit imperator cum Saracenis.

   a) *ita haud dubie scribitur in codice, more Italico.*   b) *hace alia manus (3), interposuit.* c) *abhinc alia manus (2) pergit, priori simillima, quae omnia, excepta archiepiscoporum serie, continue scripsit usque ad a. 996 et 1008.*   d) *manu 1, quam hic manus 5 excipit.*

---

1) Eadem verba habet Herimannus Augiensis; „stellae cometis" meminerunt Ann. Alamannici.
2) Consentit Herimannus Augiensis.
3) Conradi mors in Ann. Alam. commemoratur; Reginonis Continuator plenam praebet gestorum narrationem. Manet in proxime sequentibus quaedam cum his Annalibusque Augiensibus et Herimanno cognatio.
4) Haec et Herimannus habet; abhinc vero nulla amplius est cum Augiensium libris coniunctio.   5) episcopus Monasteriensis.
6) Essen coenobium, quod incendio deletum dicitur in privilegio Ottonis I. dato 917 Ian. 15. Sed operae pretium est, varios parvulae huius enuntiationis casus persequi. Primus scilicet Hartzhemius legerat: *Astrude capitur*; deinde Bochmerus: *Astrude crematur*, simul anni numero male mutato in 916; postremo Pertzius verba quidem correxit, sed novo errore anni numerum posuit 914.
7) Herimannus Alamanniae dux, ut recte iam Pertzius vidit. Sed numerus ibi falso positus est 948.
8) In Annalibus necrologicis Fuldensibus obiisse a. 969 dicitur, et in Caesarii Catalogo archiepp. quatuor ei anni tribuuntur.
9) Benedictus VII, quem Roma tunc pulsum fuisse, solus noster memoriae prodidit.
10) dictus Capito, postea rex, qui Romae pascha cum imperatore celebravit.

983. Obiit imperator plerisque urbibus Appuliae subiugatis. et in
natali Aquis filius eius in regem unctus est.
984. Puerulus a Coloniensi archiepiscopo .VV. commissus est Hen-
richo. a quo fere privatus est regno. ni maior pars populi intercessisset eiusdem pueri favori.
985. Vuarinus Coloniensis archiepiscopus defunctus est. cui Euergerus successit.
987. Rheni ac Mosellae fluminum inundatio insolita.
988. Tanta intemperies estatis[a]) fuit uti ex aeris inclementia complures interirent.
992. Sinodus Aquis facta est. Mota est sententia de Remensi episcopo eiecto[1]) alioque subposito[2]) Romanis presentibus legatis.
993. Duodo Minmigardamurdensis episcopus defunctus est. Snuit-
ɭerus successit. Eodem Ecbertus Treverensis archiepiscopus naturae concessit.
994. Liudolfus Treveris episcopus est ordinatus. Ingelinhem sinodus est habita ac de duorum episcoporum[3] iniuria examina-
tum est.
995. Traiectensi episcopo defuncto Ansfridus comes laicus suscepto
clericatu successit.
996. Rex Romam pergens imperator effectus est. Brunone nepote
suo papa ordinato.
999. Bruno papa defunctus est. Eodem Euergerus[b]) Coloniae
archiepiscopus naturae concessit.[c]) Cui successit Herebertus
archiepiscopus.
1001. Otto[d]) imperator Roma expulsus est.
1002. Obiit Otto imperator[e]). Cui successit[f]) Heinricus.
1004. Heizil comes receptus est[1]).
1005. Fames valida[g]).
1006. Heinricus rex exercitum duxit super Baldauuinum[5]). et Tiele[h])
depredata est per piratas.
1007. Lambertus[i]) comes[6]) in gratiam regis Heinrici[k]) rediit.
1008. Lambertus suum filium recepit. Liudolphus[l]) Trevirensis[m]) archiepiscopus obiit. cui successit Megingoz. Cuncto clero et
Moselensi populo renuente et resistente Heinrico regi.

a) est᾽ codex.   b) huc usque in loco raso. Haec litteris minutis scripta sunt, sed ut videtur eadem manu.   .   c) Sequentia pallidiore atramento scripta sunt, ut temporis aliquod
spatium intercessisse putes.   d) Manus G. haec scripsisse videtur.   e) Abhinc manus 7.
f successit codex.   g) Haec alia manus scripsisse videtur; sequentia iterum alia.
h) Tiele — piratas in loco raso.   i) Lambertus — recepit. eadem manus uno ductu scripsit.
k) heinri codex.   l) Liudolphus — regi. manus prior 2. in opposita margine scripsit. Deinde
rariae manus se excipiunt.   m) treuirens cod.

1) Arnulfo.   2) Gerberto.   3) scil. archiepiscoporum Remensium, sed a. 996.
4) Heinricus marchio de Suinvorde.
5) comitem Flandrensem. dictum Barbatum.   6) Lovaniensis.

1011. Uuillegisus Mogontiensis ᵃ) archiepiscopus obiit. cui successit Erchinboldus.
1011. 1015. Henricus ᵇ) rex sine molestia Romam adgressus et imperator effectus.
1021. Obiit Herebertus archiepiscopus. cui successit Pilegrinus.
1024. Henricus obiit. cui successit Conradus.
1027. Kuono in exilium missus est¹.
1028. Heinricus Kuonradi filius ordinatur in regem.

XIV.

In codice Coloniensi CIII sub Hildebaldo archiepiscopo exarato cyclis paschalibus a. 532—1063 in margine adiuncta est series imperatorum ita scripta, ut ea quae a. 1—531 conveniunt, nulla distinctione facta cum reliquis sint commixta. Additae sunt aliae quaedam notae, potissimum ad calculum paschalem spectantes, quae vel eam ob causam editione dignae sunt, quia ab Herimanno Augiensi in conficiendo chronico adhibitae fuisse videntur. Carolo Magno, qui ultimus est. 27 anni tribuuntur; unde efficitur, ut a. 795 haec scripta videri possint; singulari quodam casu, nam avo quoque et patri idem annorum numerus tribuendus erat. Imperatorum inde a Tiberio usque ad Diocletianum nomina ut non necessaria omisimus.

    1. 533. Iesus Christus dei filius natus est anno XLII. Octaviani Augusti.
   13. 545. Tiberius regnavit ann. XXII.
rect. 14.   etc.
  285. 817. Diocletianus XX.
rect. 284.
  305. 837. Galerius an. I.
  306. 838. Constantinus XXXI.
  325. 857. Nicena sinodus.
  335. 867. Constantius et Constantinus XXIIII.
rect. 337.
  361. 893. Iulianus II.
  363. 895. Iovianus I.
  364. 896. Valentinianus XI.
  372. 904. An. Diocliciani LXXXVIIII. ind. I. ord. primo.
  375. 907. Valens IIII.

a) *Mogot. codex. Nomen a librario, quem 2 esse puto, post cetera verba scripta additum est.*   b) *Quaedam prius scripta hic erasa sunt.*

1) Conradus dictus Iunior, filius ducis Carinthiae.

376. 908. An. Diocliciani a) XC.III.
378. 910. Finita chronica Eusebii et Hieron. Valente VI. et Valentiniano consulibus.
Gratianus VI.
380. 912. Abhinc Tafilus (leg. Theophilus) paschalem suum incipit.
382. 914. Incipit Romana supputatio Antonino et Siagrio consulibus.
385. 917. Theodosius XI.
rect. 383.
387. 919. An. Diocliciani CIII.
395. 927. Archadius XIII.
397. 929. Ambrosius Mediolanensis obiit.
399. 931. Templa idolorum demolita. et gladiatorum ludi tulti sunt Malleo et Teodoro b) consulibus.
409. 941. Honorius XII.
rect. 408.
410. 942. Roma inrupta ab Alarico.
415. 947. Reliquie sancti Stephani patefacte Luciano presbitero.
417. 949. Hoc pascha sub Zosimo papa.
418. 950. Sol defecit hir. (leg. hora) III. XIIII. Kal. Ags. et apparuit stella ab oriente ardens usque ad Septembrem.
424. 956. Theodosius XXVI.
rect. 423.
444. 976. An. Diocliciani CLX. deius pasc. (leg. de huius anni pascha) Proterius et Pascasinus Leoni pape scribunt.
449. 981. Marcianus VII.
rect. 450.
457. 989. Leo XII. Hoc anno Victorius suum paschalem conposuit Constantino et Rusco consulibus.
474. 1006. Zenou XVII.
519. 1051. Iustinus VIII.
rect. 518.
527. 1059. Iustinianus XXXVIII.
565. Iustini an. XI.
578. 576. Tiberius an. VII.
582. 583. Mauricius XXI.
602. 604. Focas an. VIII.
610. 613. Eraclius XXII.
641. 639. Hieraclonas II.
641. 642. Constantinus XXVII.
668. 669. Constantinus XVII.
685. 686. Iustinus X.
695. 696. Leo III.
698. 699. Tiberius VII.

a) Ita hoc loco recte scriptum est, reliquis dioclicianus et diocliciano. Cf. quae Th. Mommsen adnotavit ad Cod. Leid. Scal. 25, in editione Chron. Cassiod. p. 677.   b) teodori codex.

703. Obitus sancti Benedicti[1]).
711. 712. Philippus I.
713. Anastasius III.
713. 714. Philipus dux (*leg.* Philippicus) obiit.
714. 715. Carlus XXVII.
716. 717. Theodosius I.
741. Pippinus XVII (*leg.* XXVII).
. 768. Carlus XXVII.

XV.

In codice Coloniensi CVI saeculi IX fol. 71v.—72v. scripta est Notitia provinciarum et civitatum Galliae, quae conferenda est cum editione V. C., M. B. Guérard in libro: Essai sur le système des divisions territoriales de la Gaule (Paris 1832) p. 12—34. Verba codicis ut sunt mendis plena, e Iaffei apographo hic damus. Quibus ex opposito addimus, quae in codicis CLXXXVI eiusdem saeculi folio 120 nulla inscriptione insignita leguntur. Ordinem ab altero diversum numeris positis indicavimus.

HIC CONTINENTUR PROVINCIAE GALLIGANIS, QUAE CIVITATES SUNT GALLIGANI METROPOLIS.

Provincia Lugdunensis prima.	I. (*Inscriptio deest.*)
Metropolis civitas Lugdunensium.	Metropolis civitas Lugdonensium.
Civitas Eduorum, hoc est Agustedunum.	Civitas Eduorum.
Civitas Lingonum.	Civitas Lingonum.
Civitas Matiscensium.	(*deest*)
Castro[a]) Cabilonensium.	Castrum Cavellonensium.
Provincia Lugdunensis II.	II. Provincia Lugdon. II.
Metropolis civitas Rodomagensium.	Metropolis civitas Rodomagensium.
Civitas Bolocasium.	Civitas Baiocassium.
Civitas Abrincatum.	Civitas Aprincatum.
Civitas Ebroicorum.	Civitas Ebroicorum.
Civitas Saiorum.	Civitas Sadorum.
Civitas Lexoviorum.	Civitas Letoviorum.
Civitas Constantia.	Civitas Constantia.
Provincia Lugdunensis III.	III. (*Inscriptio deest.*)
Metropolis civitas Toronorum.	Metropolis civitas Turonorum.
Civitas Cennomanorum.	Civitas Caelomannorum.

a) Casto c.

---

1 scil. abbatis Wiremuthensis primi dicti Biscop.

Civitas Redonum.	Civitas Redonum.
Civitas Andegavorum.	Civitas Andecavorum.
Civitas Namnetum.	Civitas Namnetum.
Civitas Chorisoporum.	Civitas Consolitum.
Civitas Venotum.	Civitas Venesium.
Civitas Oscismorum.	Civitas Ossiomorum.
Civitas Diablentum.	Civitas Diallintum.

Provincia Lugdunensis IIII.	IV. Provincia Lugd. IIII.
Metropolis civitas Senonum.	Metropolis civitas Senonum.
Civitas Carnotum.	Civitas Caruotenum.
Civitas Authisiodcrum.	Civitas Autisiodero.
Civitas Trecassium.	Civitas Tricasium.
Civitas Aurilianorum.	Civitas Aurilianorum.
Civitas Parisacorum.	Civitas Parisiorum.
Civitas Melduorum.	Civitas Melduorum.

Provincia Lugdunensis V. Sequanorum.	VIII. (Inscriptio deest.)
Metropolis civitas Crassopolinorum, hoc est Vesontionum.	Metropolis civitas Vesoncnsium.
Civitas Equestrium, hoc est Nugduno.	Civitas Aquestrium. Nolodunum.
Civitas Eluicorum, hoc est Aventico.	Civitas Elvisosorum. Aventicus.
Civitas Basiliensium.	Civitas Basiliensium.
Castro Vendonense.	Castrum Vindoninse.
Castro Ebrodunense.	Castrum Ebrodonense.
Castro Argentariense.	Castrum Argentaricuse.
Castro Rauracinse.	Castrum Ramragense.
Portus Abucini.	Portus Lupicini.

Provincia Bellica prima.	V. (Inscriptio deest.)
Metropolis civitas Trefororum.	Metropolis Treverorum.
Civitas Mediomatricum, hoc est Mettis.	Civitas Metitianorum.
Civitas Leuchorum, hoc est Tullo.	Civitas Leucorum Tullo.
Civitas Verdonensium.	Civitas Virdoninsium.

Provincia Bellica II.	VI. Provincia Belgicarum II.
etropolis civitas Remorum.	Metropolis civitas Remorum.
Civitas Suessionum.	1. Civitas Suessionum.
Civitas Cadellaunorum.	6. Civitas Catalcunorum.
Civitas Veromandorum.	2. Civitas Viromandorum.
Civitas Atravatum.	7. Civitas Atravatum.
Civitas Camarocensium.	3. Civitas Capracensium.
Civitas Turiacensium.	8. Civitas Tornatensium.

Civitas Silvanectum.
Civitas Bellocavorum.
Civitas Ambianensium.
Civitas Morinum.
Civitas Bononiensium.

Provincia Germania I.
Metropolis civitas Magonciacensium.
Civitas Argentoracensium, hoc est Stratisburgo.
Civitas Nemetum, hoc est Spira.
Civitas Vangiorum, hoc est Unarmacia.

Provincia Germania II.
Metropolis civitas Agripinensium, hoc est Colonia.
Civitas Tungrorum.

Provincia Vienensis I.
Metropolis civitas Vienensium.
Civitas Genavensium.
Civitas Gratianopolitanorum.
Civitas Albensium, hoc est Belisio.
Civitas Athensium.
Civitas Valentinorum.
Civitas Treeassinorum.
Civitas Vasenciorum.
Civitas Aurasinorum.
Civitas Carpentoratensium.
Civitas Cavellicorum.
Civitas Avennicorum.
Civitas Arlatensium.
Civitas Massiliensium.

Provincia Vienensis II.
Metropolis civitas Narbonensium.
Civitas Tholosacium.
Civitas Agathensium.
Civitas Betervensium.
Civitas Magalonensium.
Civitas Nemausensium.
Civitas Lutevensium.
Castro Uciacensium.

4. Civitas Silvanectum.
10. Civitas Bellocanorum.
(deest)
9. Civitas Moronorum.
5. Civitas Bononiensium.

VII. Provincia Germanica I.
Metropolis civitas Magnensium.
1. Civitas Argentoratensium.

3. Civitas Nemitum.
2. Civitas Vagionum.

(deest)

IX. Provincia Viennen
Metropolis civitas Viennensium.
1. Civitas Gavanensium.
7. Civitas Gratianapolitana
8. Civitas Decnsium.

2. Civitas Abhensium.
3. Civitas Valentinorum.
9. Civitas Treeasinorum.
4. Civitas Vasensium.
10. Civitas Arausecorum.
(deest)
5. Civitas Cavillicorum.
11. Civitas Avennicorum.
6. Civitas Arclatinsium.
12. Civitas Masiliensium.

(deest)

Provincia Vienensis III.
Metropolis civitas Aquensium.
Civitas Regensium.
Civitas Athensium.
Civitas Foroiulensium.
Civitas Unapincensium.
Civitas Segesteriorum.
Civitas Anthiopolitana.

Provincia Viennensis IIII in ª)
Alpium maritimarum.
Metropolis civitas Ebroduncnsium.
Civitas Dignensium.
Civitas Rigomagensium.
Civitas Soliniensium.
Civitas Saniciensium.
Civitas Glanatica.
Oivitas Cemelensium.
Civitas Vensientium.

Provincia Vienensis V. in ª)
Alpium Graiarum et Pinninarum.
Metropolis civitas Centronium, hoc est Darentasia.
Civitas Vallensium, hoc est Octodoro.

Provincia in Equitania prima.
Metropolis civitas Betorigorum.
Civitas Arvernorum.
Civitas Ruthinorum.
Civitas Albiensium.
Civitas Cadurchorum.
Civitas Leumovicum.
Civitas Gaballuorum.
Civitas Bellavorum.

Provincia Equitania II.
Metropolis civitas Bordegalensium.
Civitas Agenensium.
Civitas Egolisnensium.
Civitas Sanctonum.

XIII. Provincia Narb.
Metropolis civitas Aquensium.
1. Civitas Ragensium.
3. Civitas Aptensium.
4. Civitas Foroiulicnsium.
2. Civitas Vappecinsium.
5. Civitas Cesterotorum.
6. Civitas Atepoletana.

XIV. (Inscriptio deest.)
Metropolis civitas Ebradoninsium.
1. Civitas Diennensium.
5. Civitas Rigomagensium.
3. Civitas Soliniensium.
   (deest)
2. Civitas Glannatena.
6. Civitas Cacmellensium.
4. Civitas Vensiensium.

XV. Provincia Gaiar. Alpinius.
Civitas Taratansia.
Civitas Vallensium. Octodorum.

X. (Inscriptio deest.)
Metropolis civitas Beturicum.
1. Civitas Arvernorum.
5. Civitas Rutenorum.
2. Civitas Albiensium.
6. Civitas Caturcorum.
3. Civitas Lemodicum.
7. Civitas Cabalum.
4. Civitas Vellavorum.

XI. Provincia Aquit. II.
Metropolis civitas Ordogalensium.
1. Civitas Agennicium.
4. Civitas Aquilegensium.
2. Civitas Sanctonum.

a, leg. id est.

Civitas Pectavorum. 5. Civitas Pictavorum.
Civitas Petrogorium. 3. Civitas Petrocoriorum.

Provincia novempopulana
Equitaniç III. XII. (*Inscriptio deest.*)
Metropolis civitas Ausicorum. Metropolis civitas Ausciorum.
Civitas Laquensium. 1. Civitas Aquentium.
Civitas Lacturacium. 7. Civitas Lectiorasium.
Civitas Convenas. 2. Civitas Convenarum.
Civitas Consoranorum. 8. Civitas Consorannorum.
Civitas Boacium. 3. Civitas Boesium.
Civitas Berancnsium. 9. Civitas Benarnensium.
Civitas Aturensium. 1. Civitas Astorensium.
Civitas Vasateca. 10. Civitas Vasatica.
Civitas Turba, ubi castrus Bogori. 5. Civitas Turba.
Civitas Eloronensium. 11. Civitas Elloronensium.
Civitas Elufacium. 6. Civitas Florasium.

IN. PROVINCIIS. XVI. CIVITATES. CXV [a])

XVI.

Glossas paucis exceptis Germanicas, quae in codice CVII manu saeculi IX fol. 3 in margine dextro scriptae sunt, ad Genesim pertinentes, e laffei apographo hic publicamus. Easdem iam antea a. 1869 V. D., E. Dümmler edidit in libro: Zeitschrift für Deutsches Alterthum, e. M. Haupt XIV. 189.

Gen. 25, 34. lentis. linsines.
- 25, 34. edulio. sedi.
- 29, 10. consobrina. gesuia.
- 30, 11. Mandragora. genus herbae.
- 30, 27. experimento. mid ers uogingo [b]) endi mit costungo.
- 30, 37. populeas. belliciné.
- 30, 37. amagdalinas. mandalaboumes.
- 30, 37. platanus. mazaldra.
- 31, 31. violenter. nodnuftigo.
- 34, 3. conglutinata. gelimit.
- 35, 4. terebinthum. genus arboris.
- 37, 23. tunica talaris. sidgeuuadi.
- 37, 23. polimita. polimid.
- 37, 25. stacten. genus pigmenti.
- 38, 14. theristrum. uuimpila.
- 38, 17. arrabona. bugithi [c])

a) Subscriptio in solo codice 186 legitur.   b) erfsuogiugo.   c) *Dümml. legit* biigithi, *emendavitque* bigihti.

Gen. 38, 27. coccinum. unormo.
- 39, 16. in argmnentum ergo fidei retentum pallium. in approbamentum sive experimentum.
- 40, 10. propagines. profnn.
- 40, 16. tria canistra. trhia eeinnn.
- 40, 22. coniectoris. erraderes.
- 41, 3. emergebant. uzsuullon.
- 41, 18. obesis carnibus. benagenen fleissenn.
- 41, 29. fertilitatis. genuhti.
- 42, 15. experimentum. becostunga.
- 42, 27. diversorium. gastnissi inde gasthus.
- 43, 10. intercessisset[a] dilatio. underquami marrunga.
- 43, 11. stactis. genus pigmenti.
- 43, 22. marsupiis. soumun[b] inde uuullochnn.
- 43, 49. uterrimum
- 44, 20. uterinus. gereuo.
- 44, 20. tenere. zardo.
- 46, 30. superstitem. ouarlenon.
- 47, 11. erarium. trisceamara.
- 47, 17. pro commutatione. furi benuandelnngun.
- 47, 19. redigatur. bekerit werthe[c].
- 49, 7. pertinax. fast.
- 49, 17. cerastes. genus colubri.

XVII.

Codicis CXXXVII saec. IX marginibus diversorum hominum manibus, sed quae a tempore scripti codicis non multum distant, nomina inscripta sunt, defunctorum ut videtur, quae tanquam antiquitatis Germanicae monumenta hic exhibemus. Notatu dignum est, vocales uu et uo, ubi diphthongi sono proferendae sunt, plerumque lineola incurvata superducta coniungi; nos loco eius circumflexum posuimus.

Fol. 138. Rihlint. Ruohhart. Lûûtimer. Vnerinbraht.
139. Reginbrunna.
139v. Sigibraht. Ruôhraht. Reginari. Berhttrat. Osanna. Alfhelm (corr. ex Alfhem). Lufgart. Vualtman.
140. Unendilbnrh. Uuidrat.
141. Thitgari. Ruolint. Luôdolf. Thiepolt. Herileih. Vuilligart. Gerbraht. Fromnot. Unendilbnrh.
143. Reginbrunna. Sigibolt. Thieteri. Gisla. Alfhem. Radolt. Vuigarat. Vuindila. Athalrat. Gumbolt. Gerolt. Aluarat. Vniuarat.

a) intereissel c.   b) **S**Soumyn c.   c) unerdic *Dümml.*

Engilrat. Irminlint. Vulfhart. Buowa. Asbraht. Sigolf. Athalgart. Hildrih. Vuerinbraht. Alflint.

Fol. 149. Reginbrunna.
150. Reginlint.
163. Ruohdig.
170v. Engilbraht.
171. Osanna. Berhttrat. Ruobraht. Reginari. Luofgart.
171v. Uualdrada. Norbraht. Uualdrat. Engibraht. Megingoz.
172. Egilbraht. Hardradau. Meginsuuint.
178. Sigibolt. Ratiri. Hildirih. Vuilligart. Sigilint. Humfriht.
178v. Heriuuar. Goldrat. Bezza. Sigolf. Athagar. Vuendib. Guntram. Hildigart. Erfgis. Vuerinbolt. Brunhart. Eilsuint. Gerbirg. Heriger. Gerbirg.
179. Rihilt.
180. Ruozichin.
182. Heriuuart. Goldrat.
183. Uuillifrid. Thiedolf. Hildigart. Sigibraht. Humbraht. Egibraht. Al..... Umotihlrih (sic). Vuirindruht. Ruoker. Gerolt. Uualdrat. Berhtsuuint. Reginlint. Hildimer. Erlebolt. Vothilrih. Erginlint. Irminun.

XVIII.

Codex CXCIX, saeculo vel XI vel XII litteris admodum minutis nec sine mendis exaratus, primo loco »Glosas Lucani« continet, quas Leodii vel certe in Lotharingia ortas esse, arguere videntur mira illa ad locum Lucani I, 449 apposita verba, quae infra leges. Excerpsi quaedam, quae et totius commentarii indolem monstrarent, et aliqua de causa memoratu digna esse viderentur. Auctoris verba, quae in ipso codice linea subnotata sunt, litteris inclinatis exprimenda curavi.

Fol. 3v. ad Luc. I, 254:
Cimbri sunt populi iuxta montem Iovis et Curiam civitatem, quos Romanis oppositos vicit Marius.

Fol. 4 ad Luc. I, 396:
Lemannus lacus, per quem fluit Renus (sic; sed ante Renus aliud verbum. Rodanus ut videtur, erasum est).

ad Luc. I, 399:
Fluvius Burgundiç Ysara, fluvius Compendianorum, qui in Sequanam fluvium Parisiensium cadit, et cum eo in Anglicum mare tendit in civitate Normanniç Rotomage. (402) *Ruteni* de Rucia. Alii dicunt Flandrenses, qui soluti sunt Romanis abeuntibus. (403) *Atax* fluvius de Sessum (sic). (404) *Varus* in alio loco terminat Italiam, in alia parte Rubicon. Alii dicunt quod sit fluvius Hispaniç, quç etiam Hesperia dicitur.

ad Luc. I, 408:
Circius qui et aparchias dicitur, collateralis boreę in dextra. turbat ibi portum. Victor Hercules occiso Gerione tricorpore abstulit eius armenta. quem Ligures depredari volentes, saxis celum pluebat, donec eos occidit. Ibi cognita eius divinitate templum ei fecerunt, et Menelum (*leg.* Monoecum) dixerunt quasi solitarium. cum nullo enim deorum voluit habere templum commune. Is portus est apud Britannos, ubi adhuc expectatur Hercules. (410) *Vendicat* ad montem sancti Michahelis. (412) *Ventus*) ponit causas unde mare sic estuet.

ad Lucani I, 419:
Nemetes Spirenses a verbo Cesaris dicti, qui dum suos vidisset cedere dixit: ne metum habeatis milites. (420) *Satirus* fluvius est. (421) *Tarbellicus* mons Italię, qui Gallicum mare in sinum recipit. (422) *Santonię* civitas in Aquitania. (424) *Leucus*) Fresones sunt. Alii Tullum. (426) *Belga* populi Francię Belvac. vel Belga Treveris, quę Belgica Roma dicitur. (125) *Sequona* (*sic*) fluvius Parisiensium. (126) *Covinnum* genus vehiculi quo illi utebantur. (127) *Alverni* ultra Turonum, ad quos vincendos dum pergeret, ex antiquis historiis cognatos se Romanis asserebant. (129) *Nervius* populus in regione sanctę Gerdrudis, qui facta pace cum perfidia Fimbrum Cotam (*sic*) ad se missum occiderunt. (430) *Sarmata* sincopatum, Sauromata plenum. populi Tracię. (431) *Wangiones* Murmacienses (*sic*). *Battavi* id est Bauwarii. (435) *Gebennę* in fine Alpium, Burgundiam respiciens civitas. hic civitatem intellige, superius per Belga populum. (441) *Tu letaris prelia converti a te*. (442) *Ligur* populus Aurelianis. et illi veniunt. (444) *Quibus* id est apud quos. (445) *Teutates* id est Mercurius, unde Teuconici (*leg.* Teutonici). *Esus* id est Mars. (446) *Tharanis* Iuppiter. hi omnes in Teutonicis partibus colebantur a tarann. Ut feria teutonice dicitur (*sic*). *Scitice*] in Taurica provincia regis Thoantis, ubi Esphienigia (*sic*) Agamemnonis filia sacerdos erat. Hos per mores et ritus determinavit, quia loca certa ignoravit. (449) *Bardi* id est Leodicenses, qui carminibus suis reddunt inmortales animas scribendo gesta regum. (451) *Driade* Sclavi sunt. (457) *Orbe alio* apud antipodes. ili de metapsihei *sic*) senserunt, et euntem ad corpus in tribus elementis purgari dixerunt. In igne in perusta, in aere in temperata, in aqua in frigida. Vel alium orbem vocat alia corpora digniora vel indigne apud nos. fuit enim sentencia, animas in comparibus stellis positas. et descensus per cancrum. in planetis vero pro diversitate eorum hauriebant diversa. In corporibus tandem pro merito quedam cicius celum petebant, quedam de corpore in corpus transeunt. donec firmamento consecutę resipiscant. (463) *Caici*) Westfali, qui eis qui sunt de Reno bellum intulerunt; ibi relicti erant quidam, qui eos arcerent.

Fol. 5 ad Luc. II, 50:
Hister] Danubius, non quod Scitiam attingat, sed quia currit versus septentrionem, ubi est Scitia. vel Scithicus id est Hungaricus; ipsi enim di-

cuntur Scite, quia a Scithis septentrionalibus originem duxerant. Est
vero et alia Scithia in oriente, unde septentrionales duxerunt originem.
Oritur enim in Sueuia, transit Bauaricam (sic), currit Hungariam. Mas-
sagete populi Scithie. 51 Sueui inter Bodam et Albim . . . . . . (51)
Dacus id est Boemi. *Hiberus* id est fluuius Hispanie.

Fol. 5v. ad Luc. II, 69;
Teutonicos scilicet Cimbros.

ad II, 137:
Samnis est civitas in Burgundia. et cum Marius non posset vincere
Sillanos, mandavit Samnitico regi, ut si eum invaret, transferret illic
Romanum imperium.

Fol. 7 ad II, 296:
Dacus id est Boemos.

ad II, 369:
convicia] ioculatorum vel colaphos, qui adhuc novis maritis dantur.

Fol. 7v. ad III, 222:
Biblus genus papiri, quod radebant ad usum scribendum *sic*, ante
usum parganaeni; vel ante usum scripture quando inveniebant nomen
hoc *aquila*, istam vocem non scribebant, sed aquilam pinxerunt. et ita
voluere et fere piete magicorum *linguas*, id est officium vocis quod lingua profertur, habebant, et secundum hoc *magicas* dicit, id est mathe-
maticas: erant enim astrologi. matos doctrinam (*sic*).

ad III, 241:
rogos] Sunt quidam in tali temperie quod mori non possunt, ideoque se
urunt. aliquis suos convocat, et patitur se comedi, et de testa eius faciunt poculum.

Fol. 15 ad Luc. VI, 538:
Ast ubi] Sciendum quod apud maiores, ubi quis fuisset extinctus, in
sarcophago lapideo per septem dies ponebatur, ut sic humore sanguinis
exsiccato, corpora melius incendi potuissent. VIIJ incendebantur, nono
sepeliebantur. unde Horatius (Epod. XVII, 48) Novendialis (*sic*) dissi-
pare pulveres.

Fol. 19v. ad Luc. VIII, 158:
Diua] Venus que ibi de spuma testiculorum patris in aquam missorum
nata, unde dicitur Afrodisia. frodis spuma. *Paphos* insula dicta a Pa-
pho filia Pigmalionis, non illius qui occidit Sicheum. Iste fecit eburneam
imaginem, et obtinuit a Venere, ut tam pulchra fieret mulier quam fuit
imago. Mulieribus enim terre illius meretricibus iungi noluit. Unde
Paphum genuit. De Venere hoc fingitur, quia Saturnus, qui Chronos
vocatur id est tempus, devorat fruges, que significantur per virilia celii
(*sic*). Ideo in mari precipitata dicuntur, quia fruges in ventrem trai-
ciuntur, et Venerem generant, id est libidinem excitant. Cum enim venter intemperate reficitur, tunc virilia ad contumeliam concitantur.

Fol. 20 ad Luc. VIII, 716 *(Cinyraeae Cypri):*
Cirine dicuntur vel a Cirino. Alii libri habent *cuteree*, quidam *cenere*

(sic). In Cypro rex quidam erat Cinaras, cuius uxor erat Cheneris. Hic etc.

Fol. 20r. ad Luc. VIII, 872:

mendax] quia inter deos diceris translatus. Porci Iovis sepulchrum in Creta eruebant, et corpus distraxerunt. Huius rei noticiam adiacentes scire volebant, qui eum pro deo colebant, et sepulchrum eius a Cretensibus exquirebant, quo monstrato stercora porcorum, et caput canibus corrosum et avibus concacatum invenerunt. Quod postea magnitudinis vel religionis gratia Ravennam delatum est. Sed Cretenses verecundati quod corpus non habebant, de quo antea se iactabant, dicebant translatum in celum, et nulli notum ubi esset; et caput illud gigantis unius.

Fol. 22 ad Luc. IX, 428:

Citrus] arbor, lignum hebenum dicitur, unde fiunt mense, et est nigrum et inputrescibile.

Fol. 25v. ad Luc. X, 334:

Sacra] id est execrabili. Massilienses dum frequenter tempestate laborarent, uno de plebe electo, per annum cibis delicatis paverunt. Anno finito sumpsit furcam in manum, et ductus est per singulos vicos, et de qualibet domo familia cum execratione omnia mala illius anni sibi inposuit. Postea conscendit montem, unde cum furca precipitabatur. Ille quoque furcifer dicebatur.

XIX.

Ex eodem codice CXCIX excerpta damus commentarii in Iuvenalis et Persii satiras. Linea qua auctoris verba subnotanda erant, in codice ubique fere omissa est. Librarii errores sunt frequentissimi; quorum nonnullos, ubi nulla dubitatio erat, tacite sustuli. Voces cum gallicae tum germanicae passim adhibitae ad magistros in Lotharingia docentes referendae esse videntur. Ceterum cum multa hic penitus absurda invenias, cave ne omnia eiusdem farinae esse existimes; nam et fabulae et verborum contextus plerumque satis apte explicantur; ea vero hoc loco omittenda duxi.

Fol. 39 ad Iuv. I, 3 ss:

Togatas] Comici utebantur togis. (4) elegos id est carmina miseriarum. (5) Telephus vel poeta vel fabula de Telepho rege Misorum, et notant tragediam. (6) Orestes necdum finitus in tergo] Scriptus margine summi libri iam existente plena, et scriptus etiam in tergo nondum (sic). Mos erat ex parte caruis tantum scribere, ideo dicit et in tergo, vel in tergo id est in coopertorio libri, per quod superfluitas et enormitas reprehenditur. (7) Nota magis nulli, Ostendit quia bene potest scribere, quia sapiens est, et hoc est (quod) dicit: Nulli notior domus quam mihi lucus Martis. Per lucum Martis vel Ariopagus id est villa Martis, ubi apud Athenas philosophi studebant; vel Rome erat imaginarius, ubi philosophi studebant. Per hoc quoque significat se diu studuisse. Ostendit etiam quia bene potest, quia habet materiam de phisica et fabulis, et hoc dicit: *Antrum Vulcani* id est Ethna. Eloia (*sic*) est una de novem insulis, quibus Eolus prefuit; qui fumo Ethne vicini percipiebat qui venti flarent, unde eximperasse (*leg*. eis imperasse) dicitur. et scio *quid agant venti*, id est unde procedant venti, vel quomodo faciant terre motum secundum fisicos. (9) *Quas torqueat umbras Eacus*? Per quod notat se doctum in rethorica. et scio *unde*, id est de quo loco, *alius*, id est Iason etc.

Fol. 39*v. ad Iuv. I.* 15:

Quia tales scribunt, ergo et nos scribemus, et possum bene scribere, quia sum gramaticus et rethor. Gramaticum se ostendit cum dicit: *subduximus manum ferule*, id est palmario quod faciunt pueri cum declinant. Rethorem se ostendit cum dicit: *dedimus consilium Sille*, vel potuimus dare, ut privatus ab honore dormiret. *altum* id est secure. Silla etiam (*leg.* enim) dictator fuit, qui cum accusatus cepisset Romanis odio haberi, cepit consilium ab amicis et a Iuvenali, ut dignitate officii deposita securus viveret.

ad I, 44:

Lugdunum opidum Italie ubi ara sapientię habetur (*correctum in* habebatur) ante quam aram rethoricam professi homines decertabant concionando.

ad Iuv. I, 58:

Et ecce alia causa: Cum vilissimi leccatores (*quo vocabulo saepissime glossator utitur*), qui omnia sua luxuriose profuderunt, petant dominum (dominium?) cohortis. (59) *presepibus*, presepia lectulos meretricum in lupanari positos notat, vel per presepia equi intelliguntur. hoc enim de Damasippo dictum est, qui semper equis delectabatur, unde post consulatum mulio factus est, et in ipso adhuc consulatu existens solam Yponam, deam videlicet equorum, iurabat.

Fol. 40 *ad Iuv. I*, 60:

Dum pervolat etc. Alia iterum causa reprehendendi. Cum esset mos Romanorum, nullum ire per flammas (*sic*) nisi nudis pedibus, Nero per eam encurrit curru suo. Licet latenter carpit Neronem. Flaminia autem reverenda via fuit, in qua boni viri iacebant.

ad Iuv. I, 61:

Alia causa. Quidam leccator fuit cancellarius regis et faciebat se ferri sex viris, et patebat corpus suum ex utraque parte, ut et ipse et ornamenta cathedre sue melius viderentur. et ipse *signator multum referens de Mecenate supino* q. d. dicebat se sapere tantum quantum Mecenas cancellarius Augusti Cesaris. vel *referens* id est reportans in se acta Mecenatis. vel *referens* id est iactans se de quodam Mecenate quem vicit, et hinc dicit *supino*. et cum hec omnia sint, *nonne libet*, id est libere debet implere magnas tabulas reprehensione *in medio quadruvio*. id est in aperto. Poete in oculto solebant scribere, sed dicit quod in aperto fiebant vicia: etiam publice redarguenda sunt. Signatorem dicit quendam leccatorem, qui dicebat se esse cancellarium, ut iam dictum est; sed nichil valebat, quod ostendit dicens *falso*, id est non vere fecerat se laudabilem et divitem, sed *exiguis tabulis et uda gemma*, id est per falsas litteras et per falsa sigilla. Gemmam enim anulum vel sigillum regis vocat, quam illitam aqua cera (sic) inprimebat.

ad Iuv. I, 116:
ut concordia colitur, que significatur per ciquoniam que salutat pullos in nido.

Fol. 10v. *ad Iuv. II*, 141:
Lide id est aranea, de qua faciebant pocionem, ut possent parere. (142) *luperco* id est sacerdos qui matronis Romanis infecundis respondit in oraculo: Italides matres sacer hircus inito. Istum (sic) monstrum fecit Graeus et etiam aliud maius; pugnavit ut gladiator et devictus fuit.

Fol. 41 *ad Iuv. III*, 11:
Arcus locus erat nemorosus, in quo pocte publico stipendio alebantur, ut ab omni impedimento vacantes in studio proficerent: sed iam crescente Romanorum avaricia pocte expulsi sunt. Locus prius sacratus, egregie (Egeriae) nimphe que Numam docuit sapientiam, consecratus, Iudeis locatus, quorum conversationem in urbe non paciebantur. *Capena* est fons ibidem. *Mendicat proiectis Camenis*, vel ipsi Iudei mendicant. pauperes enim erant eo tempore.

Fol. 41v. *ad Iuv. III*, 162:
Ediles uocantur nobiles custodientes Capitolium.

ad III, 170:
veneto. de Venetia.

ad III, 199:
tercia tabulata id est tria solia.

ad III, 203:
Ornamentum id est instrumentum *abaci*. Abacus fuit ille poęta qui illam scientiam invenit.

ad III, 223:
Circenses vocat ludos, qui ex una parte ensibus positis, altera aqua existente fiebant, et componitur ex circo et ense.

ad III, 245:
Assere id est balca.

Fol. 42 *ad Iuv. IV*, 8:
Vere est malus quia *corruptor*; et quandoquidem est corruptor, igitur minime est felix, et hoc est *minime corruptor* etc. Et vere malus quia *incestus*, quia corrumpit moniales. *Nuper iacebat rittata*, id est monialis. (10) *Sacerdos* id est moniales cum aliquo deprensę vivę obruebantur cum adultero. (11) *Sed nunc*. Corrumpit moniales, sed hoc est *de levioribus factis;* et tamen alter secundum leges moreretur.

Fol. 42v. *ad Iuv. IV*, 55:
Rem fisci vocat rem propriam. fiscon (fiscus enim?) est allodium.

ad IV. 61:
   Troianum ignem vocat ignem inextinguibilem, quem Eneas a Troia attulit Albam.
Fol. 43 *ad Iuv. IV*. 149:
   Precipite penna id est veloci cursu vel prepete. Tangit illorum morem, qui ad remotum locum euntes, columbas quas secum portabant, cum brevi pedi ligatas retro mittebant, ut per hoc facta illorum cicius scirentur.
Fol. 44 *ad Iuv. VI*, 50:
   Paucę adeo. benedico *(quo verbo saepe utitur)* quia multę sunt incestę. quia paucę sunt castę intratę *sic)* templum Cereris. *rittas* id est sacrificia. Consuetudo erat quod nulla sacrificabat nisi casta. Vel *rittas* ut fiat monialis in templo illius.
Fol. 45 *ad Iuv. VI*, 177:
   Alba scrofa. quam cum XXX porcellis (Aeneas' ubi secundam Troiam iuxta Albam instituit, invenit, sicut fatatum erat.
ad v. 187:
   Omnia grece. nedum loquuntur grece, quia omnia faciunt grece, et in hoc sunt redarguendę. tamen condonandum esset *puellis*. Puellis est condonandum, sed vetulis non. et cum deberet dicere vetulas, ponit diffinitionem illarum. (194) *Illud*. scilicet in extremitate coitus dicunt *Zoi kai Siche*, id est vita mea et anima.
Fol. 45v. *ad Iuv. VI*. 263:
   Quam denso fascia libro. librum vocat multiplicitatem pannorum. quibus mamillas suas stringebant; et hoc per simile. quia sicut in libro unum folium sequitur aliud, sic pannum suum interponebant.
Fol. 46 *ad Iuv. VI*, 388:
   Quid faceret plus. Sacrificat pro leccatore suo. 391) *pro cithara*. pro citharizantibus. *velare caput*. quia sacrificantes capita velabant. vel velabat caput, id est ut fieret monialis.
Fol. 46v. *ad Iuv. VI*, 465:
   Foliata id est optima unguenta facta de foliis. de paradyso venientibus.
ad v. 489:
   sacraria id est templa. *lanas* (sic) vocat moniales templi Ysidis, quia paciebantur leccatores ibi habere amicas.
Fol. 47 *ad Iuv. VI*, 576:
   primum lapidem vocat metam primę lucę *(leg.* leucae).
Fol. 47v. *ad Iur. VII*, 16:
   altera Gallia dicit quia duę Gallię sunt, nostra et altera in Galathia. Sirus rex Persarum Bithinienses obsedit, ad quorum deliberationem Romani secum Gallos ducentes expugnaverunt. scilicet quę pars Gallorum ibi remanens, et filias illorum duxerunt in uxores *sic*), vocata est Greca Gallia. et hoc est *altera Gallia*.
ad v. 23:
   Atque ideo. quia ab aliquo putas habere *membranam*, id est pergamenum. vel superficies *crocę tabellę* propter rubrum ceram. vel de buxo factę.

Fol. 48 *ad Iuv. VII*, 101:
multa papiro, id est multo pergameno. Papirus quoddam genus iunci est in Egipto, de quo solebant poetę scribere.

ad v. 107:
fasce id est pondere librorum quos secum ad placitum deferunt. (108) *Ipsi* vere multum laborant, quia ibi multum clamant: *sonant* multum, *sed tunc* maxime *cum creditor* etc. Creditor qui carnem (sic) suam alicui credidit, propter quod cum in causam ducit. (109) *Latus* illius causidici. *Acrior illo* creditore. (110) *Qui* scilicet numularius venit ad aubium (*leg. dubium*) qui habet dubium nomen, quia numularius dicitur, de quo dubitatur, an dicatur a Numa Pompilio, vel a nummo. vel *qui venit ad dubium nomen*, id est causam de qua nascitur uerum (*leg.* nescitur utrum*) habeat nomen victoris vel victi. *Cum codice* id est in libro in quo scribitur (*leg.* scribit) illos quibus nummos suos accomodaverat.

ad v. 119:
parvus *petasuneulus* id est bacho.

ad v. 126:
Est pictus sedens super equum. *curratum* id est flexile. *Statua.* vel ita est depictus ac si alicui iungere vellet, quia multos iungentes oculum unum iungunt (sic) ut rectius hostem feriant. vel *lusca.* amiserat unum oculum pro vetustate.

Fol. 48r. *ad Iuv. VII*, 129:
hic exitus, scilicet quod deficit in oratione. (130) *Rinocerontis* id est priapo. *lavari* id est bolnicari (sic). Rinoceron et unicornium, scilicet aliud quidem unicornium, habet super uares cornu, et vocat hic priapum rinocerontem, quia durus quasi cornu. (131) *luculenta* (sic) id est balnea puerorum. Maculosa turba leccatorum, et quare *rexat?* ut eos inclinet. (132) *Longo assere* id est pertica *premit*, id est verberat. vel *premit* et inclinat *assere* id est priapo.

ad v. 134:
Staltaria (sic) id est adducta per mare. stalaria quadam lingua dicitur mare. vel *p. s.* tincta de sanguine muricis illius piscis existentis in mantino silo id est facta in tirio (sic).

ad v. 159:
In parte leva mamille scil. corde, quia, ut dicunt phisici, in leva parte cor est.

ad v. 165:
stipulare id est requirere. Stipulare tractum est a stipula. qui affirmant rem, accipiunt stipulam, et postea proiciunt ad terram.

ad v. 192:
Subtexit id est texit, *lunam* id est rotunditatem. *Alutę crocę* factę de cordebando. Mos erat quod liberti propter signum in oecreis suis quandam rotunditatem albam habebant. donec liberi fiebant. huic autem Ro-

mani tamquam esset liber. rotunditatem illam pingere concesserunt pro divitiis suis.

Fol. 49 *ad Iuv. VII.* 204:

Exitus id est finis. *Carinum* oppidum est de quo oratores fuerunt, unus prior alter secundus, et de secundo hic agit. Socratem (sic). Postquam Socrates de sodomitico peccato accusatus fuisset a discipulis suis, in Thimeo monte ab Atheniensibus positus est, ibique nullus aliquid ausus ferre fuit unde viveret, nisi cicutas, que sibi minuerent libidinem.

Fol. 49v. *ad Iuv. VIII,* 42:

Ut te. et ita times (*leg.* tumes) ut sis filius alicuius mulieris de genere Iuli filii Enee, et non filius merctricis, que te *texit*, et que te tectum in aliquo loco proiecit, *condueta* ab aliquo milite ut rem sceum haberet, et nisi *sub aggere* id est super aliquod fossatum.

ad r. 51:

Batav. oppidum est in Baluaria (sic) quod devicerunt Romani; quod custodientes Romani milites suos ibi dimiserunt. et hoc notat per hoc quod dicit *custodes aquilas.*

ad r. 67:

Molam Nepotis, illius hominis vel leccatoris habentis molam. et iste Nepos dicitur a nepa id est a leccacitate. quia leccatores et equi non boni versabant molas in pistrino.

ad r. 118:

Scena theatro. Scena vocatur camera, in qua persone induebantur. que prius solebat fieri de ramis, modo de marmore.

Fol. 50 *ad Iuv. VIII,* 148:

Astringit id est appodiat. *Flamine* id est appodiatione.

ad r. 153:

maniplos id est garbas solvet equis suis.

ad r. 157:

Nota quod *Ypona* templum Rome habebat. in cuius templo et presepia et eque quomodo ad presepe erant ligate, pictum.

ad r. 168:

scripta id est in libro depicta, quibus illi balneati et uncti involvebantur.

ad r. 176:

Galli id est ioculatoris. *Resupinati* id est inclinati ab illo. *Equa* ibi audent tunc leccatores cum illis ludere: ita *ibi* inter illos leccatores.

ad r. 187:

Laureolum. Vere nobiles fiunt ioculatores quia Lentulus (sic). *Laureolum* vocat scutellam perforatam in medio, per cuius foramen porrecta corrigia quando trahebant mirabiliter volvebantur. vel *laureolum* vocat scutellam, super quam cervus ligneus appositus saliebat *relox* nulla arte.

Fol. 50v. *ad Iur. VIII,* 229:

Sirma id est rotulum in quo scripta est fabula facta de Thieste domini Neronis, postquam erit mortuus. *Antigones*, quomodo Antigones (sic, fratrem suum ploravit Pollinicem. *Menalippis* illius meretricis. (230) *sus-*

pendet collo (sic) scilicet quomodo cantabat in theatro. collosum dicitur quoddam lignum planum ut maior (sic) de quo Nero chitaram fecit. (231) *Quid cantilena* (sic). Vere pro nobilitate non es nobilis, quia cantilena etc. (234) *Braccatorum* id est theothonicorum *pueri* qui deberent vindicare pueros (leg. patres) suos.

Fol. 51 ad Iuv. IX, 30:
Gallia quia in Gallia non bene texitur.

ad v. 32:
Fata, id est: Ego accipio tenue argentum, et hoc secundum fata. (33) *Quas sinus*: veterum sinus panni. Nam si vere fata volunt, multa accipis, quia si fata cessant, parum. (34) *Sydera* ponit pro fatis, quia secundum constellationem homines sunt fatati.

ad v. 50:
Succina id est pinguia, bacones et pisces.

ad v. 54:
Presidia (rect. praedia) allodia.

Fol. 52 ad Iuv. X, 116:
uno asse id est qui tam parvus est, quod ut libentius eat ad scolas, assis ei datur. *Minervam* id est Palladem deam sapientię, vel sic: *quisquis colit Minervam*, id est qui offert adhuc obulum in festivitate Minervę. Nota quod illi qui erant parvę sciencię, obolum offerebant; illi autem qui erant maioris sciencię, nummum. (117) *Capsę* id est foruli, in quo ponitur stilus.

ad v. 121:
Rostra. Nota quod Romani de encis navibus columpnas ad quas placitabant, fecerunt in Romana civitate, super ipsas naves plaustro Romam adductas; et iuxta columpnas positas in placito sedebant.

Fol. 53r. ad Iuv. XI, 58:
Siliqua cossa fabę dicitur.

ad v. 63:
Alter: Eneas. Nota quod Eneas quadam die ad Albulam fluvium cum accipitre suo illum ad anetas proiecit, post quem prosiliens, cum quo (leg. ipso) submersus est, sed miseratione deorum in celum translatus est.

ad v. 69:
Asparagi id est boleti.

Fol. 54 ad Iuv. XI, 81:
rulva id est plenitudo. (82) *Sic scitur* (leg. *Sicci terga suis*). Vere faciebant minora pericula, quia olim sufficiebat in natalibus, si frustum bacconis habere poterant. (84) *Natalitium* id est in die natalis sui. *Cognatis* id est amicis suis. (85) Nonne accedentem habebant recentem carnem? Certe non, nisi ex sacrificiis remaneret. (86) *Cognatorum*. Vere in natalibus frustum bacchonis sufficiebat, quia etiam ipse consul veniret ad te, si frustum bacconis ei permisisses.

ad v. 132:

Thessali̧ę *(leg. tessellae)* dicuntur scacani.

Fol. 54v. ad Iuv. XI, 170:

Sonitus id est couperitus incer. (crepitus nucum ?). Nota quod in nuptiis, et omnibus ;locis; ubicunque aliquis cum aliqua taliter rem habebat, ibi nuces crepare solebant, ne audirentur. *Nudum* id est expeditum. 173; *lubricat* id est lubricando torquet *orbem*, id est scutellam. *Pitisma* dicitur virga, super quam ponebatur scutella, per cuius fundum corrigiam tenebat cum virga.

Fol. 54v. ad Iuv. XII, 34:

Castora id est beverum, qui agitatus a canibus testiculos suos amputavit, credens non se propter aliam fugari (*sic*).

ad v. 46:

Bascaudas vocat aureas naviculas habentes duas caudas, cum quibus bibitur. *Escalia* dicuntur sentellę quę circulum habent in circuitu quo cratere (*sic*).

Fol. 55r. ad Iuv. XIII. 117:

Karta id est pargamenum, in quo ligatum fuerat thus. (118) *Omenta* sunt bacilli illius leccatoris.

ad v. 137:

lignum in quo debita sua notaverat. *supercacua* vel qui non iuvat eum, vel quia ibi pro nichilo apponitur ;*sic*; postquam cirographa sunt supervacua id est nichil proficientia. *Cirografa* vocat kartam manu factam in qua scripserant. *supercacua*, vel qui non iuvat eum, vel quia ibi pro nichilo opponitur in qua ;*sic*;. (138) *Quos* homines *arguit* id est probat *littera ipsorum*, vel littera sua, id est pars illius scripturę. Notat quod cirografa ibi sunt vana. creditor et debitor per medium dividebant, et unus quisque partem suam custodiebat, ne posset aliquid addi vel subtrahi. *Gemma* id est sigillum alicuius principis, quia melius comprobatur per sigillum quam per litteras. (139) et *sardonicus* id est lapis ille quo signabatur, et postea alicui diviti ad custodiendum dabatur, et hoc notat per eburneos loculos.

ad v. 164:

Germani id est hominis de Germania. (165 *Cornua* reflexio capillorum. *Orno* (*leg. cirro*) id est calamistro, quia calidum, prius tamen in aqua positum, capillis apponebatur.

ad v. 185:

Senex id est Socrates. *dulci* propter mel quod ibi habundat. ;186) *Qui* Socrates. (187; *accusatoris* qui eum accusaverat de sodomi(tico vi)cio.

Fol. 56 ad Iuv. XIV, 101:

Verpos id est Iudeos. Verpus dicitur inmundus digitus, quo in die Veneris podicem suam mundant, et componitur ex verte et podice.

Fol. 57 ad Iuv. XIV, 265:

Petaurus dicitur ille ludus, qui fit in tapeto, quando homines tenentes hominem in tapeto positum, in altum proiciunt. Vel petaurus dicitur taurus eneus, qui aliquem hominem super cornua sua magica arte in altum elevat (et) suaviter in terram dimittit per rectum.

Fol. 57v. *ad Iuv.* XV, 4:

Nitet effigies, id est alii statuam Memnonis adorant. *Circophiticus* mons fuit, in quo erat statua Memnonis filii Aurorę, quę fistulas habebat intra se, quibus fistulis mathematica arte emittens sonos regem salutabat, et solem in uno quoque die; sed ad illam rex Combenses (Cambyses? veniens fistulas, quibus regem satutabat, abscidit. et hoc notat ubi dicit 5) *dimidio Memnone*. et ex illo salutabat nisi solem tantum. et ibi, id est in Egipto, *chordę* id est fistulę concordantes sicut fistulę (*leg.* chordae) atque ibi coluntur ea quę non sunt colenda, (6) ubi *vetus Thebę* etc. Quedam civitas quę vocata est Thebe, ens in Egipto, quam destruxit Alexander, sed postea reedificavit, quoniam ioculator quidam, Alexandro querente unde esset, ille se nullam patriam habere, Alexandro respondit, quia Alexander eam destruxit.

ad v. 30:

Syrmata id est volumina librorum.

Fol. 58v. *ad Persii Prologum:*

Satirę proprium est, ut verba humiliter dicat, et sannas faciat, quas Sisenna protulit poeta. Item satira dicitur quia variis rebus continetur. Satira dicitur (lanx *corr. in*) lex apud Romanos lata, quę fictis verbis fallit audientes, ut aliud dicat aliudque significet.

Hic fabulam tangit. Forcus rex tres filias habuit Gorgonas secundum fabulas, Stennio, Euriale, Medusa. fuerunt enim locupletes nimis. Unde Gorgones dictę sunt quasi gorgę id est cultores terrę. Sed mortuo patre successit ei Medusa in regnum. quam auxilio Minervę Perseus interfecit rex Asię. et de sanguine eius egressus est Pegasus equus, qui pede suo terram percutiens, produxit fontem Pegasum nomine, sicut fabul(os)a Grecia finxit. Qui fons dicatus est poetis et Musis. hinc Martianus: Et fons Gorgonei tulit caballi (Mart. Cap. l. II § 119). Sed hoc falsum est. Veritas tamen inquirenda est. Gorgon id est terror, Stenno debilitas, Euriale lata profunditas, Medusa oblivio interpretatur. hęc omnia terrorem in hominibus faciunt, quę omnia Perseus occidit. Perseus vero grece, latine virtus, cam auxilio Minervę interfecit, quia virtus auxiliatrice sapientia omnes terrores vicit. De cuius sanguine egressus est equus Pegasus. Pegasus enim fama dicitur, quia virtus omnia superans famam sibi acquirit. de quo potant poetę, quia in laude virtutis videntes cam victricem prosiliunt.

(8) *Psitacus* avis in Numidia. solummodo in littoribus gignitur, colore viridi, torque punicea, grandi lingua, et ceteris avibus latiore. Unde et articulata verba exprimit, ita ut si cam (non) perspexeris, putes hominem loqui. Ex natura autem salutat dicens: Ave vel Kere. Quod ingenium ita Romanę delicię miratę sunt, ut barbari psitacos mercem

fecerint. Cuius rostrum tantę duricię est, ut cum e sublimi se precipitat saxo, nisu se cius excipiat, et quasi quodam presidio utatur extraordinarię firmitatis. Caput vero tam valens, ut si quando ad discendum plagis sit monitus, ferrea clavicula sit verberandus. Dum pullus est, ideo intra alterum etatis annum, et que monstrata sunt citius discit, et tenatius retinet. maior paulo segnior est et obliviosus et indocilis. Inter nobiles et plebeios discretionem facit numerus digitorum. Qui prestant, quinos habent digitos; ceteri ternos. (Ex Solini LII, 43).

Nec fonte etc. . . . . Psitacus est avis apud nos ignota, quae cesari delata dixit: Kere cesar invictissime.

ad Pers. I, 20:

Ingentes trepidare Titos id est Romanos, a Tito Tacio rege Sabinorum. Vel titos dicit scolasticos eo quod vagi sint neque uno magistro contenti et in libidinem proni, sicut aves quibus comparantur. Nam titi columbę sunt agrestes, quibus rustici auditores significantur.

Fol. 59 ad Pers. I, 53:

Scribitur in chitreis id est nobilibus. Aput antiquos cytreis tabulis parietes ornabantur, quas incerabant. Sic etiam spondas incerabant, ut ibi noctu siquid recte in mentem venerit notarent.

ad v. 76:

Est nunc Brisei, id est aliquis Briseus dicitur Liber pater, eo quod ipse primus usum mellis adinvenerit. Nam brisim iocundum dicimus, brisare exprimere. Unde Liber dicitur Briseus ab uvis expressis. vel ex nomine nimphę quę eum nutrivit. vel ideo quia barbatus colitur. Unde in Grecia duę statuę eius erant, una quidem hirsuta que dicebatur Brisei, altera lenis quę dicebatur Lenei. Accium [poetam dicit. Sensus est: Sunt qui contempnentes carminis nobilitatem, solos student veteres poetas legere.

Fol. 60v. ad Pers. II, 70:

Nempe illud agit quod pupę donatę Veneri a puellis de virginibus. Virgines Veneri reponebant puppas ex panniculis factas, quas vulgo puppas dicimus. In quibus post devirginationem sigilla suspendebant, ut insinuarent se sigilla virginitatis amisisse.

ad Pers. III, 1:

Nempe hęc assidue, id est numquid non? In hac satira invehitur poeta in desidiam et intemperantiam hominum. Ad hoc autem principium pertinet quod philosophi dicunt: Necesse est viciis sapientem incidere. Hanc satiram poeta ex Lucilii libro quarto transtulit, castigans luxuriam et vitia divitum, et cum inducit pedagogum obiurgantem scolasticum, increpat omnium segnitiam.

ad v. 10:

Iam liber, iam capit librum. *Et positis*, sumptis, *membrana capillis*, quia pars crocea est, alia glutinata. (12) *Tum querimur (sic) crassus calamo*, quod penna sit intemperata et aquosum sit atramentum. (14?) *Fundat* id est stillet. (13) *Nigra sepia*, quod nil proficiat infusa aqua.

Sepia pro atramento posuit. 14) *Dilutas querimur,* id est solutas nimia aqua. Reprehendit quod querendo tempus perdit. (15) *O miser,* processu temporum minui in te econtra augenter (sic). Responsio pedagoge. Peda grece, latine puer. gogo id est duco. Inde pedagogus puerorum ductor: *Inque dies miser ultra,* id est in eternum miser. *huccine rerum venimus.* id est ad tantam miseriam, o miser, negligentia venimus. et est proverbium antiquum. (16) *Tenero palumbo* id est delicato. (17) *Et similis regum pueris papare* id est manducare. O magis atque magis periture desidia, qui ad tantam dissolutionem nobilium puerorum lapsus es, ut mutilas voces imiteris, et *papare* id est manducare, et *lallare* pro nolo dormire recuses. ,18) *Poscis, et iratus mammę lallare recusas:* sicut infantes, stultam imitatus molliciem delicatorum vel nobilium puerorum, quas ipsa magna divitiarum frangit luxuria, mutilas voces imitaris. Sicut enim qui parvulas nutriunt aves, diducto earum rostro conmanducatos inserunt cibos, sic et nutrices infantes delicatos esse instituunt. Unde palumbos melius pueros intelligimus, quos que nutriunt, blandientes columbas id est passeres et pullos vocant. Aut cur non manducatos (cibos) poscis? Aut cur non (a nutrice iussus dormire ploras? que infantibus dicit ut dormiant: lalla. lalla. lalla. aut dormi aut lactare, quod quasi irascentes nolunt. Hic est sensus: Usque dum pepercisti modo amisisti matris tuę *sic*). sic delicate hic morari cupis ut pote filius regis.

Fol. 61v. ad Pers. III, 103 :
Signa mortis, quia aput antiquos *tuba* celebrabatur sepultura. *candelę* etiam in sepulturis ante mortuos precedebant.

XX.

Glossarum ad Prisciani artem grammaticam ex Cod. CC. saec. X pauca damus excerpta; eas vero quae voces germanicas continent, omnes. Non eiusdem omnes sunt aetatis, cum nonnullae cum ipso codice sint descriptae, aliae postea additae esse videantur, omnes vero saeculo XII antiquiores.

Fol. 4v. ad Prisc. I, 22 Catullus] Verona dicitur civitas in Italia. Inde Veronensis nominatus poeta.

Fol. 5v. ad I, 26 CAERE *(ubi A expunctum est)*. ΑΤΙωΤΟΥ *leg.* ἀπὸ τοῦ ̇. ΧΑΙΡΕ] cere quod ave dicimus, per e solum scribendum.

Fol. 9 ad I, 45 agger] agger herptia de ferro, qui in portus civitatum sunt. vel dicitur monticulus. vel cumulus.

Fol. 12v. ad II, 10 galea] helm.

Fol. 19 ad II, 53 antesignanus qui in hostem fert guntfanouem.
    ad II, 56 Spoletum] castellum. vel regio que Spulis dicitur.

Fol. 19v. ad II, 60 fiscina] cofinus. corbilia vas de viminibus *additum est:* et aptum casco). diminutivum fiscella. fiscus] proptnarium (sic) cesaris. vel marsappium (sic). sacculum. *et supra lineam:* Saccus vulgaris. vel saccus denariorum.

crocotillum ualde cile crocotillis
Fol. 25 ad III, 29 Plautus in cistellaria. Cum extortis talis. cum totidinis crusculis. Todus genus est avis impacientissima. Todere movere dicimus. quod semper huc illuc se iactat totam cum cruris (sic). unde todulla.

Fol. 27v. ad III, 44 qualus] coffinus.
    quassillum] sporta.
    pistrilla] maida. vel lignum quod super ponitur. *Ultima verba paulo post addita esse videntur.*
        panus spuola.
    ad IV. 2 calcar] sporones.
        teges, huius tegetis. de spada. vel cooperies.
Fol. 33v. ad V, 5 gummi fleit.
    ad V, 6 haec cartha breif.
    haec catharacta] himelbrust.
        coch
Fol. 34   lixa interfector. vel lasciva. vel servus militum qui sequitur exercitum questus causa.
    ad V, 7 talpae] muerpen.
Fol. 35 ad V. 14 beuer [*antiqua manu correctum in* peuer], ipse est qui rustice dicitur bibur.
Fol. 36 ad V. 23 haec cratera vasa vinaria cum duas ansas. vel tonna. Cf. f. 57v. ad VII. 9 amphorarum] vas vini cum duas ansas.
    ad V. 25 antistita] epyscopissa.
Fol. 36v. ad V. 26 abies] isappus.
Fol. 37 ad V. 30 strigilis] scerra.
Fol. 38 ad V, 39 haec spinx] ifinula (*lego* id est finula; Cf. f. 55v. ad VI. 94 spinx] nomen est pestis. *et infra App. XXI.*
    ad V. 40 lagoenas] vasa de petra rubia.
Fol. 38v. ad V, 43 Vulturnum] fluvius in Benevento. ubi monasterium est sancti Vincenti.
Fol. 41 ad V, 66 asecretis. acaliculis. ΑΚΑΙΛΕΟΥ. aresponsis. abatis
    A secretis. magister secretorum. id est auditor.
    A caliculis. magister caliculorum. id est pincerna.
    A responsis. magister responsorum. id est minister.
    A batis. magister batorum. id est prefectus.
    Batus autem qui et ephi. III. mod. capit.
Fol. 48v. ad VI, 43 fiber] beuer.
Fol. 52 ad VI, 73 cadis] tonnis.
Fol. 62v. ad VII. 42 merops] gruonspet.
Fol. 64v. ad VII. 55 gausape drappus. vel pannus.
Fol. 67 ad VII, 70 In praefectura Fulginate in comitatu.
Fol. 140v. ad Fulgent. balbutire] stamulon.
        aggarrire] crakilon.

XXI.

In codice Prisciani mutilo CCII saeculi XI glossae leguntur cum ipso verborum contextu descriptae, quarum excerpta quaedam hic proponimus. Praeterea in summo folio 8v. manu aliquanto recentiori scriptum hoc legitur epigramma:

Monte sub hoc lapidum tegitur balista sepultus:
Nocte die tutum carpe, viator, iter.

quod in Anthologia latina per Al. Riese edita n. 261 legitur. Scilicet ludimagister fuisse dicitur nomine Balista.

Fol. 15v. Compos competis. sicut compos compotis. nam compes compedis aliud est quod thetisce (sic) dicimus generdo.

Fol. 46. tipsanarium] Vas in quo lagana fiunt, id est stamph. vel domus ubi ptisana id est frumenta reconduntur, quam theodisce dicimus spicare.

tabellarius] brieuere. Tabellarius vocabatur qui ante inventionem cartarum tabulas portare solebunt (l. solebat), ubi scripte erant epistolae. motaria scilicet waga.

Fol. 49v. fiscina] casicar. Vas in quo caseus inprimitur. vel hoc quod theodisce dicitur casicorf. inde fiscella dicitur.

fuscina] crouhel. inde fuscinola.

fuscina] crounil. inde fuscinula diminutivum. Fiscus dicitur puplicus sacculus, quem habebant exactores, et in hunc mittebant debitam penam, que reddebatur regi.

Fol. 50. fabrateria] smkthb (smitha).

Fol. 62v. lens lendis est animal quod vulgo dicitur niz.

Fol. 63v. nitedula animal quod vulgo dicitur harmo.
            spuolo
Fol. 67v. pannus] id est ubi fila volvuntur in giro. spulo theutisce.

Fol. 68. a voec] lxtk (luti) id est a sono.

Fol. 73. vestibulum] porticus ubi sacerdotes se induunt. concilio id est thingun.
         thinghus
conciliabulum] domus concilia (sic). thinghus.

Fol. 73v. perpendiculum] muruuaga id est plumbum cum quo murus regitur.

Fol. 74r. laquear] himeleze.

Fol. 80. Virgilius dictus est a virga populea, quia dum mater eius in itinere posita a via declinaret et eum pareret, puerperia in terram infodit et ibi virgam populeam infixit, que cito excrevit in magnam arborem, et floruit. unde intellexerunt quia magnus poeta foret puer, et ex hoc dictus est Virgilius a virga.

Fol. 80v. chartina chartinacius] Cartina oppidum est ubi primum usus carte inventus est. nam antea in corticibus scribebant.

Fol. 84v. amita] wasa.

Fol. 85. arbutus] hyfeldra.

Fol. 85v. gummi] fliz.
    tuber] honer. vel fungus.

Fol. 86. Musa dea aquę **ΑΠШ ΤΟΥ ΜΟΥϹΑ**. id est ab aqua, unde et Moyses dictus est, quia ab aqua sumptus est a filia Pharaonis.
Fol. 87. Quaterno dicitur qui quattuor milites habet sub se. Quaternio dicitur ubi sunt quattuor diplomata.
Fol. 88. comicos] Poetę villani qui comediam scripserunt, id est carmen de comessationibus et ebrietatibus.
Fol. 89 (V, 14) peuer *quod post* auster *manu secunda additum est,* animal id est castoreum idem est quod fibris, quod vulgo dicit neurum.
    oleaster] oliva salvatica (sic).
Fol. 90v. furfur] clia.
Fol. 95v. murex id est rezza.
    vervex] nuyther. aries.
Fol. 96. claxendix] sperehuot.
Fol. 96v. sandyx] weiht.
    spinula
    spinx] Fibula unde crines mulierum religantur. et est etiam genus simię villose.
Fol. 97. varix] urslati. vel vena.
Fol. 101v. Pyrhus (rect. Pyrrhus) a potu pirin. id est a qualitate capilli.
Fol. 116. Inter diadema et coronam hoc distat, quod corona est quę sursum extendit latus et tantum regi pertinet. Diadema est rotundatum forma quod duces et marchiones ferre debent.
Fol. 118v. et piper et pernę] piper propter ignem dicitur. Perna porcina caro condita sale vel aliis rebus. vel perna est medietas bachonis.
    Alcedo nomen avis est et est genus anetis. que quamdiu ova sua fovet, fertur mare serenum esse, donec pulli excludantur. Est enim magna atque crassa nimis. In mari nutritur. non videtur ab hominibus nisi anniversaria. et manducat hominis carnem. et ova sua parit.
Fol. 132. Oppipare] copiose. egregie. splendide. Inde oppa convivia dicimus ampla accurata. Oppiparum dicitur ex multis opibus compositum ex opibus et pari. quod vulgo spipare dicitur.
Fol. 135. femen] isben.
    Iecur dictum eo quod concoquet *sic*) escas in homine. quod fecatum dicitur latine et grece epar.
Fol. 136. hic vas] buorgo.
Fol. 142. annali] Distat inter historias et annales. historię sunt earum rerum quas videmus **ΑΠΟ ΤΟΥ ΗΙϹΤΟΡΙΝ**. id est videre. Annales sunt earum rerum quas non videmus.
Fol. 143v. Xerolophum siccum cervum. Xeron id est siccum. lophos cervus. nam cervus ęreus super ipsam mensam positus est et siccus est.
Fol. 151. Cicero in chorographia. In terre descriptione. Chorographi scriptores regionum. hinc et corepiscopus regionarius.
Fol. 176v. calcar] sporo.
Fol. 190. lucus dicitur eo quod minime luceat id est silva densatica.

XXII.

In codice CCIX Kalendario manu saeculi XIV exarato adnotationes quaedam historicae inscriptae sunt, quas hic collectas proponimus, indicatis in margine temporum notis. Complura vel evanuerunt vel erasa sunt.

1486 *Ian.* 5.	Nonis Jan.	Anno domini M.cccc. lxxxvi Rex Romanorum Fredericus fuit hic in primis vigiliis epiphanie, presentibus filio suo Maximiliano duce Burgondie et Austrie, et archiepiscopo Coloniensi Hermanno lantgravio, et episcopo Leodiensi et episcopo Cameracensi et duce Iuliacensi et duce Gelrensi et duobus marchgraviis de Baden etc.
1486 *Ian.* 21.	XII. Kal. Feb.	Rex Fredericus recessit.
1374 *Feb.* 11.	III. Idus Feb.	Anno domini M°.ccc°. lxxiiij° Renus erat in maxima inundacione.
1486 *Mart.* 31.	II. Kal. Apr.	Hac die post prandium hora quasi sexta acceptavit Maximilianus Rex Romanorum prebendam suam in hac ecclesia maiori. et iuravit Capitulo in forma que habetur in aureo libro evangeliorum 1486.
1414 *Apr.* 9.	V. Idus Apr.	Obiit dominus Fredericus archiepiscopus. Migrat ab hac luce nona Fredericus Aprilis 1414.
1364 *Apr.* 15.	XVII. Kal. Mai.	Anno lxiiij . . . . ad prebendam sancti Andree.
1364 *Apr.* 18.	XIV. Kal. Mai.	Anno lxiiij Rex Dacie venit Coloniam.
1414 *Apr.* 24.	VIII. Kal. Mai.	Electus fuit dominus Theodericus de Moirse.
c.a. 1364.*Apr.* 28.	IV. Kal. Mai.	Anno . . . . . . obiit dominus Volquinus.
1484 *Mai* 23.	X. Kal. Iun.	Obiit dominus Henricus Koninxfelt vel pijff, Sacrista et vicarius huius ecclesie. 1484.
1364 *Mai* 26.	VII. Kal. Iun.	Anno lxiiij publicate sunt littere domini Engelberti archiepiscopi, et eadem die ...
1372 *Iun.* 21.	XI. Kal. Iul.	Anno M. ccc. lxxij. dominus Fredericus archiepiscopus Coloniensis intravit Civitatem Coloniensem, sollempniter missam celebrando.
1376 *Iul.* 6.	II. Non. Iul.	Anno domini M. ccc. lxxvj. coronatus fuit Rex Romanorum Venzelaus Aquis . . . . .
1480 *Aug.* 11.	III. Id. Aug.	Hac die electus est Hermannus lantgravius in archiepiscopum Coloniensem anno domini 1480.

1378 *Aug.* 21.	XII. Kal. Sept.	Anno lxxviij. turris sancti Martini comburebatur etc.
1363 *Sept.* 6.	VIII. Id. Sept.	Anno lxiij. obiit Aleyd mater mea.
1362 *Sept.* 15.	XVII. Kal. Oct.	Hic obiit dominus Wilhelmus archiepiscopus Coloniensis anno lxij.
1375 *Sept.* 19.	XIII. Kal. Oct.	Hic anno domini M. ccc. lxxv. capti fuerunt capellanus et reddituarius.
1366 *Oct.* 29.	IV. Kal. Nov.	Anno lxvi pax generalis obsedit castrum Hemerisbag.
1414 *Nov.* 16.	XVI. Kal. Dec.	Sigismundus rex Romanorum intravit Coloniam anno domini M. ccc^{mo} xiiij.
1414 *Nov.* 23.	IX. Kal. Dec.	Rex acceptavit prebendam suam in hac ecclesia et iuravit Capitulo.
1414 *Nov.* 27.	V. Kal. Dec.	Rex recessit.
1485 *Dec.* 12.	II. Id. Dec.	Anno domini 1485 intravit Fredericus rex Romanorum Coloniam.
1485 *Dec.* 15.	XVIII. Kal. Ian.	Anno domini 1485 supradictus rex Fredericus dedit in antiquo foro Hermanno lantgravio archiepiscopo Coloniensi solenniter sua regalia post prandium hora quarta.
1370 *Dec.* 19.	XIV. Kal. Ian.	Anno lxx. Urbanus papa moritur.
1370 *Dec.* 30.	III. Kal. Ian.	Anno lxx. Gregorius papa xi eligitur.

Praeterea folio CXXV verso haec inscripta sunt:
Anno domini M. ccc^{mo} .... xx .... XVI. Kal. Apr. videlicet in crastino Heriberti confessoris ... (*reliqua crasa esse videntur*).

Notandum quod Anno domini M^o. ccc^{mo}. lxviij. ipso die beati Remigii consecratum est altare in domo Wynandi in honore beatorum Petri et Pauli apostolorum per dominum Everardum Episcopum Sebastensem, et pauci dedicacionem ipsius altaris ad diem dedicacionis ecclesie Coloniensis videlicet Cosme et Damiani celebrant.

XXIII.

E codice CCXI glossas aliquas biblicas proponimus, quae notatu dignae videbantur. Plurimas enim, quae primo aspectu notabiles visae fuerant, in diversis patrum vetustorum operibus data opera invenimus.

Genesis.
II, 12. (*f. 2*) Bdellium, ut Plinius XII, 9 scribit, arbor est aromatica, colore nigra, magnitudine olivae. et filio (*leg.* folio) roboris. fructu eu-
gler
prifici, ipsius naturae quae gummi. Est autem lacrima eius lucida. sub-

albida, levis, pinguis, aequaliter cerea, quae facile mollitur, gustu amara, odoris boni, vino perfusa odoratior. Cuius et liber numerorum
cullunder
meminit dicens: Erat man quasi semen coriandri, coloris bdellii. id est lucidi et subalbidi.

VI, 14 (*ib.* Levigatis. bitumine linitis. Bitumen est ferventissimum et vio-
lim
lentissimum gluten. Cuius haec est virtus, ut ligna eo oblita nec vermibus exedi, nec solis ardore vel ventorum flatibus vel aquarum possint inundatione dissolvi. De quo Plinius historicus ita refert: Bituminis plures lacus inveniri dicuntur. Est in urbe Comagine samafata (*l.* Commagenes Samosata, *ut apud Plin. II c. 104*) stagnum emittens limum quod maltham vocant flagrantem, cum quo muros defendere solent, quia tactu adherens retrahit fugientes. Est et in Pentapoli, ubi mare mortuum vel lacus salinarum esse dicitur. Quo quaecumque viventia mergenda temptaveris, statim resiliunt, et quamvis vehementer illisa, confestim excutiuntur. Sed neque ventis movetur, resistente turbinibus bitumine, quo aqua omnis stagnatur. Neque navigationis patiens est, quia omnia vita carentia in profundum mergit. Neque materiam ullam sustinet, nisi quae bitumine illustratur. Lucernam accensam ferunt supernatare, extincto dimergi lumine. Sunt et Babylonis regionis putei bituminis, quo pro cemento in turris constructione filii Adam usi sunt, quia contra naturam aquae firmissimum est. *Cf. Isid. Origg. XIII. 19, 3. 4.*

XXX, 14 *f. 2r.*, Mandrágora dicta, quod habeat mala suavcolentia in
cudine
magnitudine mali matiani *etc. ex Isid. Origg. XVII, 9, 30.*

pethuma
XLIII, 11. '*f. 3v.*' Styrax. arbor Arabiae similis malo cidonii *etc. ex Isid.*
• *XVII. 8, 5.*

. . . . (*f. 4* Pulpa vero est caro sine pinguedine, dicta quod palpitet:
mistil
resilit enim saepe, hanc plerique viscum vocant, eo quod glutinosa sit. *Isid. Origg. XI, 1. 81.*

XLVIIII, 17 (*f. 4r.* Coluber *etc. ex Isid. XII, 4. 2.* Coluber autem cervum fugit. leonem interficit.

Leviticus.

VIII, 7 (*f. 7v.*) Subucula tunica linea, stricta, cuti adherens, que vulgo camisia dicitur. ipsa est poderis.

XI, 19 (*f. 8* Caradrión avis alba tota, cuius interiora oculos caliginosos curant. et qui infirmus sit, ut fisici dicunt, a caradrio dinoscitur, si inde moriatur aut vivat. Nam si mori debeat, avertit se caradrius ab eo. si vero vixerit, appropinquat (et) intendit in faciem eius. Nascitur in India et nutritur in atriis regum. *Cf. additionem codicis Toletani ad Isidori Etymoll. XII. 7 in editione Arev. IV. 522.*

Numeri.

IV, 14 (*f. 9v.*) Batilla. pala ferrea ad focum, similis vasis quibus aqua de sentina navium proicitur.

Regum I.

II, 5 (*f. 14*) Se locaverunt. farmicton. *In ipso verborum contextu positum.*

Regum III.

       asse   lunes
VII, 33. 34 '*f. 19v.*) Axis est erga quem rota currus volvitur. Humerali.
                  spacan
qui in extremitatibus axis fiunt, ne de eo rota labatur. Radii, qui in-
      uelgan   Nauan
ter cantum et tympanum. Canti, quibus rota circumdatur. Modioli, idem
   dumeles
et tympana, per quae axis transit.

Regum IV.

XVI, 18 (*f. 22*) Musach sabbati. dicunt Hebrei organum fuisse in templo, quo in sabbato cantabatur. Legi in cuinsdam libro ita expositum: musach sabbati locum quendam aedificatum fuisse in vestibulo templi domini, ubi reges quando in sabbato orationis causa ad templum ibant, pecuniam pro elemosina immittebant, et ita musach sabbati gazofilatium esse regum, sicut corbanan est sacerdotum.

XVIII, 17 (*ib.*) Fullones. lavantarii.

Isaiae.

XXXIV, 14 (*f. 25v.*) Lamias. quas fabulae tradunt infantes corripere ac laniare solitas. a laniando specialiter dictas 'huensque ex *Isidori Origg. VIII, 11, 102*). habentes pedes similes equi. manus et totum corpus pulcrum.

Ierem.

XXXVI, 23 (*f. 27*) Scalpellum est ferrum quo cartas incidunt et pennas acuunt scriptores.

Ezech.

I, 24 (*f. 28*) Castra. militum custodiae per circuitum. a castrando vocata. eo quod milites se in expeditione ab uxoribus continebant. *cf. Isidori Origg. IX, 3, 44.*

XXXVIII, 2 (*f. 29v.*) Gog tectum, magog de tecto interpretatur. filius Iafeth a quo Gothi et Scitae originem duxisse putantur. Gomer filius Iafeth, a quo Galathae id est Galli. *Cf. Hieronymi Comm. ad h. l.*

Dan.

III, 79 (*f. 31*) Cacte. nominativus pluralis. generis neutri ut Cominianus inter alia scribit.

Zach.

IX, 5 (*f. 34v.*) Ascalon. urbs nobilis Palestinae. usque hodie.

Psalm.

CIV, 40 (*f. 48*) Coturnices. aves parvae similes illis quas vulgus quasquilas vocat.

Machab.

II, 11, 21 (*f. 61r.*) Mensis qui apud Grecos dioscori, apud Latinos vocatur Iunius. Huic ergo mensi geminorum signa asscribuntur. Unde poeta *Ausonius in Eclogario* :
Iunius aequatas caelo videt ire Laconas.
Nam gemini illi .i. Castor et Pollux. grece dioscori vocantur. Cuius rei testis est urbs Colcorum. quae ab Amphitico et Circio *sic* geminorum aurigis facta ex corum *sic* dioscori cognominata est. Nam dioscoroi pulchri ad regendum interpretatur. *Cf. infra ad actus apostolorum.*

II, 14, 4 *f. 62* Tallos dicunt vasa esse offertoria iuxta modum turrium facta cum quibus in praecipuis festis offerebant. quorum similitudo actenus in quibusdam locis habetur.

Evangg. Prol.

f. 62. Hiberas nenias. hispanicas falsitates. vel mendatias *sic*. proprie autem neniae sunt carmina funebria quae mortuis canuntur. lege Diomedem.

Math.

II, 16 *ib.* A bimatu. a duobus annis. Ymatos enim Greci annum vocant.

V, 18 *f. 62v.* Apex. punctus quem Greci et Hebrei in summitate litterarum ponunt.

V, 22 *ib.* Rachâ hebreum est. grece KENOC. id est inanis aut vacuus. quem nos possumus vulgata iniuria absque cerebro nuncupare. Quadrans est genus nummi. habens duo minuta. aliâs quarta pars unciae. in evangelio vero quarta pars mundani corporis quadrans mistice censetur. cum peccatori dicitur donec reddas novissimum quadrantem .l. *leg.* .i. *id est* donec luas terrena peccata. Terra enim novissima est. inter .IIII. corporalia elementa. id est celum. aqua. terra. lege Augustinum in Math. vj.

XV, 39 *f. 64* Magedan. ad cuius fines Mattheus evangelista scribit dominum pervenisse. sed et Marcus eiusdem nominis recordatur. Nunc autem regio dicitur Magedena circa Geresam. Cesareae Philippi. Philippus iste est frater Herodis de quo supra diximus. tetrarcha Itureae. et Draconitidis regionum. qui in honore Tyberii cesaris Cesaream Philippi. quae nunc Paneas dicitur appellavit. et est in Phoenicis provintia. imitatus Herodem patrem qui in honore Augusti caesaris appellavit Cesaream quae Pyrgôs turris Stratonis dicta est.

XXVII, 4 *f. 65v.* Tu videris. imperativo modo legendum .i. fac videre. Lege Diomedem.

Luc.

VI, 38 *f. 67v.* Confersam. plenam. sed in aliis evangeliis confertam rectius legitur a verbo farcio. Lege Priscianum.

Glossae de actibus apostolorum.

XXVII, 28 *f. 73r.* Bolidis. vas aeneum sive plumbeum cum catena quae *sic* impletur adipe et mittitur in mare ad probandum. utrum petrosa loca sint. ubi navis stare potest. an harenosa quae navem perdunt.

XXVIII, 11 (*ib.*) Insigne castrorum. credo primitus Insigne castorum esse positum, sed vitio librariorum .r. litteram adiectam. In greco enim pro insigni castrorum. parasemodios corus scriptum est. Dioscorii autem gemini castores .i. Castor et Pollux grece vocantur. Testis est urbs Cholchorum que ab Amphito et Circio. geminorum aurigis facta. ex corum nomine Dioscoria cognominata est. quos ob id gentiles in mari deos vocant. quia in prodigiis nautarum si solitariae stellae in navi vel antemnis apparuerint periculosi. si vero gemine prosperi cursus sint nuntiae. *Cf. Isidori Origg. XV, 40, 1.*

Corinth. II.

IV, 8 '*f. 75v.* Aporiamur. vulneramur. abominamur. Aporia enim grece. vulnus. plaga. ictus. tedium. augor. anxietas. Alii codices habent pro aporiamur. inopiam passi.

Apocalypsis.

II, 6 (*f. 77*) Nicolaite. a Nicolao diacono ecclesiae Hierosolimorum. qui cum Stephano. et ceteris constitutus est. a Petro. qui propter pulchritudinem relinquens uxorem. ut qui vellet ea uteretur versa est in stuprum. talis consuetudo. ut invicem coniugia commutarentur.

XXIV.

Ex codice vetustissimo CCXII damus Notitiam provinciarum Galliae. quam hoc solo loco praecedit praefatio. Ea praemissum fuisse olim capitulum aliquod indicat, sed quale hoc fuerit ignoramus. Manum tantae antiquitatis exemplari admovere et menda non pauca, quae nemo non videt, tollere veriti sumus.

NOTISIA IN PROVINCIA GALLIARUM VEL GALLICANIS[a]

Decem titulis n   [b] qualiter statutum aut quantae prouinciae uel ad metropolym ciuitatem urbis[c] per capitulum superius nuncupate redire. aut constitutionis designate debeant respondere. aut rei publicae ut ordo exposcit pontificum conseruentur aut requirantur arbitrio ut antiquitas nulla possit conuelli condicione. in prouinciis gallicanis decem que ciuitatis sint[d].

In prouincia Leudunense prima ciuitatis. ɴᴍ. lu.
Metropolis ciuitas Lugdunensium.
Ciuitas Aeduorum.
Ciuitas Lingouum.
Castellum Cabellonense.

a, *Apparet verba haec, quae speciem tituli habent, cum sequentibus esse coniungenda.*
b) *Hoc loco litterae. quae minio scriptae erant, penitus evanuerunt.*
c) *id est urbes et mox constitutiones, civitates etc.*
d, *ciuitatisint e. Hic est titulus eis, quae sequuntur, praemissus.*

Prouincia Leudunensis secunda ciuit. n. uli.
   Metropolis ciuitas Rotomagent.
   Ciuitas Baiocassium.
   Ciuitas Abrincatum.
   Ciuitas Ebroticorum.
   Ciuitas Saiorum.
   Ciuitas Lexouiorum.
   Ciuitas Constantia.
Prouincia Lugdunensis tertia. Ciuit. n. vliii [a].
   Metropoles civitas Torenorum.
   Ciuitas Celomannorum.
     - Redonum.
     - Andecauorum.
     - Namitum.
     - Coriosopitum.
     - Uenitum.
     - Ossismorum.
     - Diablentum.
Prouincia Lugdunensis Senonia. Ciuit. n. uli.
   Metropolis ciuitas Senonum.
   Ciuitas Charnotum.
     - Altisiodarum.
     - Trecassium.
     - Aurilianorum.
     - Paritiorum.
     - Meldorum.
Prouincia Belgica prima. Ciuitat. n. liii.
   Metropolis ciuitas Treuerotium.
                        Mettes [b]
   Ciuitas Mediomatricum.
     - Leucorum. Tullo.
     - Uerodentium.
Prouincia Belgica secunda. Ciuitat. n. xli.
   Metropolis ciuitas Remos.
   Ciuitas Suessionum.
     - Catalaunorum.
     - Ueromandorum.
     - Atrabatum.
     - Camaracentium.
     - Turnacentium.
     - Siluanectum.
     - Bellouacorum.
     - Ambianentium.
     - Morinum.

a) V a correctore additum est.   b) manu eadem vel certe ciusdem temporis additum.

Civitas Bononicutium.
Prouincia Germania prima. Ciuit. n. liii.
   Metropolis Ciuitas Mogontiacensium.
   Civitas Argentoratentium.
      - Nemitum.
      - Uangionum.
Prouincia Germania secunda. Ciuit. n. li.
   Metropolis ciuitas Agripinentium.
   Ciuitas Tungrorum.
Prouincia prima Sequanorum Ciuitatis n. IIII.
   Metropolis ciuitas Uesousientium.
   Ciuitas equestrium Noiodunus.
      - Elnitiorum Auenticus.
      - Basilientium.
      - Uindonisse.
      - Ebroinuense.
   Castellum Argentariense.
   Portus Bucceni.
Prouincia Alpium Graiarum et Poenninarum. Ciuit. n. li.
   Metropolis ciuitas Centroninmdrantasia.
   Ciuitas Ualentium Octodoro.
Item in prouinciis ñ. ulti.
Prouincia Uienneutium. Ciuit. n. xlii.
   Metropolis ciuitas Uienneutium.
   Ciuitas Genauentium.
      - Gratianoplt.
      - Albentium.
      - Deentium.
      - Ualentinorum.
      - Treeastinorum.
      - Uasentium.
      - Arausicorum.
      - Cauellicorum.
      - Auennicorum.
      - Arelatentium.
      - Masselientium.
In prouincia Aquitanica prima cinit. n. ulti.
   Metropolis ciuitas Betorigum.
   Ciuitas Arnernorum.
      - Ratinorum.
      - Albigentium.
      - Cadoreorum.
      - Lemouieum.
      - Gabalum.
      - Uellanorum.

In prouincia Aquitanica secunda ciuit. n. n.
 Metropolis ciuitas Bordigalentium.
 Ciuitas Agennentium.
  - Ecolisnentium.
  - Santonum.
  - Pectanorum.
  - Petrocoriorum.
In prouincia Nouempopulana ciuit. n. xii.
 Metropolis ciuitas Elusacium.
 Ciuitas Ausciorum.
  - Aquentium.
  - Lactoracium.
  - Combinarum.
  - Consorannorum.
  - Boatium.
  - Benaruentium.
  - Aturentius.
  - Uasatica.
  - Turba ubi castrum Bogorra.
  - Illoponentium.
In prouincia Narbonensi prima ciuit. n. n.
 Metropolis ciuitas Narbonensium.
 Ciuitas Tolosasium.
  - Beterrentium.
  - Nemausensium.
  - Lutenentium.
 Castrum Ucceiense.
In prouincia Narbonense secunda ciuit. n. iii.
 Metropolis ciuitas Aquinsium.
 Ciuitas Aptentium.
  - Foroiulientium.
  - Uappincensium.
  - Sigesteriorum.
  - Antipolitana.
In prouincia Alpium maritimarum ciuit. n. uIII.
 Metropolis ciuitas Ebredunensium.
 Ciuitas Diniensium.
  - Regomagensium.
  - Soliniensium.
  - Sanitiensium.
  - Glannatica.
  - Celenensium.
  - Uisiensium.
In prouinciis .n. xuii. ciuitatis .n. cxii.
    Expl.

XXV.

Ex eodem codice CCXII proponimus Catalogum Pontificum Romanorum, virente Agapito a. 535 vel 536 scriptum, et usque ad Gregorii I pontificatum manu huic coaeva continuatum.

INCP NOMINA SCORU BEATI PETRI
EPISCOPORUM QUI SEDE SEDERE MERUERUNT

DOM. PETRUS	SEDIT	ANNUS	XXV	MENSIS	DUOS	DIES	TRES
DOM. LINUS	SED	ANN	XI	MENS	III	DIES	XII
DOM. ANICLYTUS	SED	ANN	XXII	MENS	I	DIES	VIII
ISTI UIUENTE	DOM.	PETRO		SEDERUNT			
DOM. CLEMENS	SED	ANN	VIIII	MENS	II	DIES	X
DOM. EUARISTUS	—	—	VIIII	—	X	—	II
DOM. ALEXANDER	—	—	X	—	VII	—	II
DOM. SIXTUS	—	—	X	—	II	DIAE	I
DOM. TELISFORUS	—	—	XI	—	III	DIES	XXI
DOM. INGENUOS	—	—	IIII	—	III	—	IIII
DOM. PIUS	—	—	XVIIII	—	IIII	—	XI
DOM. ANICETUS	—	—	XI	—	IIII	—	III
DOM. SOTHER	—	—	VIII	—	VI	—	XXI
DOM. ELEUTERIUS	—	—	XV	—	III	—	II
DOM. UICTOR	—	—	X	—	II	—	X
DOM. ZYFERINUS	—	—	VIII	—	VII	—	XV
DOM. CALLICTUS	—	—	V	—	III	—	X
DOM. URBANUS	—	—	VIIII	—	X	—	XII
DOM. PONTIANUS	—	—	VIIII	—	V	—	XII
DOM. ANTHERUS	—	—	X	—	I	—	XII
DOM. FABIANUS	—	—	XIIII	—	II	—	X
DOM. CORNILIUS	—	—	II	—	III	—	X
DOM. LUCIUS	—	—	VIIII	—	III	—	X
DOM. STEFANUS	—	—	VI	—	V	—	V
IT. DOM. SIXTUS	—	—	I	—	X	—	XXVI
DOM. DIONITIUS	—	—	VIII	—	V	—	IIII
DOM. FELIX	—	—	VII	—	I	—	XXV
DOM. EUTICIANUS	—	—	IIII	—	I	—	XI
DOM. GAIUS	—	—	XI	—	IIII	—	XII
DOM. MARCELLUS	—	—	I	—	VI	—	XVI
(Dom. Eu^a)SEBIUS	—	—	I	—	VI	—	III
(Dom. Mil)TIADIS	—	—	IIII				
Dom. Silves'TER	—	—	XXIII	—	X	—	XI
(Dom. Marcus)	—	—	XV	—	II	—	XVII
(Dom. Julius)	—	—	VII	—	VIII	—	VII

_{a) *Hic marginis folii 168 parte abscissa, quae supplevimus perierunt. Sed in numeris, qui integri remanserunt, erratum esse apparet.*}

f. 169	DOM. LIBERIUS	SED. ANN.	VI	MENS.	IIII	DIES	VIII
	DOM. FELIX	—	—	I				
	DOM. DAMASUS	—	—	XVIII	—	III	—	VIII
	DOM. SYRICIUS	—	—	XV				
	DOM. ANASTASIUS	—	—	III			—	XXIIII
	DOM. INNOCENTIUS	—	—	XV	—	II	—	XXI
	DOM. ZOSIMUS	—	—	IIII	—	IIII	—	XV
	DOM. BONEFATIUS	—	—	III	—	VIII	—	XIII
	DOM. CAELESTINUS	—	—	VIIII	—	X	—	XVI
IT.	DOM. SYXTUS	—	—	VIII			—	XVI
	DOM. LEO	—	—	VIII			—	XVIII
	DOM. HELARUS	—	—	VII	—	III	—	X
	DOM. SYMPLICIUS	—	—	XV			—	VII
IT.	DOM. FELIX	—	—	VIII	—	XI	—	XVII
	DOM. GELATIUS	—	—	IIII	—	VIII	—	XVIII
	DOM. ANESTATIUS	—	—	I	—	XI	—	XXIIII
	DOM. SYMMACHUS	—	—	XV	—	VII	—	XXVI
	DOM. HORMISDA	—	—	VIIII			—	XIII
	DOM. IOHANNIS	—	—	II	—	VIII	—	V
IT.	DOM. FELIX	—	—	IIII	—	II	—	XII
IT.	DOM. BONEFATIUS	—	—	II	—	I	—	XVI
IT.	DOM. IOHANNIS	—	—	II	—	IIII	—	VI
	DOM. AGAPITUS	—	—		—	XI	—	XVIII[a]
	Dom. Seluerius	—	ann.	I	—	V	dies	XI
	Dom. Uigilius	—	ann.	XVII	—	VI	dies	XXVI
	Dom. Peladius	—	ann.	IIII	—	X	dies	XVIII
	Dom. Johannes	—	ann.	XII	—	XI	d.	XXVI
	Dom. Benedictus	—	an.	IIII	—	I	d.	XXVIII
	Dom. Peladius	sed.	an.	X	MENS.	II	d.	XI
	Dom. GREGORIUS	SED.	AN.		MENS.		dies	

qi FIUNT ANNI buiii

Haec ultima, prioris librarii manu in ima pagina scripta, quid sibi velint nescio, nisi dicas, e catalogo alio antiquiore ea esse descripta.

a) *Hi numeri manu secunda additi sunt, et quae sequuntur pallidiore atramento et littera, quam minusculam vocamus, scripta.*

www.ingramcontent.com/pod-product-compliance
Lightning Source LLC
Chambersburg PA
CBHW031448160426
43195CB00010BB/906